GOLDMANN
SACHBUCH

Buch

Klischees und Vorurteile prägten Seymour Grays Bild von einem Land und einer Gesellschaft, die uns weitgehend unbekannt ist, als er als Arzt nach Riad in Saudi-Arabien berufen wurde. Doch nicht nur sein Beruf, sondern vor allem seine zurückhaltende Neugier und feine Beobachtungsgabe, haben ihn mit unzähligen Menschen eines anderen Kulturkreises zusammengebracht, deren Vertrauen er gewinnen konnte. Und so wird vieles hinter dem Schleier, mit dem sich diese rätselhafte Region unserem Blick entzieht, deutlich.
Im Zentrum von Grays Interesse steht immer die Frau in der islamischen Welt des Umbruchs und Aufbruchs ins 21. Jahrhundert – zwischen Schleier und Jeans, zwischen Vergangenheit und Zukunft.

Autor

Seymour Gray, Arzt aus Boston, hatte bereits vielseitige Erfahrungen in Ländern der Dritten Welt gesammelt, als ihn ein Regierungsauftrag an das neu erric' 'ete Zentralkrankenhaus in Riad sandte. Seine mehrjährigen Erlebnisse in der arabischen Welt schildert er in diesem ehrlichen und spannenden Buch.

In der Reihe »Alltag in...«
liegen als Goldmann-Taschenbücher bereits vor:

Wolfgang Hieber:
Chinesen über ihr eigenes Land. Alltag in China (11419)
Mitsue de La Trobe / Inga Streb:
Zwischen Tradition und Fortschritt.
Alltag in Japan (11421)

SEYMOUR GRAY

Hinter dem Schleier

ALLTAG IN SAUDI-ARABIEN

GOLDMANN VERLAG

Aus dem Amerikanischen übersetzt von Dr. Lilian Faschinger
Titel der Originalausgabe: Beyond the Veil
Originalverlag: Harper + Row, Publ., New York

Der Goldmann Verlag
ist ein Unternehmen der Verlagsgruppe Bertelsmann

Made in Germany · 11/90 · 3. Auflage
Genehmigte Taschenbuchausgabe
© 1984 der deutschsprachigen Ausgabe by Econ Verlag GmbH,
Düsseldorf und Wien
Umschlaggestaltung: Design Team München
Umschlagfoto: Magr-Panciera/laenderpress
Druck: Elsnerdruck, Berlin
Verlagsnummer: 11423
JJ · Herstellung: Sebastian Strohmaier/AS
ISBN 3-442-11423-3

Inhaltsverzeichnis

Danksagung und Widmung

Zuallererst möchte ich den Menschen Saudi-Arabiens dafür danken, daß sie mir während der drei Jahre, die ich in ihrem Land verbrachte, ihre Gefühle und Gedanken offenbart haben. Viele äußerten ihre Meinung freimütig und nicht ohne persönliches Risiko vor laufendem Tonband, und ihnen bin ich zu ganz besonderem Dank verpflichtet. Das gilt insbesondere für meine Freunde Melvin und Marcia Lafrenz, die eine unschätzbare Quelle der Lebenserfahrung und Menschenkenntnis für mich darstellten. Weiter danke ich Joseph B. Darby III., Debbie Danielpour und Pamela Painter für ihre Sachkenntnis bei der Herausgabe des Buches und Margaret Cheney für ihre Dienste als Manuskriptbearbeiterin. Elizabeth M. McCabe, die das Manuskript las, bin ich zu Dank verpflichtet, wie auch meinem Herausgeber Simon Michael Bessie für die Begeisterung, mit der er bei der Sache war, sowie meinem alten Freund Garson Kanin, der uns miteinander bekannt machte.

Meine Frau Ruth hat viele meiner Erlebnisse in Saudi-Arabien mit mir geteilt und alle Mühen und Schwierigkeiten guten Mutes auf sich genommen. Sie war mir Ratgeberin, Kritikerin und Mitarbeiterin und – wie immer – Anregerin.

Hinter dem Schleier ist eine wahre Geschichte. Bis auf gewisse Prominente jedoch wurden andere Namen gewählt.

Dieses Buch sei jenen gewidmet, die in fernen Ländern Kranke pflegen.

1.
Flug in die Vergangenheit

An einem frischen Oktobermorgen des Jahres 1975 bestieg ich auf dem Londoner Flughafen Heathrow ein Düsenflugzeug der *Saudia Airlines* nach Riad, der Hauptstadt Saudi-Arabiens. Eine attraktive libanesische Stewardeß begrüßte mich am Eingang in das Flugzeug und führte mich zu einem bequemen Drehsessel im Abteil erster Klasse. Beim Hinsetzen fiel mir das an meinem braunen Lederkoffer befestigte Gepäckschild ins Auge: »König-Faisal-Spezialklinik, Riad, Saudi-Arabien«.

Irgendwie brachte mir der Anhänger die Realität der Situation erst richtig zu Bewußtsein: Ich war auf dem Weg nach Saudi-Arabien, der Heimat des Islam, dem Land der beduinischen Nomaden, der Kamele und der grenzenlosen Wüsten. Es kam mir so seltsam vor! Ich fühlte mich wie Lewis Carrolls Alice, als sie im Begriff war, dem Hasen durch das Erdloch ins Wunderland zu folgen.

Ich hatte einen Zweijahresvertrag in der Tasche und würde in einer der neuesten und am besten ausgestatteten medizinischen Einrichtungen der Welt arbeiten. Im Lauf der Jahre hatte ich zwar schon eine Reihe bedeutender Leute behandelt und erwartete nicht, vor Ehrfurcht in den Boden zu versinken: Aber der Gedanke war zweifellos verlockend, daß der König oder der Kronprinz vielleicht selbst zu meinen Patienten zählen würde. Wie viele Leute hatten schließlich schon Gelegenheit, Arzt des reichsten Monarchen aller Zeiten zu sein? Die Aus-

9

sicht jedoch, die die meiste Anziehungskraft ausübte, war der enge Kontakt, den ich zu vielen Menschen aller Gesellschaftsschichten, reich wie arm, haben würde.

Als meine Kollegen von meiner Absicht erfuhren, zwei oder mehr Jahre in Saudi-Arabien zu verbringen, waren sie sehr überrascht. Sie konnten nicht verstehen, warum ich meine medizinische Praxis, meine Lehre und Forschung unterbrechen wollte, um in ein fremdes Wüstenland zu gehen, das Tausende von Kilometern entfernt war. Die meisten meiner Freunde reagierten in ähnlicher Weise. Warum ein angenehmes und erfülltes Leben in Boston/USA für eine primitive Existenz in einem unbekannten Land am anderen Ende der Welt aufgeben?, meinten sie.

Meine Frau war ebenso ermutigend. Ihre erste Reaktion darauf war: »Wie ist das Wetter in Saudi-Arabien? Ich muß wissen, was ich einpacken soll.«

Mein Interesse an der internationalen Medizin war eigentlich schon vor vielen Jahren erwacht. Es begann, als ich eine amerikanische Arzneimittelfirma dazu überredete, für Ärzte aus den Entwicklungsländern an der Universität Harvard ein Ausbildungsprogramm für Jungakademiker zu finanzieren. Die ausländischen Ärzte arbeiteten mehrere Jahre lang mit uns zusammen und kehrten dann in ihre Heimat zurück. Als Vortragsreisender im Auftrag des amerikanischen Außenministeriums hatte ich später persönlicheren Kontakt zu Menschen in fremden Ländern, während ich Mittel- und Südamerika bereiste. Schließlich trat das Außenministerium mit der Bitte an mich heran, eine Sondermission zur Beurteilung der medizinischen Ausbildung in Afrika und Asien sowie in Lateinamerika zu leiten. Das diente mir als zusätzlicher Ansporn, mich direkter an der Betreuung von Menschen zu beteiligen, die in unterentwickelten Gebieten lebten, wo der Mangel an Ärzten so kraß war.

Deshalb sagte ich auch mit Begeisterung zu, als sich mir die Gelegenheit bot, nach Saudi-Arabien zu gehen.

Als die TriStar vom Boden abhob, lehnte ich mich zurück und blickte aus dem Fenster. Ich hatte das Gefühl, daß ich die richtige Entscheidung getroffen hatte und daß man mich als Arzt in Saudi-Arabien viel dringender brauchte als in Boston. Das Bewußtsein, dort in zwei Jahren mehr Menschen helfen zu können als vielleicht zu Hause in meinem ganzen Leben, verschaffte mir ein Gefühl der Befriedigung.

Ich war fasziniert von diesem feudalen Königreich, das mehr als ein Jahrtausend lang vom Rest der Welt völlig abgeschnitten gewesen war. Als Ergebnis des kürzlich erfolgten Ölembargos und des Ansteigens der Ölpreise auf das Vierfache war Saudi-Arabien in den Mittelpunkt des Weltinteresses gerückt. Das wirtschaftliche Gefüge des Westens war vom Öl und damit von diesem Land abhängig. Auch die USA waren sehr auf die Saudiaraber angewiesen und ängstlich darauf bedacht, sie, wo nur möglich, zu unterstützen. Saudi-Arabien seinerseits war den Vereinigten Staaten gegenüber wohlwollend eingestellt. Zum Beispiel entschieden sich die Saudis dafür, einer amerikanischen Gesellschaft die Leitung des neuen Krankenhauses zu übertragen, in dem ich arbeiten würde.

Am allermeisten interessierte mich die einzigartige Lebensweise der Saudis. Sie gründete sich auf die tief eingewurzelten Lehren des Wahhabitismus, der ein strenges, ultrapuritanisches religiöses Leben verfocht, wie es zur Zeit Mohammeds praktiziert wurde. Die Wahhabiten-Sekte hatte das Land mehr als zwei Jahrhunderte lang beherrscht. Infolgedessen blieb Saudi-Arabien das Land mit der orthodoxesten Gesellschaft in der islamischen Welt.

Verbrechen kamen praktisch nicht vor, so unglaublich das auch scheinen mag. Das Verbrechen und die Gewalt, die überall grassierten und unsere westliche Gesellschaft unsicher machten, und die Verführbarkeit und allzugroße Freizügigkeit unseres Volkes und unserer Gerichtshöfe hatten mich zutiefst verunsichert. Wir hatten in den USA die höchste Verbrechensrate der Welt. Unser Sozialgefüge war offenbar in Auflösung begriffen. Es schien, als ob in diesem Land persönliche Freiheit als ein Freibrief für Gesetzlosigkeit angesehen wurde und die Rechte des einzelnen allmählich Vorrang hatten vor den Rechten der Gesellschaft. Die Korruption in der Regierung war genauso bestürzend: Die Watergate-Affäre war mir noch lebhaft in Erinnerung.

Ich war nun im Begriff, die ganze Tragödie und die Zersetzung von innen, die mich in meiner Heimat umgab, zu verlassen, um einen Geschmack von einer anderen Kultur zu bekommen, die, an amerikanischen Maßstäben gemessen, ultrakonservativ und rückständig war. Doch ihre Sozialstruktur war festgefügt und schien, zumindest aus der Entfernung von dreizehntausend Kilometern, viele der Merkmale zu besitzen, die ich in meiner eigenen Kultur so schmerzlich vermißte. Ich war auf der Suche nach einer Insel des Friedens, frei von Verbrechen, Korruption und drückenden wirtschaftlichen Problemen, wo die Menschen sich geborgen fühlten und ihren Tätigkeiten in Frieden und mit Vertrauen in die Zukunft nachgehen konnten. Ob ich diese Zufluchtsstätte in Saudi-Arabien finden würde, sollte sich erst erweisen. Aber ich zweifelte nicht daran, daß es ein aufregendes und neuartiges Abenteuer sein würde.

Bis vor ganz kurzer Zeit blieb Saudi-Arabien dem westlichen Menschen so fern wie der versunkene Kontinent Atlantis. Es wurde zum Beispiel nicht einmal in Julian Huxleys Buch *Der Mittlere Osten und seine Geschichte* erwähnt, das im Jahre 1954 erschien.

In der Form, in der wir es heute kennen, besteht das Königreich Saudi-Arabien seit 1932, also knappe fünfzig Jahre. Es wurde im Alleingang von einem bemerkenswerten Mann, König Abdul-Aziz Al Saud, geschaffen, der der westlichen Welt als Ibn Saud bekannt ist. Er war ein direkter Nachkomme von Emir Mohammed Ibn Saud, dem Stammvater des Hauses Saud, der Riad im Jahre 1764 eroberte und den ersten Saudi-Staat schuf. Ibn Saud begann als mitteloser junger Prinz, dessen Vater seinen Thron an das mit ihnen rivalisierende Haus Raschid verloren hatte. Im Jahre 1902, im Alter von zweiundzwanzig Jahren, stand er an der Spitze eines waghalsigen Überfalls auf Riad und eroberte die alte Hauptstadt der Saud-Dynastie zurück. Dies war der erste in einer langen Kette militärischer Erfolge.

Im Lauf der nächsten fünfundzwanzig Jahre gewann Ibn Saud durch Kampf, Heirat und politische Taktik die Herrschaft über die Arabische Halbinsel. Wenn nötig, bekämpfte er seine Feinde, wenn möglich, verbündete er sich mit ihnen, oft auch durch Heirat mit deren Töchtern, um das Bündnis zu festigen. Auf diese Art und Weise gelang es ihm, seine Besitztümer mit denen fast jeder führenden Stammesfamilie in Arabien zu verflechten. Im Jahr 1926 war der letzte seiner Widersacher besiegt, und nach der Sicherung seiner Eroberungen vereinigte Ibn Saud die verschiedenen Regionen im Jahre 1932 offiziell zum Königreich Saudi-Arabien. Es ist das einzige Land der Welt, das nach einer Sippe oder Familie benannt ist.

Im Zuge der Eroberung und Einigung seines Reiches heiratete Ibn Saud über dreihundertmal. Die meisten dieser Heiraten waren politische Bündnisse mit wichtigen Stammesfamilien. Aus dieser Vielzahl von Ehen gingen vierundvierzig Söhne und eine unbekannte Anzahl von Töchtern hervor. Man vermutet, daß mindestens zweitausend Saudi-Prinzen von Ibn Saud abstammen. Mit all ihren Zweigen zählt die saudische Königsfamilie mehr als viertausend männliche Mitglieder. Die ungewöhnliche Größe der Königsfamilie stellt einen ihrer größten Vorzüge dar: Die saudische Regierung und die saudischen Streitkräfte sind stark durchsetzt von Familienmitgliedern, deren Loyalität der Krone gegenüber außer Frage steht.

Als Saudi-Arabien 1932 erstmals als eigener Staat anerkannt wurde, war es unzivilisiert und völlig verarmt. Bis 1960 gab es keine Elektrizität, und die Sklaverei bestand bis 1962. Abgesehen vom Geld, das man aus den jährlichen Pilgerfahrten frommer Moslems nach Mekka gewann, hatte es keine nennenswerte Einkommensquelle. Dann, im Jahre 1938, entdeckte die

Arabisch-Amerikanische Ölgesellschaft (Aramco) das größte Ölfeld aller Zeiten, und Saudi-Arabien gehörte plötzlich zu den international einflußreichsten Staaten. Innerhalb weniger Jahrzehnte hatte sich eine Handvoll über die ganze Halbinsel verstreuter, halb verhungerter Nomadenstämme in einen unglaublich reichen Staat verwandelt. Unter seiner Sandwüste befand sich ein Drittel der Ölreserven der Welt.

Als Ibn Saud im Jahre 1953 starb, fingen Saudi-Arabiens Einkünfte aus dem Öl gerade erst an, wirklich nennenswerte Ausmaße anzunehmen, und so verlor das Land seinen erfahrenen Führer zu einem Zeitpunkt, da eine feste und vernünftige Leitung sehr vonnöten gewesen wäre. Unter der verschwenderischen Herrschaft von Ibn Sauds Sohn und Nachfolger König Saud schlug Saudi-Arabien einen gefährlichen Kurs ein und gab die enormen Einkünfte aus dem Öl schneller aus, als sie sich ansammelten. Schließlich wurde Saud im Jahre 1964 abgesetzt und durch seinen Halbbruder Faisal abgelöst, der sich als starker, seinem Land mit aller Kraft dienender Herrscher erwies. 1975 wurde König Faisal von einem umnachteten Mitglied der Königsfamilie ermordet, und die Familienältesten ernannten Kronprinz Khalid zum König und Herrscher über das Land. Gleichzeitig ernannten sie Prinz Fahd, einen weiteren der vielen Söhne Ibn Sauds, zum Kronprinzen und Thronerben; ein Erbe, das er 1982 antrat.

Heute ist der Reichtum dieses kleinen Landes, das ein Viertel der Größe der Vereinigten Staaten umfaßt, unvorstellbar. Saudi-Arabien ist der führende Erdölproduzent und -exporteur der Welt. Seine Reserven werden auf schwindelerregende dreihundert Milliarden Tonnen geschätzt. Die Einnahmen des Landes aus dem Öl belaufen sich auf hundert Milliarden Dollar pro Jahr oder auf etwa fünfzehntausend Dollar pro Einwohner.

Bei einer Bevölkerungszahl von nur etwa sechs Millionen Menschen ist das Pro-Kopf-Einkommen bei weitem das höchste der Welt, fast zweimal so hoch wie das der Vereinigten Staaten. Dazu kommen noch Saudi-Arabiens Aktivposten im

Ausland, die auf hundert Milliarden Dollar geschätzt werden, und seine internationalen Währungsreserven übersteigen jene Großbritanniens und der Vereinigten Staaten zusammen.

Und doch ist das ölreichste Land der Welt noch immer in rätselhaftes Dunkel gehüllt. Und mir stand nun die Entdeckung bevor, daß das, was hinter dem Schleier liegt, in jeder Beziehung unglaublich und manchmal auch erschreckend ist.

»Wasser, Fruchtsaft oder ein anderes alkoholfreies Getränk, mein Herr?«

Ich erwachte aus meinem Tagtraum und merkte, daß die libanesische Stewardeß neben mir stehengeblieben war.

»Wasser, bitte«, sagte ich.

Die Stewardeß legte eine große weiße Stoffserviette um die Flasche, als wäre es Sekt, und füllte mit einer eleganten Handbewegung mein Glas. Das war meine erste Erfahrung mit *Sohat*-Wasser, einer Art Mineralwasser, das im Libanon abgefüllt und im ganzen Mittleren Osten vertrieben wird. Es war eiskalt und köstlich. Damals belustigte mich diese etwas feierliche Zeremonie noch. Als ich später herausfand, daß eine Flasche des Wassers in Saudi-Arabien teurer war als eine Flasche Sekt in London, schien mir diese Zeremonie nicht mehr so unangemessen.

Nachdem die Stewardeß gegangen war, öffnete ich meinen ledernen Handkoffer und entnahm ihm die kleine Flasche Scotch, die ich zollfrei am Flughafen Heathrow gekauft hatte. Die *Saudia Airlines* richtet sich nach der strengen islamischen Lehre und verbietet das Ausschenken von alkoholischen Getränken an die Passagiere. Folglich hatte fast jeder Ausländer im Flugzeug seine eigene Flasche mitgebracht, um sie während des Fluges auszutrinken. Die Saudis drücken dabei ein Auge zu, und da alles, was an Alkohol übrigbleibt, bei der Landung in Riad beschlagnahmt wird, beherbergt die *Saudia Airlines* oft die denkbar ausgelassensten und betrunkensten Fluggäste in der Geschichte der Luftfahrt.

Der Mann, der neben mir saß, sah mir amüsiert dabei zu, wie ich Scotch in mein *Sohat*-Wasser goß, öffnete dann seinen Aktenkoffer und entnahm ihm die Zutaten für einen Wodka mit Tonic. Er schenkte sich reichlich ein und erhob dann sein Glas, um mir zuzuprosten. Wir hatten eine gemeinsame Gesprächsbasis gefunden.

»Wohin geht's?«

»Nach Riad«, erwiderte ich.

»Dorthin fliege ich auch«, sagte er und streckte mir die Hand entgegen. Er stellte sich als Bill Thompson vor und erklärte, daß er ein Unternehmer der Elektrobranche aus Kalifornien sei, der an einem der zahllosen Bauvorhaben mitarbeitete, die damals in Riad entstanden. Bill war ein untersetzter Mann mit einer beginnenden Glatze, Mitte Vierzig, und wickelte eine stattliche Anzahl von Geschäften mit Saudi-Arabien ab. Dieses war bereits sein dritter Besuch.

»Ich habe vor, zunächst zwei Jahre in Riad zu bleiben«, sagte ich.

»Du lieber Gott!« rief er aus. »Das ist eine furchtbar lange Zeit. Ein Monat ist etwa die längste Zeitspanne, die ich es in Saudi-Arabien aushalte. In diesem einen Monat erledige ich aber immer eine ganze Menge Arbeit. In Riad kann man nichts anderes tun als arbeiten. Es ist, als lebte man in der Wüste.«

Allein beim Gedanken an Riad schien seine Kehle auszudörren, und er hielt inne, um einen kleinen Schluck von seinem Wodka mit Tonic zu nehmen.

»Sie haben eine harte Zeit vor sich«, kündigte er mir an. »Es gibt keine Kinos, keine Theater, keinen Alkohol und keine Frauen. Man sieht praktisch nie eine Frau in der Öffentlichkeit, nicht einmal in einem Restaurant. Niemand scheint zu lachen. Manchmal kann es wirklich deprimierend sein.«

»Wie ist es denn für Ausländerinnen?« fragte ich. »Nehmen Sie manchmal Ihre Frau mit?«

»Ich habe keine«, antwortete er, »aber wenn ich eine hätte, würde ich sie ganz bestimmt nicht mitnehmen. Die saudischen

Gesetze gelten sowohl für Ausländerinnen als auch für einheimische Frauen. Sie dürfen nicht Auto fahren, sie dürfen keinen Beruf ausüben, der sie in engeren Kontakt mit Männern bringt, und sie können nirgends allein hingehen – außer sie wollen sich groben Belästigungen aussetzen.«

Mittlerweile hatte sich Bill in Eifer geredet. »Wollen Sie wissen, wie heikel die Saudis in bezug auf Frauen sind? Ich werde Ihnen eine Geschichte erzählen, die sich tatsächlich zugetragen hat. Vor wenigen Monaten sollte Königin Elizabeth von England Saudi-Arabien einen Besuch abstatten. Natürlich stürzte sie dies in einen schrecklichen Zwiespalt, weil Frauen laut Tradition nicht einmal an einer wichtigen Zeremonie teilnehmen, geschweige denn als Ehrengast empfangen werden dürfen. Schließlich fanden die Saudis eine Lösung. Sie machten Königin Elisabeth ›ehrenhalber‹ zu einem Mann, so daß sie ihrem Land einen Besuch abstatten konnte!

Die Trennung der Geschlechter ist erstaunlich«, fuhr Bill fort. »Die Frauen hüten das Haus und dürfen keinen gesellschaftlichen Umgang mit Männern pflegen. Man kommt nie mit ihnen in Berührung, und normalerweise sieht man nicht einmal Fotos von Frauen in den Zeitungen oder Zeitschriften, weil sie von den Sittenrichtern mit schwarzer Farbe übermalt werden. Die Saudis beschlagnahmen oder zensieren alles, was sie nach islamischen Maßstäben als anstößig empfinden. Kürzlich beschlagnahmte ein Zollbeamter ein Kunstbuch, weil es die Fotografie einer nackten Statue enthielt – der Venus von Milo!«

Er leerte sein Glas und zeigte dann auf zwei attraktive junge Frauen, die auf der anderen Seite des Ganges saßen. Es waren schlanke Brünette mit olivenfarbener Haut, üppigem Haarwuchs und großen braunen Augen, und sie plauderten und lachten, wie junge Frauen das eben zu tun pflegen. Beide waren lässig-elegant nach der neuesten Pariser Mode gekleidet, kreuzten ihre Beine ungezwungen und stellten sie wieder nebeneinander, wobei sie wohlgeformte Oberschenkel zur Schau stellten. Bei ihnen saß ein Mann mittleren Alters, wahrscheinlich ihr Vater oder Onkel, der sich ab und zu an ihrem Gespräch beteiligte.

»Der Mann in ihrer Gesellschaft läßt sie nie aus den Augen, dessen können Sie sich sicher sein«, flüsterte Bill. »Er ist ein Familienmitglied und begleitet sie überallhin.«

Hin und wieder erfüllte der Duft eines schweren, verführerischen Parfüms die Luft.

»Saudi-Frauen benützen traditionsgemäß viel Parfüm«, erklärte Bill. »Es sind wahrscheinlich Mitglieder des Königshauses, die von einem Urlaub in Europa nach Hause zurückkehren, oder sie gehören einer der saudischen Unternehmerfamilien an. Der Ölboom hat in der heutigen Zeit eine ganze Menge saudischer Millionäre hervorgebracht, und das erste, was sie tun, wenn sie ihr Geld verdient haben, ist, nach London oder Paris zu reisen und es auszugeben.«

»Wie ist es, mit den Saudis Geschäfte zu machen?« fragte ich.

»Ach, für gewöhnlich ist es eine Qual. Sie sind gerissen wie der Teufel, und man muß auf Draht sein. Dazu kommt, daß sie einen bei jedem Geschäftsabschluß wochenlang im eigenen Saft schmoren lassen, bevor sie einem eine Antwort geben. Es ist für sie wie ein Spiel, das sie nach ihren eigenen Spielregeln spielen. Sie sind äußerst höflich, bieten einem Kaffee an und all das, aber manchmal machen sie mich wahnsinnig. Und außerdem lassen sie sich beim Begleichen der Rechnungen unglaublich viel Zeit. Es kann vorkommen, daß sie einen zwei Jahre warten lassen, bis sie zahlen.«

Diese Bemerkung stellte sich als wahrhaft prophetisch heraus. Sechs Monate später mußte das König-Faisal-Krankenhaus beinahe seine Pforten schließen, weil die Saudis noch immer nicht mehrere Millionen Dollar, die seit langem fällig waren, an eine Firma für Krankenhausbedarf gezahlt hatten und diese Gesellschaft infolgedessen eine Sendung lebenswichtiger medizinischer Versorgungsmittel einstellte.

»Ich nehme an, daß wir uns wohl oder übel an die Gebräuche und wirtschaftlichen Praktiken eines fremden Landes anpassen müssen, egal, wie sonderbar sie uns erscheinen mögen«, sagte ich und dachte an das, was ich bei meinem Besuch einiger Entwicklungsländer vor wenigen Jahren gelernt hatte.

Schließlich verfielen wir in Schweigen, und ich begann, an meine früheren Erfahrungen mit der saudiarabischen Königsfamilie zurückzudenken. Während der sechziger Jahre flogen viele berühmte Leute nach Boston, um Spezialisten an den renommierten Krankenhäusern in dieser Stadt zu konsultieren. Eine dieser Personen war Prinzessin Iffat, deren Mann, Prinz Faisal, später König von Saudi-Arabien werden sollte. Iffat war eine attraktive, wortgewandte und einflußreiche Frau, angeblich die tonangebende unter Faisals Ehefrauen. Trotz heftigen Widerstands von seiten der konservativen geistlichen Führer hatte sie die Saudi-Regierung dazu überredet, eine Volksschule – und später eine höhere Schule – für Mädchen ins Leben zu rufen. Damals galt eine Ausbildung für Frauen in Saudi-Arabien noch als Ketzerei, aber Iffat, die türkischer Abstammung war, setzte sich durch und trug letzten Endes den Sieg davon. Während wir ihre gesundheitlichen Probleme erörterten, rauchte sie eine lange schwarze türkische Zigarette nach der anderen. Als ich fragte, wie viele sie pro Tag rauchte, antwortete sie blinzelnd, damit der Rauch ihr nicht in die Augen drang: »Drei Päckchen in etwa.« Ich wußte, daß es zwecklos sein würde, sie zu bitten, das Rauchen aufzugeben.

Mein zweites Erlebnis mit dem saudiarabischen Königshaus fand drei Jahre später, im August 1962, statt. Als ich eines Tages im Krankenhaus meine Visite machte, traf ich auf zwei riesige schwarze Männer, fast zwei Meter groß, die am Ende des Korridors Wache standen. Sie trugen bunte Turbane, lange weiße Gewänder und unheilverkündende, übergroße Dolche in ihren Gürteln.

»Was geht hier vor?« fragte ich die Oberschwester. »Wer sind Ihre Freunde mit den Dolchen?«

»Der König von Arabien ist gerade aufgenommen worden«, antwortete sie in grimmigem Ton. »Das sind seine Leibwächter. Sie besetzen das ganze Stockwerk, was soviel heißt, daß unter anderem auch Ihre Patienten auf eine andere Station gebracht werden.«

»Ich halte nichts davon, daß alle Patienten unnötigerweise verlegt werden«, sagte ich.

Die Oberschwester zuckte die Achseln. »Es ist alles schon erledigt«, erwiderte sie, während sie ein Blatt Papier in ihrer Hand durchsah. »Übrigens, Ihr Name steht auf der Liste der fachärztlichen Berater, die aufgefordert sind, Seine Königliche Hoheit zu untersuchen. Sein Arzt ist bei ihm und wird dolmetschen.«

»Ist es ein dringender Fall?« fragte ich.

»Nein, aber je eher wir damit anfangen, desto besser.«

»Ich bin gleich wieder zurück«, versprach ich und blickte nervös auf die Wächter und ihre Dolche.

Bald entdeckte ich, daß der ganze zweite Stock des Krankenhauses geräumt worden war, nicht nur aus Sicherheitsgründen, sondern auch, damit König Sauds ungeheuer zahlreiches Begleitpersonal untergebracht werden konnte. Fünfmal täglich trafen Kellner ein und hasteten mit riesigen Tabletts voller Speisen aus einem nahe gelegenen Restaurant umher. Vor dem Krankenhaus riß der Strom langer, glänzender Cadillac-Limousinen nicht ab, die seine Söhne, deren Freunde und vornehme Besucher an das Krankenbett des Königs und wieder zurück zu ihren Hotels brachten. Insgesamt bestand sein Gefolge aus fünfundsiebzig bis hundert Personen.

Eine Welle der Erregung ging durch das Krankenhaus, als seine jetzigen vier Frauen auf Besuch kamen. Sie trafen alle gemeinsam ein, waren dicht verschleiert und von Kopf bis Fuß in ihre langen schwarzen Gewänder gehüllt. Sie waren alle ein wenig rundlich und stark parfümiert. Obwohl sie dem König während seines Aufenthalts nur einen einzigen Besuch abstatteten, schien ihr Duft noch Tage danach in der Luft zu liegen.

Als ich schließlich gebeten wurde, König Saud zu untersuchen, merkte ich mit Schrecken, daß er todkrank war. Alle seine Leiden waren chronischer Natur, und die meisten von ihnen waren unheilbar. Der König war auf einem Auge praktisch blind, was von einer alten Granulose-Infektion herrührte, und er war leicht zuckerkrank – eine Erkrankung, die er sich zugezogen hatte, weil er sich geweigert hatte, seine Diät einzuhalten. Auch hatte er Leberzirrhose. Wir alle, die wir Saud untersuchten, hielten mit brauchbaren ärztlichen Ratschlägen nicht zurück und sagten ihm, wie er auf sich achten sollte. Der König befolgte nichts davon. Sieben Jahre später starb er im Exil.

Am lebhaftesten erinnere ich mich aber an Sanwa Al Saud, die zweiundzwanzigjährige Ehefrau eines Adjutanten von König Saud. Sanwa war eine schöne Ägypterin, die den jungen saudiarabischen Prinzen geheiratet hatte, als sie achtzehn Jahre alt war. Gleich zu Anfang ihrer Ehe hatte sie ihm einen Sohn geschenkt, der zu dem Zeitpunkt, da ich sie kennenlernte, drei Jahre alt und ihr ganzer Stolz war. Normalerweise blieb Sanwa zu Hause, wenn ihr Mann den König auf seinen internationalen Vergnügungsreisen begleitete. Diesmal war sie mitgenommen worden, damit ein Knoten in ihrem rechten Arm fachgerecht behandelt werden konnte.

Nachdem ich sie sorgfältig untersucht hatte, sagte ich zu Prinzessin Sanwa: »Es ist nur eine Fettgeschwulst. Wenn sie Sie stört, können wir sie unter Lokalanästhesie operativ entfernen. Alle Ihre Tests sind jedoch normal; Sie sind in ausgezeichneter körperlicher Verfassung.«

»Ich muß mit meinem Mann darüber reden«, antwortete sie. »Er wird es mit Ihnen besprechen wollen.«

Am nächsten Tag kam der junge Prinz, ein Neffe des Königs, in mein Büro im Krankenhaus. Er war etwa dreißig Jahre alt. Der Prinz trug teure, tadellos sitzende westliche Kleidung und sprach ausgezeichnet Englisch, wofür ich ihm meine Bewunderung aussprach.

»Danke«, sagte er. »Ich habe in Kalifornien studiert.«

Ich erklärte ihm, was es mit dem Lipom auf sich hatte: »Es ist ein weitverbreiteter Tumor, der unter der Haut wächst und Prinzessin Sanwa in keiner Weise gefährlich werden kann. Er kann mühelos operativ entfernt werden, und es besteht kein Grund zur Beunruhigung. Er ist ohne Zweifel gutartig.«

Er zögerte. »Kann ich von ihr angesteckt werden?« fragte er ängstlich. Er meinte es im Ernst. »Ich habe gehört, daß Tumore durch einen Virus verursacht werden und von einer Person auf die andere übertragen werden können.«

»Es ist nicht ansteckend, und es ist nicht Krebs«, erklärte ich geduldig. »Mit einem Wort, es ist völlig harmlos. Falls Sie irgendwelche Zweifel hegen, dann lassen wir es am besten sofort entfernen. Die Operation ist sehr einfach und kann in der Ambulanz durchgeführt werden.«

Der Prinz dankte mir und ging.

Am nächsten Tag tauchte Prinzessin Sanwa in Begleitung derselben dicklichen Frau in meinem Büro auf, die bei ihrem ersten Besuch an ihrer Seite gewesen war. Diese Frau war Sanwas Zofe und hieß Fahada.

Als die beiden mein Büro betraten, brachen sie sogleich in Tränen aus: »Er hat mich verstoßen.« Sie begann unbeherrscht zu weinen. Bestürzt wandte ich mich an Fahada. »Was ist passiert?«

»Ihr Mann hat sie gestern abend wegen des Knotens in ihrem Arm verstoßen«, erwiderte Fahada, selber in Tränen aufgelöst.

»Wie kann er sie verstoßen?« fragte ich. Ich begriff nicht.

Immer wieder tief aufseufzend, erklärte sie: »In Saudi-Arabien ist eine Scheidung sehr einfach. Alles, was der Mann tun muß, ist, zur Frau dreimal ›Ich verstoße dich‹ zu sagen, und die Ehe ist zu Ende. Das hat der Prinz gestern abend getan.«

»Ist das legal?« fragte ich ungläubig.

Fahada nickte. »Jetzt muß die Prinzessin zu ihrer Familie nach Ägypten zurückkehren, und ihr Sohn wird beim Prinzen bleiben.«

»Es ist vorbei«, schluchzte die Prinzessin. »Mein Baby, mein Baby . . .«

»Dieser Idiot!« rief ich zornig aus. »Lassen Sie mich mit ihm reden. Ich bringe das in Ordnung.«

»Es wird nichts nützen«, sagte Fahada. »Er hat Angst, daß der Tumor ansteckend ist und sich auf seinen Sohn oder auf ihn übertragen könnte.«

»Das ist vollkommen lächerlich«, schnaubte ich wütend. »Ich habe ihm das alles gestern erklärt. Ich möchte nochmals mit ihm sprechen. Vielleicht kann ich ihn umstimmen.«

Fahada blickte die Prinzessin mitleidig an. »Es ist zwecklos«, sagte sie zu mir, »aber vielen Dank für Ihr Angebot.«

Nachdem die Frauen mein Büro verlassen hatten, nahm ich meine Unterlagen an mich und fuhr mit dem Auto zu dem Hotel, wo der König und sein Gefolge mehrere Stockwerke gemietet hatten. Ich wurde in die Wohnräume geführt, die für die Prinzen reserviert waren. Dort herrschte eine Atmosphäre wie in einem Bordell. Laute Musik plärrte aus allen Richtungen, und Kellner in weißen Jacketts liefen mit Tabletts voll Getränken und Imbissen hin und her. Die jungen Prinzen und ihre Freunde verständigten sich durch Zurufe. Lautes, heiseres Gelächter drang aus den Zimmern und wurde ab und zu durch das schrille Kreischen einer Frau akzentuiert. Man sah, wie halbnackte Frauen kichernd von Zimmer zu Zimmer schossen, verfolgt von saudischen Prinzen. Alle schienen stockbetrunken zu sein. Es sah aus, als ob das Bacchanal schon längere Zeit im Gange wäre.

In einem zentral gelegenen Empfangszimmer, das als Bar eingerichtet war, bat ich, Sanwas Ehemann sprechen zu dürfen, und setzte mich dann hin, um zu warten, während meine Bitte um eine Unterredung an den Prinzen weitergeleitet wurde. Kaufleute kamen und gingen und trugen Schaukästen mit Schmuck und Kleidung. Attraktive junge Mädchen, lauter Blondinen, boten sich gleichfalls feil und betraten oder verließen ungeniert die Suiten. Bald gesellte sich ein hübsches, blondes amerikanisches Mädchen Anfang Zwanzig zu mir, das sehr freundlich und sehr betrunken war. Sie hielt ein arabisch-englisches Wörterbuch in der Hand.

»Ich gehe mit meinem Prinzen nach Saudi-Arabien«, verkündete sie und hielt schwankend inne, um einen Schluck zu trinken. »Deshalb lerne ich Arabisch. Sobald ich mein Visum bekomme, fliege ich hinüber zu ihm. Ich werde eine Prinzessin sein!«

Ich blickte sie traurig an, mit der sicheren Gewißheit, daß aus dem Visum nie etwas werden würde.

Bald stellte sich heraus, daß Sanwas Ehemann »nicht verfügbar« war und nicht die Absicht hatte, mich zu empfangen. Die Szene in den königlichen Suiten hatte etwas Sinnloses und Degeneriertes an sich, und ich schloß daraus, daß meine Argumente nichts gefruchtet hätten, so wie Fahada es prophezeit hatte. In verwirrter Verfassung fuhr ich wieder nach Hause.

Tags darauf rief mich Fahada im Büro an und fragte, ob ich vielleicht zum Hotel hinüberfahren könnte, um mich von ihnen zu verabschieden. »Wir wissen, was Sie getan haben«, sagte sie, »und wir wissen es sehr zu schätzen. Sanwa möchte Sie sehen, bevor sie wegfährt. Sie hat eine Überraschung für Sie.«

Am selben Abend traf ich mich mit Fahada im Foyer des Hotels. Ihre Augen waren gerötet, und man sah ihr an, daß sie geweint hatte.

»Wir sind Ihnen so dankbar dafür, daß Sie gekommen sind«, sagte sie. »Sanwa ist durch die Scheidung völlig verstört. Daß man ihr ihr Kind wegnimmt, ist ein schrecklicher Schock für sie.«

Schweigend fuhren wir den Lift hinauf, an dem Bereich vorüber, wo die königliche Orgie vermutlich immer noch im Gange war, und kamen zu den Stockwerken, die den weiblichen Mitgliedern des königlichen Gefolges vorbehalten waren. Wir betraten das verschwenderisch ausgestattete Zimmer, über dem der schwere Duft von Parfüm, Rosenwasser und Sandelholz lag. Auf einem Tisch in der Ecke stand ein tragbarer Plattenspieler. Blumenarrangements schmückten viele der feinge-schnitzten Tische. Die Beleuchtung war gedämpft.

Fahada und ich setzten uns auf Stühle mit Bezügen aus Petit-Point-Stickerei, und sie bewirtete mich mit Tee und leichtem Gebäck.

»Sanwa wird gleich hiersein«, sagte sie.

Nach ein paar Minuten legte Fahada eine Platte auf. Die Musik war fremdartig und schön, und ihr sehnsuchtsvoller Klang erinnerte mich an Rimski-Korsakow.

Plötzlich trat eine schmale, fast knabenhafte Gestalt aus dem Halbdunkel des Zimmers, in durchsichtige blaßlila Schleier gehüllt, die ihren ganzen Körper und doch wieder nichts davon erkennen ließen. Sie begann langsam und mit verführerischen Bewegungen zu tanzen, sinnlich, aber nicht aufreizend. Sie tanzte ohne Anstrengung, anmutig und ausdrucksvoll.

Als die Musik schneller wurde, schien sie sich in einen wirbelnden Derwisch zu verwandeln, wie wenn sie von ihrer rhythmischen Erregung ganz ergriffen wäre. Tränen strömten über ihr Gesicht, während sie sich immer schneller drehte. Dann kehrte allmählich wieder Ruhe ein, und der Tanz wurde langsam und ekstatisch. Als die Musik zu Ende war, schien sie sich in Luft aufzulösen.

Alles war ruhig. In der Stille, in der man eine Nadel hätte fallen hören können, sann ich über das nach, was ich eben gesehen hatte, so wie man manchmal einen Traum nachklingen läßt. Havelock Ellis fiel mir ein: »Der Tanz ist die erhabenste, die ergreifendste, die schönste aller Künste, denn er ist keine bloße Interpretation oder Abstraktion des Lebens: Er ist das Leben selbst.«

Wenige Minuten später erschien Sanwa, angekleidet und ruhiger, obwohl ihr Gesicht immer noch von Tränen benetzt war. »Sie sind der einzige Mann, der mich je tanzen gesehen hat, außer meinem Ehemann«, sagte sie leise.

»Ich bin mir der Ehre bewußt«, sagte ich unbeholfen. »Ich werde Ihren Tanz nie vergessen.«

Das ist jetzt dreizehn Jahre her, und ich habe ihn nicht vergessen.

Bei Sonnenuntergang erwachte ich aus einem kurzen Nickerchen. Wir überflogen gerade die Wüste, ein endloses Meer von Sand, das an manchen Stellen rosa aussah, an anderen wieder weiß oder grau. Von einem Flugzeug in achttausend Metern Höhe gesehen, vermittelte der Anblick ein Gefühl der Einsamkeit und Verlassenheit.

An Bord der Maschine kam Bewegung in die Leute. Ein männliches Mitglied des Flugpersonals kniete sich auf einen Teppich am Ende des Ganges und betete, während die Sonne unterging.

Neben mir öffnete Bill seine Augen und gab sich Mühe, die Wirkung von mehreren Wodkas mit Tonic abzuschütteln. Er blickte aus dem Fenster und dann auf die Uhr.

»Wir fliegen gerade über Ägypten«, sagte er. »Wir müßten bald über dem Roten Meer sein. Dann fliegen wir östlich an Mekka vorbei nach Riad.«

»Wie viele Stunden sind es noch?« fragte ich.

»Ungefähr zweieinhalb«, antwortete er. »Wir müßten um etwa acht Uhr arabischer Zeit oder fünf Uhr westeuropäischer Zeit dort ankommen.

Ich sah dem Steward zu, wie er auf seinem Teppich betete, während die anderen die Tabletts für das Essen aufzutragen begannen.

»Die Saudis nehmen es mit ihrer Religion sehr genau«, sagte Bill und zeigte auf die kniende Gestalt auf dem Gang. »Ich habe schon Flüge mitgemacht, auf denen die Hälfte der Fluggäste sich zum Gebet auf die Gänge knieten. Die Stewardessen sind lauter Engländerinnen, Libanesinnen oder Ägypterinnen, weil Saudi-Frauen nichts tun dürfen, was sie mit Männern in Berührung bringt. Übrigens hat TWA einen Fünfjahresvertrag mit der saudischen Fluggesellschaft abgeschlossen und hat sie so lange in Betrieb.«

»Das Krankenhaus, in dem ich arbeiten werde, wird in derselben Weise geführt«, sagte ich. »Fünf Jahre lang wird es von einer amerikanischen Gesellschaft für Gesundheitswesen verwaltet werden, aber es wird mindestens zehn Jahre dauern, bis genügend Ärzte ausgebildet sind, um es übernehmen zu können, wahrscheinlich sogar länger. Die Saudis werden die Verträge verlängern müssen.«

»Mir soll's recht sein«, sagte Bill und prostete mir zu. »Auf Saudi-Arabien und auf längere und lukrativere Verträge.«

Sobald wir die Grenze nach Saudi-Arabien überflogen hatten, standen die beiden schönen jungen Damen, die auf der anderen Seite des Ganges saßen, auf, jede mit einem kleinen Reisekoffer in der Hand. Als sie auf den Gang traten, schenkten sie uns ein entwaffnendes Lächeln und steuerten auf die Rückseite des Erste-Klasse-Abteils zu.

Wenige Minuten später kamen sie zurück, dicht verschleiert und von Kopf bis Fuß in ein schwarzes Gewand gehüllt, das *abeyya* genannt wird. Der schwarze Schleier, der ihre Gesichter bedeckte und als *gutwah* bezeichnet wird, war so dicht, daß ihre Gesichtszüge nicht mehr zu erkennen waren. Die Verwandlung dieser schönen, elegant gekleideten Frauen in schwarzverschleierte, schwarzgekleidete Gestalten ohne irgendwelche persönlichen Merkmale war erschreckend. Es war, als ob ein bunter Schmetterling in seinen Kokon zurückgeschlüpft wäre. Die Mädchen wirkten nun stumm und reserviert.

Ich traute meinen Augen kaum. Es schien, als würden wir durch den Spiegel treten und uns auf den Weg zurück in den Kokon der Geschichte machen. Wir flogen zurück durch die Zeit und in die Schatten der Vergangenheit. Alles, was blieb, war der immer noch in der Luft liegende Duft der Gegenwart.

Wenige Minuten später folgte der Begleiter der Frauen ihrem Beispiel. Er vertauschte seinen englischen Tweedanzug mit einer weißen *thobe,* dem langen, hemdartigen Gewand aus Baumwolle, der Nationaltracht der Saudi-Männer. Der Kragen war mit einer Litze verziert. Über seiner *thobe* trug er einen langen, losen Umhang, der *bisht* genannt wird. Er war mit einer goldgestickten Borte besetzt.

»Der Goldbesatz«, erklärte Bill mit leiser Stimme, »deutet auf königliches Geblüt oder eine hohe Stellung hin. Er ist sicher ein hohes Tier.«

Wir sahen fasziniert zu, wie der Mann auf der anderen Seite des Ganges seine Kopfbedeckung arrangierte. Zunächst setzte er sich ein besticktes Käppchen (*kaffiya*) auf. Dann faltete er ein viereckiges Stück rotkarierten Stoffs zu einem Dreieck und drapierte es über seinem Käppchen, so daß die Grundlinie des Dreiecks nach vorn zeigte. Dieses Dreieck aus rotkariertem Stoff, die sogenannte *ghutra,* wurde dann mit einem Ring festgedrückt, der *agal* heißt.

»In dieser Gegend Saudi-Arabiens ist die *ghutra* üblicherweise rot-weiß oder orange-weiß kariert, aber in Mekka oder Medina ist sie weiß«, erklärte Bill. »Der *agal* auf seinem Kopf sieht aus wie zwei schwarze Rollen, ist aber in Wirklichkeit ein Ring, der zu einer Acht gekrümmt ist.«

Bald darauf landeten wir und rollten dann auf eine offene Fläche in der Nähe des Terminals, wo eine fahrbare Treppe zum Eingang des Flugzeugs hingeschoben wurde. Bill und ich sahen zu, wie eine lange schwarze Mercedes-Limousine direkt neben dem Flugzeug vorfuhr. Der Mann im goldbesetzten Mantel und die zwei in Schwarz gehüllten jungen Damen in seiner Begleitung stiegen in das Auto und waren im Nu verschwunden.

»Verdammtes Königshaus«, murrte Bill auf unserem Weg zum Terminal. »Sie müssen nicht einmal durch den Zoll.«

Im Inneren des Flughafengebäudes ging es hektisch zu. Die Neuankömmlinge wurden in die Zollabfertigung gebracht, die vom Rest des Flughafens durch eine gläserne Wand getrennt war. Ein Wächter in einer Khakiuniform stand an der einzigen Tür, um sicherzugehen, daß niemand diese passierte, bevor das Gepäck kontrolliert worden war. Auf der anderen Seite der Trennwand standen Hunderte von Freunden und Verwandten, begrüßten die Neuankömmlinge mit lauten Rufen und schwenkten Schilder mit arabischen und englischen Aufschriften. Jeder drängte und schob, um möglichst nahe zur gläsernen Trennwand zu gelangen. Der Lärm war ohrenbetäubend. Der Flughafen war nur schwach erleuchtet, und die hohen grünen Wände warfen ein geisterhaftes Licht auf das Meer erwartungsvoller Gesichter.

Es dauerte fast eine Stunde, bis mein Reisepaß und mein Visum gestempelt waren. Es gab keine Klimaanlage, und bald war es in der Zollabfertigung drückend heiß. Als das Gepäck eintraf, spielte sich die übliche Balgerei darum ab. Schließlich fand ich meine Sachen und öffnete sie vor einem Zollbeamten, der sie sehr eingehend untersuchte und mich dabei auf die Strafen hinwies, die auf den Besitz von Drogen, Alkohol oder Schweinefleisch standen. Als er mein Rasierwasser fand, unterzog er es einer genauen Prüfung, bis er zum Schluß gelangte, daß es als Getränk nicht besonders mundete. Er besah sich meine ausschließlich aus klassischer Musik bestehenden Kassetten genau, wählte willkürlich eine davon aus und legte sie beiseite. Es war Mussorgskis *Bilder einer Ausstellung.* Ich protestierte lautstark, aber der Zollbeamte sprach kein Englisch und konnte mir keine Erklärung dafür geben. Vielleicht befand er sich im Glauben, daß die Kassette russische Propaganda enthielt, aber warum beschlagnahmte er dann nicht auch den Tschaikowsky? Ich bat ihn um eine Quittung. Er sah mich verständnislos an. Ich beschloß, es dabei bewenden zu lassen.

Nachdem die Kontrolle beendet war, verabschiedete ich mich durch einen Händedruck von Bill, und wir vereinbarten, uns zu einem späteren Zeitpunkt in seinem Hotel zu treffen. Dann ging ich durch die bewachte Tür und mischte mich unter die Menschenmenge auf der anderen Seite der gläsernen Trennwand. Die Menge bestand ausschließlich aus Männern, die meisten davon Araber in ihren *thobes,* von denen viele schäbig und schmutzig aussahen. Schmächtige Jemeniten trugen Berge von Gepäck auf dem Rücken, und die wenigen Amerikaner oder Engländer hoben sich merklich gegen die Menge ab.

Auf einer Bank in einer Ecke des Raumes saßen vier kleine Mädchen wie aufgefädelt, mit überkreuzten Beinen, die Füße untergeschlagen. Ihre Gesichter und Leiber waren völlig in Schwarz gehüllt. Sie waren absolut reglos und erinnerten mich an schwarze Bauern auf einem Schachbrett. Ihr Vater saß neben ihnen, ohne sich zu rühren.

Gleich darauf trat ein hochgewachsener Saudi auf mich zu. Seine *thobe* und seine Kopfbedeckung waren blütenweiß. »Dr. Gray?« fragte er. »Mein Name ist Mashur. Ich bin vom Krankenhaus. Bitte warten Sie hier, bis ich die anderen gefunden habe, und dann bringe ich Sie zu Ihrem Hotel.« Er verschwand in der Menge.

Ich wußte nicht, wer die »anderen« waren, aber ich lehnte mein Gepäck an eine Wand und setzte mich hin, um zu warten. Die Menge hatte sich etwas verlaufen. In einer Ecke schlief ein Mann mit seinen Habseligkeiten in einem kaputten Koffer, der mit einer Schnur zugebunden war. Eine schwarzverschleierte Frau kauerte neben ihm, ein schlafendes Kind in den Armen.

Mashur kam mit drei Männern im Schlepptau zurück. Wir stellten uns einander vor: Einer war ein Verwaltungsbeamter aus Kalifornien, der zweite ein Ingenieur der Biomedizin aus London und der dritte ein Sicherheitsbeamter aus Washington. Sie waren mit demselben Flugzeug, Touristenklasse, angekommen. Ein Jemenit stapelte unser Gepäck in Mashurs Kombiwagen, und schon fuhren wir los.

Auf dem Weg kündete Mashur an, daß im Krankenhaus »ernsthafte Wohnungsnot« herrsche und daß wir alle folglich zunächst in einem »Luxushotel« untergebracht werden würden. Unser Luxushotel stellte sich als das Al Yamama heraus, ein schäbiges, heruntergekommenes Hotel, das schon bessere Zeiten gesehen hatte. Das Foyer enthielt ein paar zerschlissene orientalische Teppiche und einige wuchtige, aber verblichene, stark abgenutzte Sessel. In einer Ecke des kümmerlich erleuchteten Foyers wurde im Fernsehen gerade ein ägyptisches Orchester gezeigt, das ständig das gleiche zu spielen schien, und dies dazu noch falsch. Später fand ich heraus, daß »Al Yamama« »Turteltaube« heißt, aber wie der Name auf unser Hotel paßte, blieb mir ein Rätsel.

Mashur begann, den Hotelportier auf Arabisch anzureden, und ihr Gespräch gipfelte bald in einer lautstarken Auseinandersetzung. Offenbar herrschte auch im Hotel gerade ein Mangel an Zimmern. Nach einer Debatte gewaltigen Ausmaßes trug jedoch Mashur den Sieg davon, und wir wurden schließlich vom mürrischen Portier in unsere Unterkünfte geleitet. Mein Zimmer stellte sich als heiß, schmutzig und muffig heraus. Ich drehte die zwei kleinen Lampen zu beiden Seiten meines schmalen Bettes an. Ihr schwaches Licht enthüllte hohe grüne Wände mit tiefen Rissen im Verputz. Es gab jedoch ein Fenster, das auf einen Platz mit ein paar Bäumen hinausging – ein unzweideutiges Plus. Das Badezimmer war geräumig, aber die Wasserhähne tropften, und es roch nach Urin, was auf eine kaputte Rohrleitung schließen ließ. »Na ja«, sagte ich mir hoffnungsvoll, »es ist ja nur vorübergehend.« Irgendwie fühlte ich mich nicht gerade ermutigt.

Ich fuhr mit dem wackligen Lift die drei Stockwerke bis zum Foyer hinunter, um mich meinen neugewonnenen Bekannten anzuschließen. Es war schon nach Mitternacht. Wir versuchten, Kaffee zu bekommen, aber der störrische Portier schüttelte nur bedauernd den Kopf, zeigte auf seine Uhr und deutete damit an, daß es zu spät sei. Wir setzten uns hin und plauderten eine Weile. Ihre Zimmer waren offensichtlich genauso schlecht wie meines. Keiner von uns wußte genau, was ihn in den nächsten zwei Jahren erwartete. Während wir miteinander sprachen, spürte ich, wie sich ein verwandtschaftliches Gefühl, eine gewisse Gemeinsamkeit zwischen uns entwickelte: Wir saßen alle zusammen auf Gedeih oder Verderb in einem Boot.

Bevor ich mich in mein Zimmer zurückzog, bat ich noch den Portier in Zeichensprache, ob er mir etwas zu trinken besorgen könnte. Schließlich verschwand er hinter dem Schalter und tauchte ein paar Minuten später mit einer grünen Flasche unter dem Arm wieder auf. Ich nahm die Flasche mit auf mein Zimmer. Es war *Sohat*-Wasser! In Gedanken an die Stewardeß im Flugzeug wickelte ich die Flasche in ein ausgefranstes Handtuch und goß etwas Wasser in mein Glas.

»Willkommen in Saudi-Arabien«, sagte ich und prostete mir im Spiegel zu. Ich nahm einen langen Schluck, zog mich dann schnell aus und warf mich auf das schmale Bett. Innerhalb weniger Sekunden schlief ich tief und fest.

2.
Der blutende Prinz

Am nächsten Morgen um vier Uhr dreißig wurde ich von einem lauten Klagegeräusch vor meinem Fenster geweckt. Ich schleppte mich zum Fenster und schaute hinaus, gerade als der Morgen über der Stadt Riad anbrach. Schnell erkannte ich, woher das Wehklagen kam: Es erschallte von einem hohen Minarett etwa hundert Meter zu meiner Rechten: »*La ilah illa'llah Muhammadun rasulu'llah* (Es gibt keinen Gott außer Allah, und Muhammed ist sein Prophet).«

Das war meine erste Erfahrung mit dem Muezzin, dem islamischen Gebetsrufer – Teil eines Rituals, das sich fünfmal täglich vollzieht, bei Sonnenaufgang, zu Mittag, am Nachmittag, bei Sonnenuntergang und abends eineinhalb Stunden nach Sonnenuntergang. Ich hatte darüber gelesen, aber ich hatte wahrhaftig nicht erwartet, daß es so laut und durchdringend wie dieses elektrisch auf ein Vielfaches verstärkte Kreischen sein würde. Wie kann auch nur irgend jemand dabei schlafen? fragte ich mich. Später sollte dieser Aufruf zum Gebet zu einem so unerbittlichen Teil meines täglichen Lebens werden, daß ich nur dann aufwachte, wenn er ausblieb.

Um sechs Uhr dreißig torkelte ich aus dem Bett, zog meinen leichtesten Sommeranzug an und ging dann hinunter, wo ich meine Leidensgenossen vom vergangenen Abend wieder traf. Das Frühstück wurde an einem langen Tisch serviert, der von einem schmutzigen Tischtuch voller Fliegen und Brotkrumen bedeckt war. Es bestand aus Tee oder Kaffee, Fruchtsaft aus der Dose, Semmeln und ranzig gewordener Butter. Zu unserer Gruppe gehörte auch ein englischer Anästhesist namens Tom, der schon ungefähr eine Woche in Riad war und deshalb als »Experte« in Sachen Saudi-Arabien galt. Tom war freundlich und hilfsbereit angesichts unserer naiven Fragen.

»Um Himmels willen«, sagte er zu mir, »ziehen Sie doch Ihr Sakko aus, und nehmen Sie die Krawatte ab, und machen Sie es so wie die Einheimischen. Verdammt noch mal, Sie sind in Saudi-Arabien, mein Freund, und nicht in Boston.«

»Wie heiß wird es heute werden?« fragte ich, während ich meine Krawatte lockerte.

»Nur etwa fünfzig Grad Celsius im Schatten«, sagte er. »In Saudi-Arabien wird das als frühlingshafte Temperatur angesehen. Achten Sie darauf, genug Wasser zu trinken, damit Sie nicht zu viel Flüssigkeit verlieren.«

Nach dem Frühstück versammelten wir uns um sieben Uhr dreißig in der Hotelhalle, wo wir auf den Bus warteten, der uns zum Krankenhaus bringen sollte. Bald kam ein Toyota-Bus mit der Aufschrift »König-Faisal-Spezialklinik und -Forschungszentrum« in englischer und arabischer Sprache. Da der Bus ursprünglich für die Beförderung von Japanern gedacht war, war er sehr klein, und wir zwängten uns auf die Sitze, indem wir die Knie an den Brustkorb zogen; dabei lachten wir ununterbrochen über die ziemlich lächerlich Lage, in der wir uns befanden. Wir waren in gesprächiger und heiterer Stimmung, wie Kinder, die zu einem Ausflug aufbrechen.

Während wir uns mühten, eine bequeme Position zu finden, stellte sich eine Frau am vorderen Ende des Busses als Laura Ball vor und verkündete, daß sie mit unserem Orientierungsprogramm betraut sei. Sie gab uns einen Überblick über unseren Tagesplan, der sich hauptsächlich aus Vorträgen und Besichtigungstouren zu den Krankenhauseinrichtungen zusammensetzte. Noch während sie sprach, setzte sich der Bus schlingernd in Bewegung, und sogleich war ich vom Anblick und von den Geräuschen der Stadt Riad abgelenkt, die vor dem Fenster vorbeizog. Wir fuhren einen breiten, modernen Boulevard hinunter, der auf der einen Seite von großen, festungsartigen Regierungsgebäuden und neuen Wolkenkratzern und auf der anderen Seite von Lehmhütten, Abfällen und Schutt gesäumt war.

Man konnte deutlich sehen, daß überall ungeheure Bauvorhaben in die Höhe wuchsen. Riesengroße Kräne zeigten wie schwarze Finger von Riesen in den Morgenhimmel, und die ganze Stadt schien vom Lärm der Preßlufthämmer erfüllt. Hunderte von dunkelbraunen Arbeitern aus Jemen und Pakistan eilten in schmutzigen, knöchellangen *thobes* und Käppchen umher, Schubkarren vor sich und Spitzhacken schwingend. Manche kletterten mit schweren Ziegellasten auf Leitern, und manchmal bauschte der Wind ihre Röcke auf und brachte sie ins Wanken. Trotz dieser Gefahr schien keiner von ihnen zu stürzen oder einen Ziegel fallen zu lassen. Laura erklärte, daß Saudis keine niedrigen Arbeiten verrichten. Ein Saudi wird wohl einen Lastwagen, ein Taxi oder einen Rettungswagen lenken, aber er wird niemals be- oder entladen, graben oder schleppen, weil sie diese Art von Arbeit als erniedrigend empfinden. Folglich sind etwa siebzig Prozent der Arbeitskräfte in Saudi-Arabien aus dem Ausland, und annähernd eineinhalb Millionen Arbeiter sind aus Jemen, Pakistan, Ägypten, Südkorea und dem Sudan hierhergekommen.

Aber für sie, so sagte Laura, gäbe es keine angemessenen Unterkünfte. Sie zeigte auf eine Ansammlung von Zelten und elenden Behausungen aus Kisten, Blechdosen, Papier und Karton, ohne elektrischen Strom oder sanitäre Einrichtungen. »Die Unternehmer«, fuhr sie fort, »importieren ganze Arbeitertrupps und teilen ihnen Arbeiten zu, die innerhalb einer vorgegebenen Zeitspanne beendet werden müssen. Es ist ihnen nicht erlaubt, ihre Frauen mitzunehmen. Die Arbeiter bleiben einige Jahre, sparen möglichst viel Geld und kehren dann nach Hause zurück. Sie leben nicht, sie vegetieren nur dahin.«

Später sollte ich erfahren, daß der Bauboom in Saudi-Arabien sich mit nichts anderem auf Gottes Erdboden vergleichen ließ. Obwohl die Saudis einen genauen Fünfjahresplan hatten und ihnen während dieser Zeit 144 Milliarden Dollar für den Ausbau des Landes zur Verfügung standen, mangelte es an zentraler Koordinierung. Infolgedessen wurden viel zu viele Arbeiten unnotwendigerweise mehrfach ausgeführt, und ungeheuer viel wurde verschwendet. So konnte es vorkommen, daß eine Straße, die zwei Jahrhunderte lang ungepflastert gewesen war, am ersten Tag von einer libanesischen Firma asphaltiert wurde, am zweiten Tag von einer koreanischen Gesellschaft, die Telefonkabel legte, wieder aufgerissen und am dritten Tag von einer deutschen Firma nochmals gepflastert wurde. Jede Arbeit wurde gesondert von verschiedenen ausländischen Unternehmern ausgeführt, wobei die Saudis kaum mit Rat und Tat zur Seite standen. Aber diese unüberlegte Verschwendung ist vielleicht unvermeidlich in einem Land, das fast über Nacht zu ungeheurem Reichtum gelangt ist.

Unser Bus fuhr an einem riesigen weißen Radargerät vorbei, das über ein altes, verfallenes Postgebäude wachte, wo man ein Gespräch in jedes Land der Erde anmelden konnte. Hier, unter dem ungeheuer großen Fernmeßgerät, das verwendet wurde, um Satellitensignale aufzufangen, waren die Schreiber versammelt und saßen mit überkreuzten Beinen auf kleinen Teppichen, während Saudis, die weder lesen noch schreiben konnten, vor ihnen kauerten und ihnen ihre Briefe diktierten. Was für ein Land unglaublicher Gegensätze war es doch, wo Schreiber für die Analphabeten vor einem Satellitensignal-Empfangsgerät versammelt saßen!

Bald darauf passierten wir das fast fertiggestellte Hotel »Intercontinental« auf einem prachtvollen Boulevard namens Sharah Mathar. Auch hier wiederum existierten Elend und Überfluß Seite an Seite. Die Landflucht aus der Wüste in die Städte hatte zur Entstehung zahlloser Elendsviertel und zur Übervölkerung geführt. Etwa achthundert Meter vom Nobelhotel entfernt lag auf einem riesigen Sandhügel eine weitere Anhäufung von Elendsquartieren, umringt von einer Ziegenherde, die von schwarzverhüllten Beduinenfrauen gehütet wurde. Auf der anderen Seite des Boulevards stand eine teilweise fertiggestellte elegante Villa.

»Achtung!« schrie jemand gellend.

Aus heiterem Himmel steuerte ein Mercedes mit fast hundertzwanzig Stundenkilometern auf der falschen Straßenseite direkt auf uns zu. Unser Busfahrer, der die Ruhe selbst war, wich jäh nach der Seite aus und verhinderte so mit knapper Not einen Frontalzusammenstoß. Der Fahrer war ein junger Saudi, vielleicht fünfzehn Jahre alt. Er lächelte und winkte uns im Vorbeirasen fröhlich zu.

Das war kein Einzelfall. Laura erzählte uns, daß die Zahl der Autounfälle mit tödlichem Ausgang schwindelerregend hoch war. Es gab keine Verkehrsampeln und keine Polizei. Jugendliche fuhren ohne Führerschein oder Fahrprüfung: Das Auto war nur ein Spielzeug.

Bizarr geformte, einfach stehengelassene Autowracks lagen am Straßenrand. Umgekippte Lastwagen zeigten mit allen vier Rädern in die Luft. Viele der anmutig gebogenen elektrischen Straßenlampen, die die breite Straße säumten, waren wie Zündhölzer in der Mitte abgebrochen. An manchen der folgenden morgendlichen Fahrten machten wir uns einen makabren Spaß daraus, die umgekippten Lastwagen und die abgebrochenen elektrischen Straßenlampen zu zählen. Die Zivilisation war zu schnell über das Land hereingebrochen.

Bald waren wir am Stadtrand angelangt, und vor uns erstreckte sich die Wüste. Der erste Anblick der König-Faisal-Spezialklinik flößte mir Ehrfurcht ein. Hier, in der windgepeitschten Wildnis der Arabischen Wüste, stand ein prachtvolles Krankenhaus aus dem einundzwanzigsten Jahrhundert vor einer Kulisse aus dem zehnten Jahrhundert. Dieses majestätische Bauwerk beherrschte die sich ins Unendliche ausdehnende Wüste.

Die in sich strukturierten Außenwände des Krankenhauses bestanden aus kleinen aus honigfarbenem Stein herausgehauenen Blöcken. Sie bildeten lange, wellenförmige Flächen, die manchmal durch jähe Winkel unterbrochen waren und mit der Wirkung von Licht und Schatten spielten. In dieser frühen Morgensonne erschien das von einem dünnen goldenen Sandschleier umhüllte Gebäude in einem unwirklichen Licht; wie eine Fata Morgana hob es sich kühn gegen einen azurblauen Himmel ab.

Wir fuhren durch das Haupttor, das von drei Wachtposten und einem Offizier mit einem Gewehr bewacht wurde. Laura sagte uns, daß das Gewehr nicht geladen sei und nur zur »Abschreckung« diene. Gleich hinter dem Tor stand ein kunstvoll gearbeiteter Brunnen, dessen Sockel aus bunten Mosaikfliesen bestand. Aus seiner Mitte erhob sich ein Wasserstrahl, der in anmutigem Bogen von einer Stufe auf die andere fiel. Seine Fertigstellung hatte länger als ein Jahr gedauert, und wie Laura sagte, bot er des Nachts ein phantastisches Schauspiel, wenn er von einem ständig wechselnden Farbenspektrum angestrahlt wurde.

Ein langer, gewundener Fahrweg führte zum Haupteingang des Krankenhauses. Wir fuhren durch ausgedehnte Grünflächen mit bunten Blumenteppichen. Es gab rosarote und weiße immergrüne Gewächse aus Madagaskar, orange und gelbe Gazanien aus Südafrika und Lorbeer aus Indien. An anderen Stellen wuchsen indischer Flieder, Oleander, Bougainvillea und weißer Jasmin. Die Rasenflächen waren riesig, sorgfältig getrimmt und von komplizierten Sprenganlagen bewässert. Es war ein wahres Gartenparadies inmitten der Wüste.

Der Bus hielt vor dem Haupteingang. Laura führte uns in ein elegantes und geräumiges Empfangsareal. Die Böden waren mit tiefen roten Teppichen ausgelegt, und die Wände waren, ganz im Gegensatz zu der üblicherweise spartanischen Ausstattung eines amerikanischen Krankenhauses, mit dem allerweichsten Gewebe aus grünem Velour bedeckt. An einer Wand in der Nähe des Eingangs hing ein beleuchtetes Mosaikporträt von König Faisal aus Lapislazuli, einem leuchtend blauen Edelstein. Die tiefliegenden Augen waren aus funkelnden kleinen Diamanten. Laura erklärte, daß nur Porträts des Königs und des Kronprinzen öffentlich zur Schau gestellt werden dürfen.

Eine breite marmorne Treppe führte hinauf zu einem reizvollen Balkon mit einem Geländer aus Holz und Plexiglas, der das ganze Empfangsareal umgab. Nach der Enttäuschung, die wir mit unseren Unterkünften im Hotel Al Yamama erlebt hatten, trauten meine Freunde und ich unseren Augen kaum.

Wir folgten unserer Führerin, die uns auf einem kurzen Rundgang die Krankenhauseinrichtungen zeigte, angefangen vom komplizierten Computerzentrum bis zum Wasserreinigungssystem, zur Kläranlage und zum krankenhauseigenen Elektrizitätswerk. Diese Einrichtung wurde für notwendig gehalten, weil Riad wiederholt Stromausfälle zu verzeichnen hatte und ein unabhängiges Elektrizitätswerk Notstrom für die Temperatur- und Feuchtigkeitsregulierung und für die lebenserhaltenden Geräte des Krankenhauses erzeugen sollte.

Der Krankenhauskomplex war eigentlich eine eigene Stadt – von der Verwaltung zutreffenderweise »Krankenhausstadt« genannt. Er hatte seine eigenen Rettungswagen, eine Feuerwehr und eine große Sicherheitstruppe. Es gab auch eine eigene Fernsehstation innerhalb des Krankenhauses und ein weitverzweigtes elektronisches Nachrichtennetz. Man teilte uns mit, daß Krankenhausbusse kreuz und quer durch Riad fuhren und das Personal zur Arbeit und von der Arbeit wieder nach Hause brachten, daß sie regelmäßig Einkaufsfahrten ins Stadtzentrum und gelegentlich Besichtigungsrundfahrten machten. Das Freizeitzentrum zeigte allwöchentlich Filme, organisierte Bridgeklubs, Fotowettbewerbe, Tennisturniere, Koch- und Sprachkurse sowie Theateraufführungen.

Auf diesem Rundgang beeindruckten mich die Qualität und der hohe Standard der Krankenhauseinrichtungen, bei weitem die besten, die ich je kennengelernt hatte. Die Ausstattung konnte es mit der eines jeden Krankenhauses in den Vereinigten Staaten aufnehmen oder übertraf sie noch, wie ein Nuklearbeschleuniger für die Krebsbehandlung, ein Gehirnscanner sowie ein Körperscanner bewiesen. Entsprechend überstiegen die Gesamtkosten des Krankenhauses auch dreihundert Millionen Dollar . . .

Um diese komplizierte Ausstattung instand zu halten, hatten die Saudis eine Anzahl von Spezialtechnikern angestellt, die meisten von ihnen Amerikaner oder Engländer, die im Laufe des vergangenen Monats angelangt waren. Das medizinische Personal aus Ärzten und Krankenschwestern kam aus der ganzen Welt und würde den Kern einer internationalen medizinischen Gemeinschaft inmitten der Arabischen Wüste bilden. Wir alle waren als ein direktes Ergebnis des Ölreichtums der Saudis hierhergebracht worden, und es grenzte fast an ein Wunder, wenn man bedachte, daß die modernsten Errungenschaften der technischen Medizin auf der ganzen Welt von einer Gesellschaft zusammengetragen worden waren, die noch vor weniger als einer Generation aus uns primitiv erscheinenden Nomadenstämmen bestanden hatte.

»Herr Dr. Gray?«

»Ja?« Langsam riß ich mich aus meinen Gedanken los. Ich blickte auf und in das bestürzte Gesicht einer jungen Krankenschwester, die die Spitalskleidung, einen weißen Hosenanzug, trug.

»Herr Dr. Gray, entschuldigen Sie, daß ich Sie störe, aber Herr Dr. Compton möchte Sie sofort sprechen. Es ist dringend, fürchte ich.«

Widerstrebend folgte ich der Krankenschwester durch ein verschlungenes Labyrinth von Gängen. Bald darauf betrat ich das Büro von Dr. Hugh Compton, dem Direktor für Medizinische Angelegenheiten. Er saß hinter einem schönen, handgeschnitzten Mahagonischreibtisch, auf dem Schriftstücke und Akten durcheinanderlagen. Compton, ein stattlicher und gut angezogener Mann Anfang Fünfzig, sah angespannt aus. Er stand auf und begrüßte mich.

»Willkommen im Krankenhaus«, sagte er, gab mir die Hand und bot mir einen Stuhl an. »Es tut mir leid, Sie in ihren ersten Eindrücken stören zu müssen, aber wir haben ein ernsthaftes Problem und brauchen Ihre Hilfe. Haben Sie je von Prinz Yusef Al Saud gehört?«

»In den letzten sechzig Minuten nicht«, erwiderte ich. »Ich bin erst heute früh eingetroffen.«

»Er ist einer der mächtigsten Männer im ganzen Königreich«, sagte Dr. Compton, ohne von meiner Bemerkung Notiz zu nehmen. »Er ist der leibliche Vetter von König Khalid, und sie sind sehr eng miteinander befreundet. Soviel ich weiß, gehen sie miteinander auf Falkenjagd. Jedenfalls wurde Prinz Yusef heute früh mit starken Blutungen im Magen-Darm-Trakt eingeliefert.«

Dr. Compton nahm seine Akten zur Hand und informierte mich über die Details. Der Prinz war sechzig Jahre alt, hatte Diabetes und einen hohen Blutdruck. Die Ursache der Blutungen war noch nicht festgestellt worden, und die Chirurgen sahen eine Operation als lebensgefährlich an.

»Das ist Ihr Spezialgebiet«, sagte er mit einem mitfühlenden Blick, »und ich möchte Sie gern mit diesem Fall betrauen. Sie werden für die Betreuung des Prinzen direkt verantwortlich sein.«

Am liebsten hätte ich gesagt: »Haben Sie es nicht ein bißchen sehr eilig damit? Ich bin um die halbe Welt gereist und eben erst angekommen. Ich kenne weder das Krankenhaus noch die Sprache, die Kultur und die Menschen. Es ist mir alles noch sehr ungewohnt.« Aber ich sagte nichts.

Dr. Compton reichte mir den Bericht und sah mich dann fast beschwörend an. »Es handelt sich hier um einen sowohl medizinischen als auch politischen Fall«, sagte er. »Wie Sie wissen, wird dieses Krankenhaus gerade erst in Betrieb genommen. Was Sie aber nicht wissen, ist, daß der König uns gegenüber einige Vorbehalte hat, und daher ist es eine Art Präzedenzfall. Normalerweise hätte man den Prinzen sofort mit dem Privatflugzeug des Königs nach London geflogen, und das wird auch immer noch von der Königsfamilie in Erwägung gezogen. Wir müssen den König davon überzeugen, daß dieses Krankenhaus funktionieren wird. Wird der Prinz wieder gesund, so kommt uns das zustatten. Wird er es nicht, verlieren wir die Unterstützung des Königs und vielleicht auch das Krankenhaus.«

Dann fragte er zu meiner Überraschung: »Übrigens, haben Sie schon ausgepackt?«

»Noch nicht.«

»Gut. Tun Sie es nicht. Wenn der Prinz nicht gesund wird, wird man Sie bitten, das Land zu verlassen. So ist es hier üblich.«

Ich blickte ihn ungläubig an. Er meinte es todernst. »König Khalid wird wahrscheinlich heute abend hierherkommen, um den Prinzen zu besuchen«, sagte Dr. Compton, während wir aufstanden. »Halten Sie mich auf dem laufenden. Und wenn Sie etwas brauchen – egal, was –, lassen Sie es mich nur wissen. Viel Glück, Seymour.«

Er öffnete die Tür zum angrenzenden Büro und stellte mich seiner Sekretärin vor. Janet Powers war eine attraktive schlanke Frau mit graumelierten Haaren und braunen Augen und immer zu einem Lächeln aufgelegt. Sie trug ein knöchellanges, beiges, langärmeliges Kleid und mehrere goldene Halsketten.

»*Marhaba* (Guten Tag)«, begrüßte sie mich lächelnd.

»*Marhabtayn* (Gleichfalls)«, erwiderte ich.

Wir übten uns beide in unserem arabischen Wortschatz, der etwa dreißig Wörter und Wendungen aus der Alltagssprache umfaßte, die wir der Seite vier des uns überlassenen Orientierungshandbuchs entnommen hatten. Um jedoch nicht von ihr ausgestochen zu werden, fügte ich kühn hinzu: »*Kif halak* (Wie geht es Ihnen)?« Darauf gab sie mir prompt die übliche Antwort: »*Alhamdu lillah* (Gelobt sei Gott).«

»Ihr Arabisch ist makellos«, sagte ich bewundernd.

»Seite vier«, sagte sie lachend, »plus drei Wochenstunden Arabisch im Freizeitzentrum.«

Janet führte mich auf Station B-2 und machte mich mit einer englischen Krankenschwester namens Ann Johnson bekannt, die mir die Station zeigte und mir erläuterte, wie einiges im Krankenhaus gehandhabt wurde. Die Station bestand aus fünfundzwanzig Einzelzimmern, von denen ein jedes mit einem Farbfernsehapparat und einer Reihe von elektronischen Geräten ausgestattet war.

»Gibt es hier keine Zweibettzimmer?« fragte ich. »Den Saudis muß ihre Privatsphäre sehr wichtig sein.«

»In diesem Krankenhaus wären Doppelzimmer ein Ding der Unmöglichkeit«, sagte Schwester Ann. »Warten Sie nur, bis Sie die Besucherhorden zu sehen bekommen, die Diener, die das Essen bringen, und die Familien, die rund um die Uhr am Krankenbett Wache halten. Prinz Yusef hat sich das Zimmer neben seinem für seine Verwandten und Bekannten vorbehalten. Da sind wir, Zimmer B-210 und B-212.«

Vor der Tür stand ein kohlrabenschwarzer Wächter äthiopischer Abstammung, der einen riesigen gekrümmten Dolch im Gürtel trug. Ich war beeindruckt von seinen edlen Gesichtszügen und seinem stolzen Gesichtsausdruck.

»*Tabib* Gray«, kündigte sie mich an. Er nickte und gab uns den Weg frei.

»Dieser Mann steht Tag und Nacht vor dem Zimmer Wache. Er schläft auf dem Boden«, erklärte sie.

Auf Zehenspitzen betraten wir das teilweise verdunkelte Zimmer. Der Prinz, der ein weißes, besticktes Käppchen auf seinem grauen Haar trug, schlummerte gerade. Er sah alt und müde aus. Ein etwa fünfzigjähriger Diener kauerte scheu an seinem Bett. Ein junger Mann in makelloser weißer Uniform, glattrasiert bis auf einen kleinen Schnurrbart, holte gerade das Bettzeug. Er sah wie ein Libanese aus.

»Kamal«, sagte Schwester Ann, »das ist Herr Dr. Gray. Er wird Ihre Dienste als Dolmetscher brauchen.«

Das ist milde ausgedrückt, dachte ich. In einer Situation wie dieser ist die Krankengeschichte oft wichtiger als die Untersuchung selbst. Die richtige Wortwahl und der richtige Tonfall sind entscheidend bei der Herstellung einer Beziehung zum Patienten. Eine Krankengeschichte aufzunehmen ist eine eigene Kunst. Wie zuverlässig konnte eine Krankengeschichte sein, die ich mir mit Hilfe eines libanesischen Dolmetschers verschaffte, der mit einem Saudiaraber Arabisch sprach und es für einen Amerikaner, der gerade erst in einem fremden Land angekommen war, ins Englische übersetzte?

»Ich brauche Ihre Hilfe wirklich, Kamal«, sagte ich und gab ihm die Hand. »Woher kommen Sie?«

»Aus dem Libanon«, erwiderte er. »Ich bin ein MTA – ein medizinisch-technischer Assistent.« Er gehörte zu einer Gruppe junger Männer und Frauen, die während des Libanonkrieges nach Saudi-Arabien emigriert waren.

»Wecken wir den Prinzen sachte auf, Kamal. Wir brauchen eine genauere Geschichte seiner Krankheit.«

Kamal berührte die Schulter des Prinzen. Er wurde sofort wach, blickte zuerst auf seinen Diener, der ihn beruhigte, und sah dann uns mit großen Augen an.

»*Moya* (Wasser)«, sagte er zum Diener, der ihm ein Glas holte und ihn stützte, während er das Wasser langsam mit einem Strohhalm trank. Er hat wahrscheinlich viel Wasser verloren, dachte ich.

Der Prinz war ein untersetzter, vornehm aussehender Mann Anfang Sechzig, gut einsachtzig groß. Er hatte eine dieser markanten arabischen Nasen, volle Lippen und den üblichen, sorgfältig gestutzten schwarzen Bart und Schnurrbart. Seine Augen waren braun, und seine olivenfarbene Haut war blaß, fast weiß, was auf seinen eben erfolgten Blutverlust hindeutete.

Es lag klar auf der Hand, daß mein Patient schwer krank war. Schweißtropfen standen ihm auf der Stirn. Seine Gesichtszüge waren ausgemergelt, und er atmete schnell und mit offenem Mund.

Ich sah stumm zu, wie Kamal mit dem Prinzen sehr schnell Arabisch sprach und ihm erklärte, wer ich war und was ich wollte. Dann begannen wir mit der Befragung.

Mit Kamal als Übersetzer hatte ich dem Prinzen bald genug Informationen entlockt, um vermuten zu können, daß er an einem blutenden Geschwür litt. Ich erfuhr auch, daß der Prinz Novalgin nahm, ein Medikament, das Aspirin enthält und derartige Leiden eher verschlimmert. Ich nahm ein Geschwür also als wahrscheinlich an und begann den Prinzen über seine Eßgewohnheiten auszufragen. Die Antwort überraschte mich.

»Er ißt natürlich nur abends«, sagte Kamal. »Es ist Ramadan, und er fastet.« Ich entsann mich, vom heiligen Monat Ramadan gelesen zu haben, während dessen man von Sonnenaufgang bis Sonnenuntergang weder essen noch trinken darf.

»Sie feuern jeden Tag einen Kanonenschuß ab, um den Anfang und das Ende des Fastens kundzutun, nicht wahr?« fragte ich.

»Ja, das stimmt. Der Prinz ist ein sehr frommer Mann. Den ganzen Tag nimmt er weder Nahrung noch Wasser zu sich, und dann nimmt er abends Novalgin, um seine Magenschmerzen zu lindern.«

»Wie lange fastet er schon?«

»Drei Wochen. Eine Woche fehlt noch.«

»Gibt es eine Möglichkeit, die ihm erlaubt, während des Tages zu essen?«

»Ja«, sagte Kamal. »Wenn er krank ist, darf er während des Ramadanmonats essen und später fasten.«

»Kamal, erklären Sie dem Prinzen, daß ich vermute, daß er entweder ein Geschwür oder eine Gastritis hat. Wir werden den Magen röntgen, um sicherzugehen. Leute mit Geschwüren sollen häufig essen. Höchstwahrscheinlich wurde die Blutung dadurch verursacht, daß er während des Ramadanmonats den ganzen Tag über gefastet hat und am Abend Novalgin nahm. Sagen Sie dem Prinzen, daß er bei entsprechender Behandlung gesund werden wird.«

Daraufhin ging Kamal dazu über, ihm dies ziemlich langatmig und mit ausfahrenden Gesten mitzuteilen. Als er damit fertig war, lächelte der Prinz schwach. »*Inshallah*«, sagte er einfach, was soviel bedeutet wie »So Gott will«.

Bald sollte ich entdecken, daß *inshallah* wahrscheinlich das wichtigste Wort in der arabischen Sprache ist. Es steht für den absoluten Fatalismus der arabischen Mentalität: Alles ist von Allah vorherbestimmt – alles liegt in Allahs Hand. Sie sagen es nicht mechanisch. Sie glauben es. Sie leben danach. Es bestimmt ihr Leben.

»Bitte sagen Sie dem Prinzen, daß wir in einer Stunde den Magen röntgen und einige Blutuntersuchungen durchführen werden.«

»Wann bekomme ich Medikamente?« fragte der Prinz. »Werde ich von Nadeln im Arm und von Blutuntersuchungen denn gesund?«

»*Inshallah*«, erwiderte ich lächelnd. »Für den Augenblick sind Bluttransfusionen das beste Heilmittel.«

Nachdem Kamal es übersetzt und sich des langen und breiten über dieses Thema ausgelassen hatte, gab ich ihm die Hand und dankte ihm überschwenglich für seine Hilfe.

»Es war mir ein Vergnügen, *Tabib* Gray«, sagte er lächelnd, das arabische Wort für Arzt gebrauchend.

Ich verließ das Zimmer und irrte ziellos im Krankenhaus umher, bis ich die Röntgenabteilung fand, wo ich mich den beiden Röntgenologen, einem Engländer und einem Amerikaner, vorstellte. Voller Stolz zeigten sie mir ihre nach neuesten wissenschaftlichen Erkenntnissen ausgestattete Abteilung. Es war die modernste Radiologieabteilung, die ich je gesehen hatte. Nachdem ich ihnen den Zustand des Prinzen geschildert und den Zweck der Röntgenuntersuchung klargemacht hatte, ging ich wieder.

Nach dem »Mittagessen«, das aus Kaffee und Crackern bestand (die Küche war noch nicht in Betrieb), ging ich zurück zur Röntgenabteilung, um mir die Aufnahmen des Prinzen anzusehen. Das verabreichte Bariumpulver verschaffte mir endgültig Gewißheit darüber, daß der Prinz an einem Magengeschwür von fünf Millimetern Durchmesser litt. Meine Diagnose hatte sich somit bestätigt.

Ich ging zurück zum Zimmer des Prinzen und fand drei seiner Söhne um sein Bett versammelt. Sie waren die ganze vergangene Nacht im Nebenzimmer gewesen und sahen übernächtigt und erschöpft aus. Kamal machte mich mit ihnen bekannt. Salim war der älteste, zirka vierzig, etwa einsachtzig groß und ziemlich untersetzt. Er hatte den klassischen, sorgfältig gestutzten Bart und Schnurrbart und trug einen cremefarbenen, goldgefütterten Mantel, was auf seine königliche Abstammung deutete.

Alles in allem hatte der Prinz fünfundzwanzig Söhne, davon fast alle von verschiedenen Ehefrauen. Obwohl Halbbrüder, kamen die drei Söhne gut miteinander aus. Im Gegensatz zu ihrem Vater sprachen alle drei fließend Englisch.

»Bitte sagen Sie uns doch, wie es unserem Vater geht.« Salim fungierte als Sprecher der Gruppe. »Die Familie ist äußerst besorgt. Wir sind fast die ganze Nacht wach gewesen.« Zugleich wies er darauf hin, daß König Khalid mehrmals angerufen hatte und ebenfalls sehr beunruhigt wegen Prinz Yusef war. Binnen kurzem würde er zu einem Besuch eintreffen.

Ich teilte ihnen mit, daß die wahrscheinliche Ursache der Blutung ein Geschwür sei und daß begründete Aussicht darauf bestünde, daß es ohne Operation heilen würde, aber daß wir uns dessen nicht ganz sicher sein konnten. Sie hörten aufmerksam zu. »Unterdessen werden wir Ihrem Vater zwei weitere Bluttransfusionen verabreichen und die Behandlung mit einer Ulcusdiät und Ulcusmedikation einleiten.«

Salim lächelte und nickte langsam mit dem Kopf.

Ich wandte mich an den Prinzen, setzte ihm den Röntgenbefund auseinander und erklärte ihm, daß das Medikament, das er während des Ramadanfastens genommen hatte, wahrscheinlich die Blutung verursacht hatte. »Fasten an sich ist schlecht für ein Geschwür«, bemerkte ich. »Wir müssen sofort mit der Behandlung beginnen.«

Bei der Erwähnung einer Behandlung lächelte der Prinz breit und sagte: »*Kweyyis* (gut, schön, okay).«

Dies signalisierte den Beginn eines Dialogs zwischen uns, der den ganzen Spitalaufenthalt hindurch aufrecht bleiben sollte. Zufälligerweise befand sich das Wort *kweyyis* in meinem sehr begrenzten Wortschatz.

»*Kweyyis* – gut?« fragte ich und gab ihm die Hand.

»Guuut«, erwiderte er strahlend und fügte selbstverständlich »*Inshallah*« hinzu.

Wann immer ich mich von da an auf arabisch nach seinem Gesundheitszustand erkundigte, erwiderte er stets auf englisch »Guuut«, ob er sich nun gut fühlte oder nicht; zur Sicherheit fügte er immer auch »*Inshallah*« oder »*Alhamdu lillah* (Gelobt sei Gott)« hinzu.

Da die Ulcusdiät einen wesentlichen Teil der Behandlung darstelllte, bestand der nächste Schritt darin, eine Diät zu verordnen, die der Prinz auch einhalten würde. Ich besprach mich mit dem Diätarzt und empfahl zunächst Reis, Joghurt und Kamel- oder Ziegenmilch. Diese gehörten zu den Lieblingsspeisen des Prinzen. Er schien zufrieden, unter der Bedingung, daß sein Diener das Essen zubereitete und ihn mit dem Löffel fütterte. Er genierte sich keineswegs, wie ein Kind gefüttert zu werden. Ich sah mir diese Kinderzimmerszene ein paar Minuten an und ging dann.

Sobald ich das Nebenzimmer betreten hatte, brachte der ehemalige Sklave, der das Zimmer des Prinzen bewachte, Kardamomkaffee, den er gekocht hatte. Ich setzte mich mit einem erleichterten Seufzer und erklärte den Söhnen des Prinzen, daß dies mein erster Tag in Saudi-Arabien sei und daß ich mit den bisherigen Fortschritten sehr zufrieden sei. Auch sie erschienen etwas entspannter und fragten mich, wo in den USA ich lebte. Sie boten mir jede mögliche Hilfe an und gaben mir ihre Telefonnummern, wofür ich ihnen meinen Dank aussprach.

»Mögen Sie Pferderennen?« fragte Nasser neugierig und mit starkem Akzent. Er war der jüngste der drei Söhne.

»Nun ja, meine Erfahrung damit ist begrenzt, aber ich sehe mir gern das Kentucky Derby im Fernsehen an. Ach ja, und ein Freund von mir hatte ein Pferd, das dieses Derby vor einigen Jahren fast gewonnen hätte. Ich war auch bei einigen großartigen Rennen in Argentinien und Chile.«

»Ausgezeichnet.« Nasser hatte die Obhut über die Reitställe seines Vaters. »Wir haben einige Vollblutrennpferde und Rennkamele.«

Nachdem wir eine oder zwei Tassen Kaffee getrunken hatten, der in sehr kleinen, henkellosen Porzellantassen serviert wurde, bot man uns Tee in hauchdünnen Glasschalen an. Er war ausgezeichnet und ziemlich süß. Nachdem ich ein paar Minuten gewartet hatte (»Die Eile ist ein Ding des Teufels« – arabisches Sprichwort), dankte ich ihnen und ging.

Es war spät am Nachmittag. Ich befand es für ratsam, Dr. Compton über den gegenwärtigen Gesundheitszustand des Prinzen zu unterrichten. Er schien erleichtert und bat mich, einen kurzen Bericht zu diktieren. »Geben Sie ihn Janet, und wir werden ihn ins Arabische übersetzen lassen und zum königlichen Palast hinübersenden«, sagte er. »Sie werden sicher jeden Tag einen offiziellen Bericht über den Gesundheitszustand des Prinzen haben wollen.«

Während ich Janet den Bericht diktierte, kam Dr. Compton ins Zimmer. »Um sechs Uhr abends kommen der König und der Kronprinz, um Prinz Yusef einen Besuch abzustatten. Wir werden sie an der Eingangstür begrüßen. Ich möchte, daß Sie den König kurz über den Zustand des Prinzen informieren.«

»Ich habe keinen weißen Mantel«, protestierte ich. »Ich bin noch nicht einmal vierundzwanzig Stunden in diesem Land, und ich bin vollkommen erschöpft.«

»Das macht nichts«, sagte er. »Stecken Sie Ihr Stethoskop einfach in die Brusttasche. Ich lasse Ihnen eine Tasse frischen Kaffee bringen.«

Nachdem ich den Rest des Berichts diktiert hatte, ging ich mit Dr. Compton die Treppe zum Eingang des Krankenhauses hinunter. Bald sahen wir, wie sich der königliche Konvoi näherte. Der erste Wagen war ein offener amerikanischer Jeep, in dem sich Soldaten der saudischen Nationalgarde befanden. Die Soldaten trugen Khakiuniformen und leuchtendrote Käppis. Sie saßen zu beiden Seiten des Jeeps einander gegenüber und waren mit Maschinenpistolen bewaffnet.

Der nächste Wagen im Konvoi war ein brauner Pontiac und der dritte ein spezialangefertigter schwarzer Cadillac. Danach kam noch ein Jeep, auf welchem ein in Stellung gebrachtes Maschinengewehr mit einem Gewehrschützen postiert war, der seinen Finger am Abzug hatte, um zu demonstrieren, daß es jederzeit einsatzbereit sei.

Nachdem der Konvoi vor dem Krankenhaus zum Stehen gekommen war, entstieg dem Pontiac ein Militärattaché mittleren Alters und öffnete den Wagenschlag des Cadillacs, um dem Monarchen behilflich zu sein. Seine Königliche Hoheit König Khalid hatte auf dem Beifahrersitz gesessen. Aus dem Fond tauchte Kronprinz Fahd auf und schloß sich sofort seinem älteren Bruder an. Die beiden kamen auf uns, die wir in einer Gruppe vor dem Krankenhaus standen, zu.

Einer der Verwaltungsbeamten des Krankenhauses trat vor, begrüßte die Königlichen Hoheiten auf arabisch und machte sie danach mit uns bekannt. Wir gaben ihnen die Hand und lächelten. Der König und der Kronprinz schüttelten allen Umstehenden die Hand, erwiderten unser Lächeln jedoch nicht.

König Khalid und Kronprinz Fahd waren erstaunlich stattliche Männer, beide weit über einsachtzig. Sie waren völlig gleich angezogen, trugen beige, goldgesäumte Umhänge über langen, hellen *thoben* mit Krägen im Mao-Stil. Auf dem Kopf trugen sie rotkarierte *ghutras* mit schwarzen Reifen, die in Saudi-Arabien übliche Kopfbedeckung. Der Goldbesatz an ihren langen Umhängen war der gleiche, wie ihn alle Prinzen und hohen Regierungsbeamten trugen. Bis auf die etwas bessere

Stoffqualität unterschieden sich der König oder der Kronprinz in nichts von Tausenden anderer Bürger Saudi-Arabiens.

Während wir die elegante Empfangshalle durchquerten und in den Lift stiegen, konnte ich nirgendwo Sicherheitsbeamte entdecken. Im Lift stand ich nur wenige Zentimeter von den beiden Männern entfernt, die die wirtschaftlichen Geschicke der westlichen Welt in Händen hielten.

Der König, der vor kurzem operiert worden war, war offensichtlich noch geschwächt. Sein langgezogenes, melancholisches Gesicht war völlig bar jeden Gefühlsausdrucks. Er schien eher durch einen hindurchzublicken, als einen anzusehen. Man sagte allgemein, er sei ein einfacher Mann, unbelesen, ungebildet und ungeschliffen. Er war ein rigoroser Verfechter eines orthodoxen und strikten, streng korangläubigen Islam und hatte wenig übrig für »neumodische« Ideen und »modernes« Denken.

Im Gegensatz zu Khalid schien Kronprinz Fahd, der Halbbruder des Königs, ein robuster, energiegeladener, herzlicher und gutmütiger Mann zu sein. Er war ziemlich beleibt und machte einen zurückhaltenden und würdevollen Eindruck. Irgend etwas in seinem Gebaren jedoch ließ auf ein lustiges Naturell schließen, das zwar zeitweilig, doch unmöglich völlig unterdrückt werden konnte. Seine Augen waren dunkelbraun, blickten scharf und durchdringend und schossen hin und her, während er seinen Kopf unbeweglich hielt. Sein großer Kopf, seine gebogene semitische Nase und seine neugierigen, durchbohrenden Augen, die ständig in Bewegung waren, ließen mich an einen riesengroßen Falken denken. Auf seinem Gesicht lag ein schwaches Lächeln, als ob er jederzeit bereit wäre, in herzliches Lachen auszubrechen. Ich hatte das Gefühl, daß der Prinz bei einem geselligen Beisammensein alle Lacher auf seiner Seite haben würde, während der König es wohl vorziehen würde, mit seinen engsten Freunden in einer Ecke zu sitzen, wo sie einander die neuesten Geschichten erzählten.

Das Verhältnis zwischen dem König und dem Kronprinzen

war eigenartig, und die Tatsache, daß sie gut miteinander auskamen, ließ sich nur aus der Dynamik der saudischen Königsfamilie erklären. Als König Faisal 1975 ermordet wurde, versammelten sich die führenden Männer des Hauses Saud zu einem geheimen Familientreffen, um den nächsten König zu wählen. Im Gegensatz zu abendländischen Gebräuchen wird der Thron Saudi-Arabiens nicht automatisch dem ältesten lebenden Sohn zugesprochen. Vielmehr wählen vertrauenswürdige Mitglieder der Königsfamilie in Übereinstimmung mit beduinischen Stammesgebräuchen und mit Billigung der *Ulema*, des Rates, einen der Ihren zum König. Im Falle Khalids verhielt es sich so, daß er zum König gewählt wurde, obwohl er zwei ältere Brüder hatte. Gleichzeitig wurde Fahd zum Kronprinzen und somit zum Thronerben bestellt.

Khalid und Fahd gemeinsam waren sehr tüchtige Nachfolger König Faisals gewesen. Khalid, der konservative Beduine, war bei den Stammesführern außerordentlich beliebt, und das Vertrauen in seine Führerschaft hielt die konservativeren Elemente der saudischen Gesellschaft oft davor zurück, sich den progressiveren Regierungsinitiativen offen zu widersetzen. Fahd hingegen war sehr modern und westlich ausgerichtet und befürwortete oft Veränderungen in der saudischen Gesellschaft, angefangen von stärkerer Industrialisierung über Liberalisierung des sozialen Lebens bis zu größerer Freiheit für die Frauen. Wegen der schwachen Gesundheit des Königs erledigte Fahd die meisten der täglich anfallenden Regierungsgeschäfte und wurde als tatsächlicher »Führer« Saudi-Arabiens angesehen. Khalids persönliche Popularität war jedoch entscheidend für die Zustimmung zu Fahds ehrgeizigen Plänen, und Khalid beeinflußte viele von Fahds Entscheidungen in maßgeblicher Weise.

Die Unterschiede zwischen den beiden Männern reichten bis in ihr Privatleben. Khalid, der Beduine, liebte seine Falkenzucht und unternahm mit seinen beduinischen Anhängern oft Zeltexpeditionen in die Wüste. Fahd dagegen war weltgewandt, intellektuell und umfassend gebildet, sowohl was die Kultur der westlichen Welt als auch was die islamische Tradition betraf. Häufig flog er nach Westeuropa auf Urlaub, wo er angeblich Lastern frönte, die in Saudi-Arabien verboten waren.

Nun, da ich den König und den Kronprinzen bei ihrem Besuch bei Prinz Yusef begleitete, sah ich mich beeindruckt von ihrer Sicherheit und unaufdringlichen Eleganz. Vor allem aber schien von den beiden Prinzen die unerschütterliche Zeitlosigkeit auszugehen, die ein Kennzeichen der Kultur der Saudis ist.

Während wir den Gang hinuntergingen, liefen mehrere Saudis – Verwandte von Krankenhauspatienten – zu ihnen hin und berührten die Gewänder des Königs und des Kronprinzen mit ihren Lippen, zum Zeichen der Lehenstreue gegenüber der Königsdynastie. Der König und der Kronprinz schritten jedoch im gleichen Tempo weiter, ohne diese Loyalitätskundgebungen zur Kenntnis zu nehmen.

Als wir bei Prinz Yusefs Krankenzimmer anlangten, öffnete der stets gegenwärtige Wächter mit dem gekrümmten Dolch die Tür und führte uns hinein. Prinz Yusef sah bleich und schwach aus, aber beim Anblick des Königs schienen sich seine Lebensgeister wieder zu regen. König Khalid trat ans Krankenbett und begrüßte den Prinzen, worauf er ihn mit feierlicher Geste auf die Stirn küßte. Der Kronprinz folgte seinem Beispiel, drückte seine Lippen auf beide Wangen des Prinzen und dann auf die Stelle, wo sein Herz lag. Nachdem dieses Ritual beendet war, nahmen die beiden königlichen Besucher Platz und begannen sich mit ihrem Cousin zu unterhalten.

Kamal, der bei diesem Gespräch zugegen war, erzählte mir später, daß die drei sich ausführlich über den Gesundheitszustand des Prinzen und über meine Diagnose unterhalten hatten. Prinz Yusef war belustigt darüber, daß ich die Schuld an seinem Geschwür dem Ramadan gegeben hatte. Dabei wandten sich alle drei um und blickten mich kurz an, was mich in Anbetracht meiner Unkenntnis des Arabischen ziemlich aus der Fassung brachte.

Nach einem kurzen Gespräch mit dem Prinzen standen die Mitglieder des Königshauses auf und verließen das Zimmer. Im Nebenzimmer schüttelten sie Prinz Yusefs Söhnen herzlich die Hand. Ihre Königlichen Hoheiten setzten sich in zwei sehr bequeme Sessel und plauderten ein paar Minuten mit ihnen. Dann wandten sie sich zum ersten Mal direkt an mich und erkundigten sich über den Gesundheitszustand des Prinzen.

Während Kamal und Salim sich als Dolmetscher abwechselten, umriß ich kurz die medizinische Sachlage. Als ich damit fertig war, fragte der König, ob der Prinz zur Behandlung ins Londoner Wellington-Krankenhaus geflogen werden sollte, wie es üblich war. Ich erwiderte, daß es vielleicht zu einer Verschlimmerung der Blutung führte, wenn man den Prinzen fortbrachte, und daß meiner Meinung nach die medizinische Betreuung und die Laboreinrichtungen, die dem Krankenhaus derzeit zur Verfügung standen, es durchaus mit denen in London aufnehmen konnten. Ich sah förmlich, wie Dr. Compton hinter mir befriedigt über meine Antworten lächelte.

»Was, wenn sich eine Operation als notwendig herausstellt?« ließ der Kronprinz durch einen Dolmetscher fragen.

»Eine Operation sollte möglichst vermieden werden«, erwiderte ich, »wegen des hohen Blutdrucks und des schwachen Herzens des Patienten. Ich habe jedoch bereits einen englischen Chirurgen des hiesigen Personals zu Rate gezogen, und ich bin überzeugt davon, daß er genauso kompetent ist wie nur irgendein Facharzt für Chirurgie in London.«

»Wünschen Sie, daß ein Konsiliararzt aus England oder den Vereinigten Staaten eingeflogen wird? Das ließe sich über unsere Botschaft leicht arrangieren.«

»Wenn Sie es wünschen«, sagte ich. »Ich habe ziemlich viel Erfahrung in der Behandlung von Patienten mit ähnlichen Problemen, aber wenn Sie eine weitere Fachmeinung hinzuziehen wollen, empfehle ich Ihnen gern jemanden.«

»Der König hat eine Boeing 747, die für jeden medizinischen Notfall ausgerüstet ist, und man könnte das Flugzeug ins Ausland senden und jeden Konsiliararzt holen, den Sie haben möchten«, erklärte Salim. »Wenn nötig, können wir den Prinzen auf diesem Weg auch nach London fliegen.«

Ich versicherte ihnen abermals, daß ich das im Augenblick nicht für nötig hielt, daß ich es jedoch in Erwägung ziehen würde, falls der Zustand des Prinzen sich verschlimmern sollte. Der König und der Kronprinz sprachen einen Augenblick leise miteinander und standen dann auf, womit sie zu verstehen gaben, daß sie gehen wollten. Der Weg zurück wurde wiederum langsamen, ruhigen und gemessenen Schrittes und schweigend zurückgelegt. Wir begleiteten die königlichen Gäste bis vor das Krankenhaus. Dort traten sie zu ihrer Militäreskorte, und nach einem oberflächlichen Abschied bestiegen sie den Cadillac und fuhren mit ihrem Geleit ab.

»Wie ernst ist der Gesundheitszustand des Prinzen?« fragte Dr. Compton, während wir wieder zurückgingen.

»Er ist ernst«, antwortete ich. »Er müßte auf die Behandlung ansprechen, aber bei dieser Art Patient beträgt die Sterberate zehn Prozent.«

»Sind Sie sicher, daß wir den Prinzen nicht nach London schicken sollen?« fragte Dr. Compton.

»Das würde an der Sache nichts ändern«, sagte ich. »Die Einrichtungen hier sind ausgezeichnet. In London könnte er genauso leicht sterben wie hier.«

»Ich weiß«, sagte Dr. Compton, »aber wenn er in London stirbt, wird der König die Schuld dem Londoner Krankenhaus zuschieben. Wenn er hier stirbt . . .« Dr. Compton ließ den Satz unbeendet in der Luft hängen. Wir gingen schweigend zum Lift. »Ich hoffe nur, daß wir das Richtige tun«, sagte er, bevor er einstieg.

»Ich auch.«

Er schenkte mir ein schwaches Lächeln. »*Inshallah*«, sagte er inbrünstig. »Sie gehen am besten nach Hause und ruhen sich ein wenig aus. Es war ein anstrengender Tag.«

»Bis morgen, Hugh.«

Im Freien begrüßte mich ein heißer Windstoß, der die Spannung des Tages ein wenig zu lockern schien. Auf dem Fahrweg fragte ein Krankenhauschauffeur in einem grünen Buick nach »*Tabib* Gray«, und ich fiel dankbar in den Fond seines Wagens. Der Chauffeur war ein Saudi, der in der Transportabteilung arbeitete. Er stand für einen dringenden Fall zur Verfügung und würde mich in der Nacht, wenn es nötig sein sollte, ins Krankenhaus fahren. Janet hatte das arrangiert. Aber ich fragte mich, wie eine Mitteilung aus dem Krankenhaus mich je erreichen würde: kein Telefon im Hotelzimmer, keine Funkgeräte und ein Hotelportier, der sich um nichts scherte. Die Klimaanlage und das Surren des Motors lullten mich ein, und ich schlief die ganze Fahrt bis zum Hotel.

Im »Al Yamama« waren meine Gefährten fast mit dem Essen fertig. Die Tischdecken waren immer noch schmutzig und die Fliegen lästig wie zuvor. Das Menü bestand aus fade schmekkendem Lamm mit Reis, aber das kalte *Sohat*-Wasser rann mir die Kehle hinunter wie Sekt, und die Datteln zum Nachtisch waren köstlich. Obwohl ich erschöpft war, hoben sich meine Lebensgeister bei Tisch wieder ein wenig.

Nach dem Essen teilte ich dem Hotelportier mit, daß ich vielleicht einen dringenden Anruf aus dem Krankenhaus erhalten würde. Der Portier – ein Ägypter – schien mehr an seiner Zeitschrift interessiert.

»Würden Sie sich bitte meine Zimmernummer aufschreiben?« bat ich.

»Ich erinnern schon«, sagte er.

»Bitte schreiben Sie sie auf.«

Deutlich verärgert, schrieb sich der Portier die Nummer auf – wie ich sah, aber falsch.

»So«, sagte ich, nahm den Kugelschreiber und schrieb sie selbst auf. »Das ist mein Zimmer. Falls ein Anruf für mich kommt, wecken Sie mich dort.«

»Nicht sorgen«, sagte der Portier und tippte sich an die Stirn. »Ich erinnern schon.«

Zum zweiten Mal schleppte ich mich über die Treppe hinauf und in mein Zimmer und schloß die Tür hinter mir. Das Zimmer war heiß, schwül und trostlos. Die stumpfe, sich von der Wand lösende grüne Farbe war immer noch häßlich, aber jetzt war sie mir immerhin schon vertraut.

3.
Ein König
bricht
mit der Tradition

Zu meiner großen Überraschung verschlief ich den morgendlichen Gebetsruf. Hatte ich eine dringende Nachricht aus dem Krankenhaus verpaßt? Keine Nachricht ist eine gute Nachricht, sagte ich mir, während ich ein angenehmes Vollbad genoß.

Nach dem Frühstück, dessen charakteristische Merkmale wie üblich die ranzige Butter und die angriffslustigen Fliegen waren, nahm ich den Bus um halb acht ins Krankenhaus. Meine Augen blickten ungerührt auf die umgekippten Lastwagen, die zertrümmerten Autos und die abgebrochenen elektrischen Straßenlampen, die die Straßen säumten. Trümmer und Abfälle gehörten nun schon zum Stadtbild. Ich versuchte, das ohrenbetäubende Hupen des zähfließenden Verkehrs zu überhören.

Dann tauchte die Wüste auf, makellos, still und würdevoll, als ob sie den Frevel verachtete, der von der Zivilisation an ihr verübt worden war. Das Krankenhaus glänzte sauber, aber abweisend in der Morgensonne. Ich ging direkt zum Zimmer des Prinzen. Er sah blaß und schwach aus, schwitzte aber nicht mehr. Sein Puls war hundert, wie zuvor, aber sein Blutbild war besser, und sein Blutdruck war etwas angestiegen, alles ermutigende Zeichen.

Leise betrat Kamal das Zimmer, glattrasiert und untadelig in seiner weißen Uniform. Ich bat ihn, dem Prinzen mitzuteilen, daß er sich auf dem Weg der Besserung befand und daß er für den Augenblick nicht mehr Blut benötigte.

»*Kif halak* (Wie geht es Ihnen)? *Kweyyis* (Gut, okay)?« fragte ich und schüttelte die kraftlose Hand des Prinzen.

»Guuut«, erwiderte er mit einem tapferen, aber herablassenden Lächeln.

Salim hatte die ganze Nacht bei seinem Vater gewacht. Er sah unrasiert und zerzaust aus. »Wie geht es ihm?« fragte er besorgt.

»Bedeutend besser«, versicherte ich. »Alles, was er jetzt braucht, ist Ruhe und Stille. Die Medikamente und die Diät müßten zur Heilung seines Geschwürs beitragen, aber es wird Zeit brauchen.«

»Der König hat heute morgen angerufen«, verkündete er lächelnd. »Er hat mit meinem Vater gesprochen und nach mir gefragt, um sich zu vergewissern, daß ich hier bin. Der König hält viel von Familiensinn.«

Wir gaben uns die Hand, und ich ging wieder, nachdem ich ihm geraten hatte, sich etwas hinzulegen.

Nach langem Umherirren fand ich Dr. Comptons Büro und diktierte Janet einen kurzen medizinischen Bericht; sie versprach, ihn ins Arabische übersetzen zu lassen und binnen einer Stunde in den Palast zu senden. Sie gab mir eine Liste der Abteilungen, die ich aufzusuchen hatte.

»Zuallererst«, sagte sie, »müssen Sie zur Sicherheitsabteilung, um sich fotografieren zu lassen und Ihren Ausweis und den Passierschein für das Außentor zu holen.«

»Ach ja, ich erinnere mich an den Wachtposten mit dem Gewehr am Tor.«

»Jeder weiß, daß es nicht geladen ist«, sagte sie lachend. »Wissen Sie, wir haben hier aber neunzig Sicherheitsbeamte. Die meisten von ihnen in Zivil, damit man nicht weiß, um wen es sich handelt.«

In der Sicherheitsabteilung ging es zu wie in einem Ameisenhaufen; das neu ankommende Personal wurde registriert und fotografiert, und Dienstabzeichen und Ausweise wurden ausgestellt. Der Leiter der Sicherheitsabteilung war ein Amerikaner mit viel Auslandserfahrung. Er sagte mir, daß die Männer, die Wachdienst leisteten, zum Großteil Saudiaraber seien. Der Rest der Abteilung setzte sich aus amerikanischen und englischen Experten zusammen.

Nachdem ich diese Prozedur hinter mich gebracht hatte, schaute ich kurz in der Krankengeschichtenabteilung vorbei. Eine rundliche Frau um die Fünfzig herrschte über einen Schreibtisch, der mit Akten, Papieren und Büchern übersät war. Abgesehen von der Leiterin des Pflegepersonals war Helen die einzige weibliche Abteilungsleiterin. Sie war für alle Krankengeschichten und alle Übersetzungen von Dokumenten zuständig, die das Krankenhaus verließen.

»Hallo! Ich kenne Sie schon von den Bulletins her, die hier übersetzt werden. Das war vielleicht ein Einstand, hm?« sagte sie und hörte sich dabei sehr amerikanisch an.

»Ich bin immer noch ganz betäubt.«

»Na ja, ich bin jedenfalls jederzeit bereit, die Krankengeschichte des Prinzen zu übersetzen. Für den Fall, daß er doch noch nach London geflogen wird.«

»Tun Sie sich bloß keinen Zwang an.«

Helen war aus Kalifornien. Da ihr Arbeitsplatz auf dem Balkon der Hauptempfangshalle lag und da alle Krankengeschichten und ein Großteil der Korrespondenz mit dem Ausland durch ihre Hände gingen, wußte sie mehr als jeder andere, einschließlich der Sicherheitsabteilung, über das, was im Krankenhaus vorging. Bald sollte ich herausbekommen, daß dies der Ort war, um Neuigkeiten und Informationen aus erster Quelle zu erfahren.

Das Transport-, Reise-, Paß- und Visaamt war meine nächste Station. Moussa, ein großer, schlanker, dunkler und gutaussehender Afghane, hatte die Ehre, diese undankbare Aufgabe zu erfüllen. Gleich beklagte er sich über den unkontrollierten Andrang im Paßamt in Riad und darüber, daß Reisepässe, die man zur Bearbeitung dorthin sandte, häufig »verlegt« wurden.

Er erzählte mir, daß sechzehnhundert Menschen im Krankenhaus arbeiteten, die jedesmal, wenn sie das Land verließen, Ausreise- und Einreisevisa brauchten. »Sie können sich die Panik vorstellen«, fügte er mitfühlend hinzu, »wenn ihre Flüge storniert werden müssen, weil die Reisepässe verlegt worden sind. Ich kriege immer noch Magengeschwüre davon.«

Ich ließ meinen Reisepaß bei ihm und bat um eine Empfangsbestätigung.

»Wie geht es dem Prinzen?« fragte er, als ich mich zum Gehen wandte. »Werden Sie mit ihm nach London fliegen? Lassen Sie es mich möglichst bald wissen, damit ich mich um ein Einreisevisum kümmern kann.«

Ich bedankte mich bei ihm.

»Patient B-24 will eine Leibschüssel.«

Ich war nun in der Telefonzentrale. Sie war von drei Frauen »bemannt«, die Englisch, Arabisch und Französisch sprachen.

Im selben Raum war eine riesige Monitorwand, auf der jedes der zweihundertfünfzig Krankenzimmer auf dem Bildschirm erschien; auch die Patienten konnten ins Bild gebracht werden. Eine zweisprachige Aufseherin überwachte die Fernsehschirme rund um die Uhr. Sie konnte direkt mit den Patienten in Verbindung treten und ihre Wünsche und Forderungen an die zuständige Krankenschwester weiterleiten. Im allgemeinen waren nur die schwerkranken Patienten unter ständiger Beobachtung. Die Intensivstation und die Herzstation hatten ihre eigenen Monitorsysteme.

Die Funkgeräte waren noch nicht eingetroffen, so daß jegliche Kommunikation noch über das Telefon ging. Die Telefonisten kamen aus dem Libanon und aus Ägypten. Man kann sich vorstellen, daß es sich in der Telefonzentrale wie im Turm von Babel anhörte, und manchmal, wenn ein dringender Anruf aus dem Ausland kam, ging es wie im Irrenhaus zu.

Es war elf Uhr morgens, als ich zurückging, um nach dem Prinzen zu sehen. Der Wächter vor seiner Tür erkannte und grüßte mich. Der Diener saß am Bett des Prinzen und fütterte ihn mit dem Löffel, und Kamal war dabei, das Zimmer aufzuräumen. Der Prinz sah recht vergnügt aus, und das Diagramm zeigte keine Veränderung, was die lebenswichtigen Funktionen betraf.

Ganz von sich aus sagte der Prinz: »Guuut«, und ich antwortete mit »Gelobt sei Gott«.

Dann sprach der Prinz mit Kamal, der übersetzte: »Der Prinz läßt fragen, wann er mehr essen darf.«

»Sagen Sie ihm, daß er in ein oder zwei Tagen, wenn die Blutungen völlig aufhören, mehr zu essen bekommt – und daß sein Appetit auf mehr Essen ein sehr gutes Anzeichen dafür ist, daß er über den Berg ist.«

»*Inshallah*«, sagte der Prinz feierlich.

Es klopfte.

»Janet hat eben angerufen«, sagte Schwester Ann. »Der König wird in etwa zwanzig Minuten hiersein. Dr. Compton möchte, daß Sie sich mit ihm am Haupteingang treffen – an derselben Stelle wie gestern.«

»Ich habe gedacht, er kommt erst um sechs Uhr herum«, murrte ich.

»Manchmal um sechs Uhr nachmittags vor dem Abendgebet und manchmal um elf oder halb zwölf Uhr vormittags vor dem Mittagsgebet. Je nach seinem Tagesplan. Heute wird er nicht lange bleiben. Es ist schon fast Mittag«, erwiderte sie.

Dr. Compton und noch ein Mann standen am Krankenhauseingang und warteten auf das Eintreffen des Königs. Compton machte mich mit Frank Taylor, dem Verwaltungsdirektor, bekannt. Taylor war ein einsneunzig großer, hundertzwanzig Kilo schwerer Exfootballspieler, der aussah, als würde er jeden Augenblick aus den Nähten platzen. Er war vierzig Jahre alt und stand im Ruf, ein harter Arbeiter und ein unnachgiebiger Organisator zu sein.

»Ich bin froh, daß Sie da sind«, sagte Taylor. »Diese Situation mit Prinz Yusef ist für uns von entscheidender Bedeutung. Wie Sie wissen, haben wir erst vor wenigen Monaten die Klinik eröffnet, und der König ist skeptisch, was unsere Leistungsfähigkeit betrifft. Obwohl er sich vor kurzem in Cleveland einer offenen Herzoperation unterzogen hat, mag er die Amerikaner eigentlich nicht. Der Kronprinz dagegen ist unser Freund. Ohne ihn gäbe es das Krankenhaus nicht mehr. Wenn der Prinz hier bleibt und nicht gesund wird, kann das das Ende für unser Krankenhaus bedeuten«, warf Taylor ein. »Wir werden keine zweite Chance bekommen.«

»Das trifft auch auf mich zu«, sagte ich und erinnerte mich an Dr. Comptons mahnende Worte tags zuvor. »Meine Koffer sind immer noch nicht ausgepackt.«

Wenige Minuten später erschienen der König und sein Geleit, angekündigt von den Soldaten, deren rote Käppis in der Sonne leuchteten. Wieder sah ich mir das Ritual an. Alles verlief genauso wie gestern, außer daß der König und der Kronprinz beide in einem schwarzen Mercedes-Benz saßen und verschiedenfarbige *ghutras* trugen. Wir gaben uns alle flüchtig die Hand und gingen zum Zimmer des Prinzen. Es wurde nur wenig gesprochen. Der König blickte geradeaus, feierlich, mit starr nach vorn gerichteten Augen. Der Kronprinz trug wie immer sein gelassenes Lächeln zur Schau.

Sie gingen in das Zimmer des Prinzen, während wir uns nervös ins Nebenzimmer begaben. Nach etwa zwanzig Minuten erschienen der König und der Kronprinz mit Salim. Auf dem Gesicht des Königs lag der Anflug eines Lächelns, und der Kronprinz lächelte breit.

Khalid richtete das Wort an mich, während Salim dolmetschte. »Es scheint Prinz Yusef besserzugehen«, sagte er auf arabisch. Der Kronprinz lächelte weiterhin, sagte aber nichts.

Dann geschah etwas Ungewöhnliches. Wir gingen alle in einer Gruppe zum Lift. Wir liefen nicht mehr einfach hinter ihnen her. Manchmal gingen die Söhne des Prinzen neben den Königlichen Hoheiten einher, dann wieder einige von uns, wie es der Zufall wollte. Das Tempo war langsam wie zuvor, aber nicht so gleichmäßig. Als wir in Richtung Empfangshalle gingen, befand ich mich neben dem Kronprinzen. Zu meinem Erstaunen wandte er sich mir zu und fragte in perfektem Englisch: »Wie lange dauert ein Flug von Washington nach Boston?«

»Ungefähr eine Stunde«, antwortete ich im selben ungezwungenen Ton. »Die Fluggesellschaft, die die Linie betreibt, pendelt regelmäßig zwischen den beiden Städten hin und her.«

»Ich war noch nie in Boston«, sagte er. »Ist es eine große Stadt?«

Wir unterhielten uns nun über Boston und Neuengland im allgemeinen. Dann stellte er Fragen über den Prinzen, wie lange er im Krankenhaus würde bleiben müssen, ob er in Zukunft wieder Blutungen haben könnte und was für Vorsichtsmaßnahmen man treffen sollte.

Am Vordereingang gaben sie wieder jedem einzelnen von uns die Hand und gingen dann schweigend weg, um sich wieder dem königlichen Konvoi, der auf sie wartete, anzuschließen. Mit keinem Wort war eine mögliche Überführung des Prinzen nach London erwähnt worden.

»Offenbar ist der König zufrieden mit den Fortschritten, die der Prinz macht«, sagte Dr. Compton gutgelaunt. »Das ist der erste Bruch mit der Tradition, alle kranken Mitglieder der Königsfamilie zur Behandlung nach London zu fliegen.«

»Inshallah«, sagte Taylor inbrünstig. »Hoffen wir, daß der Prinz weiterhin Fortschritte macht.«

Später erzählte mir Kamal, was sich während des Besuchs des Königs im Zimmer des Prinzen zugetragen hatte. Sie brachten die meiste Zeit damit zu, sich über die Gesundheit Prinz Yusefs zu unterhalten. Der Prinz sagte, es ginge ihm besser und er fühle sich kräftiger. Die Söhne pflichteten ihm bei. »Danach redeten sie hauptsächlich über die Jagd.«

Heute abend würde ich meine Koffer auspacken.

4.
Leben in der Fremde

Nachdem der König wieder fort war, war ich bestens gelaunt und in der Stimmung für eine Feier. Der Prinz befand sich auf dem Wege der Besserung, und wir hatten mit der Königsfamilie Verbindung hergestellt, was dem Krankenhaus in Zukunft von großem Nutzen sein würde. Die ultrakonservative Partei in Riad war gegen das Krankenhaus, weil es eine ausländische Bedrohung darstellte, eine Institution, die von Ungläubigen mit sonderbaren Ideen geleitet wurde. Die geistlichen Führer verliehen ihrer Ablehnung gegen das Krankenhaus freitags in der Moschee Ausdruck und waren anfänglich sehr erfolgreich damit. Das Krankenhaus benötigte eine lange Anlaufzeit. Aber nun hatte der König ihm den Stempel der Zustimmung aufgedrückt und dabei sogar mit einer Tradition gebrochen.

Es war Mittag und sehr heiß. Ich beschloß, mich zur Feier des Tages zu erfrischen und im Freizeitzentrum schwimmen zu gehen, einer großen, ausreichend mit Personal versorgten Anlage mit einem Swimmingpool im Freien, der seinen Ausmaßen nach für Olympische Spiele genügt hätte. Das Vergnügen, im kühlen Wasser zu schwimmen, wenn die Außentemperatur auf sechzig Grad klettert, läßt sich kaum beschreiben.

Um etwa zwei Uhr nachmittags untersuchte ich den Prinzen nochmals und ging dann zum Büro der Medizinischen Abteilung, das ursprünglich ein Krankenzimmer war, das man vorübergehend in ein Büro umgewandelt hatte.

Manda Blake, die Sekretärin der Abteilung, begrüßte mich. Sie war von Dr. Comptons Büro über meine Ankunft informiert worden, und Janet hatte ihr bereits die Geschichte von Prinz Yusef erzählt. Manda war Engländerin und hatte einen wunderbaren Londoner Akzent. Sie war Anfang Vierzig, tief gebräunt und hatte blaue Augen und braunes, kurzgeschnittenes, ziemlich graumeliertes Haar. Sie trug ein braunes, knöchellanges, weites Kleid und keine Strümpfe, und ihre lackierten Zehennägel steckten in bequemen arabischen Sandalen. Sie hatte eine lange schwarze Zigarettenspitze forsch zwischen die Zähne geklemmt und rauchte ununterbrochen.

Manda war einer der ersten Ankömmlinge gewesen. Sie erzählte mir, daß sie schon länger als ein Jahr im Krankenhaus arbeitete. Sie war in Manchester geboren und aufgewachsen, hatte einen englischen Professor geheiratet und hatte mehrere Kinder. Sie war geschieden, und wie Janet durfte sie ihre Kinder nicht nach Arabien mitbringen.

»Also, genug zu meiner Person«, seufzte Manda. »Sie sind neu hier und sollten wissen, wie alles läuft.«

Darauf schilderte sie einige der Probleme im Krankenhaus. Es war nicht genug Platz für Büroräume, weil die Architekten nicht mit einer so großen Zahl von Ärzten, Technikern, Sekretärinnen und Hilfspersonal gerechnet hatten. Begreiflicherweise gab es auch Sprach- und Verständigungsschwierigkeiten. Allein die Ärzte kamen aus dreiundzwanzig verschiedenen Ländern. Eine empfindliche Wohnungsnot machte es erforderlich, Hotelzimmer zu organisieren, was mit hohen Kosten und Unannehmlichkeiten verbunden war, ganz zu schweigen von den Unbequemlichkeiten, die die schlechte Qualität der verfügbaren Hotels mit sich brachte, wie ich nur zu gut aus eigener Erfahrung wußte.

Schließlich kam Manda kurz darauf zu sprechen, wie schwierig es für alleinstehende Frauen, die in Saudi-Arabien arbeiteten, war, hier zu leben.

»Es ist hier alles andere als angenehm«, sagte sie, »und das

Leben einer alleinstehenden Frau ist einfach unerträglich. Wir dürfen nicht Auto fahren oder abends ausgehen – außer in einer Gruppe. Wir können uns allein nicht einmal ein verdammtes Taxi nehmen! Ich will damit sagen, ich riskiere es nicht, tagsüber auszugehen oder einzukaufen, außer mit einer anderen Frau. Hier muß man seine Arme und Beine bedecken, egal, wie heiß es ist.«

Ich erfuhr, daß das Gesellschaftsleben äußerst eingeschränkt war. Männliche Besucher durften kein Gebäude betreten, in dem alleinstehende Frauen lebten. Die Wohnmöglichkeiten für Frauen waren unzureichend. Pflegte man gesellschaftlichen Umgang mit einem Moslem, wurde man mißtrauisch beobachtet. Den mohammedanischen Frauen, wie zum Beispiel den ägyptischen Angestellten, war es untersagt, mit Christen auszugehen.

Sie machte einen langen Zug von ihrer Zigarette, die sie lässig in der Hand hielt, und lächelte mich an. »Aber natürlich ist es um das gesellschaftliche Leben nicht ganz so arg bestellt, weil die englische Gruppe im Krankenhaus eine eingeschworene Gemeinschaft ist.«

Schließlich gab sie mir ein Verzeichnis der Ambulanzen und bat mich, mich bei dreien einzutragen. Ich wählte Sonntag, Dienstag und Donnerstag vormittags. Die Arbeitswoche hatte sechs Tage. Freitag war moslemischer Feiertag, Samstag und Sonntag waren normale Arbeitstage.

»Wir fangen um acht Uhr morgens an und hören theoretisch um fünf Uhr fünfzehn auf. Wenn Sie länger arbeiten, können Sie sich ein Taxi nehmen, aber sie sind rar. Die beste Möglichkeit, zum Hotel zurückzugelangen, ist es, die Transportabteilung anzurufen, und die schicken Ihnen dann einen Wagen mit Chauffeur. Aber dieser Service gilt nur für Ärzte.«

Während wir uns miteinander unterhielten, betrat Dr. Philip Westbrook, der Leiter der Abteilung, mit langen Schritten das Büro. Er war ein gutaussehender Engländer. Seine durchdringenden blauen Augen und sein blondes Haar verliehen diesem

Mann, der die Fünfzig schon überschritten hatte, ein jungenhaftes und lebenssprühendes Aussehen.

Manda machte uns miteinander bekannt und ging dann zum Sekretariat auf der anderen Seite des Ganges. Dr. Westbrook hieß mich sehr herzlich willkommen. Sein kultivierter, melodischer Akzent, seine kristallklare Aussprache und sein gedämpfter, weicher Tonfall ließen auf Eton, Oxford oder Cambridge schließen.

Ich begann, ihn über die Fortschritte meines Patienten zu informieren. Er besaß bereits eine Kopie des gestrigen Berichts, die ihm von Dr. Comptons Büro geschickt worden war.

»Das Hauptproblem«, klärte mich dann Dr. Westbrook über seine Sorgen auf, »ist der Mangel an Betten und an Hilfspersonal, wie Krankenschwestern, Technikern und so weiter. Im Augenblick stehen uns nur hundertfünfzig Betten für Patienten zur Verfügung, und die Nachfrage ist überwältigend. Wir halten es so, daß wir nur Patienten mit medizinischen oder operativen Problemen aufnehmen, die nirgends sonst im Königreich behandelt werden können. Wenn alles gutgeht, haben wir in zwölf Monaten zweihundertfünfzig Betten.«

»Gibt es hier noch andere Krankenhäuser?« fragte ich.

»Es gibt ein großes, schrecklich heruntergekommenes Stadtkrankenhaus mit vorsintflutlichen Einrichtungen und sehr wenigen bis gar keinen guten medizinischen Fachkräften. Dann gibt es noch zwei weitere, viel kleinere Krankenhäuser, die genauso unzulänglich sind. Die meisten Ärzte kommen aus Ägypten, Syrien oder Pakistan und sind, mit unseren Maßstäben gemessen, eindeutig unqualifiziert«, erklärte Dr. Westbrook.

»Und wie steht es mit saudiarabischen Ärzten?«

»Es gibt nur sehr wenige. Die meisten Ärzte, die sich augenblicklich in diesem Land befinden, kommen aus dem Ausland. Vor wenigen Jahren noch gab es hier überhaupt keine Ärzte, bis auf die, die bei den reichen Familien oder bei der Erdölgesellschaft angestellt waren. Jetzt gibt es immerhin eine Medizinische Fakultät an der Universität von Riad, deren erster Jahrgang nächstes Jahr promovieren wird.«

»Da kann ich einspringen«, erwiderte ich interessiert. »Wir könnten hier an diesem Krankenhaus ein Schulungs- und Fortbildungsprogramm für sie einrichten. Sie dürfen als Assistenzärzte und später, wenn sie sich bewähren, als festangestellte Ärzte hier arbeiten.«

»Genau das«, sagte Philip Westbrook begeistert, während er ein Schriftstück aus einem Stapel auf seinem Schreibtisch hervorzog. »Sie sind Mitglied einer Reihe von Komitees, beispielsweise für medizinische Ausbildung, Fachtagungen und medizinische Fortbildung für Akademiker.«

Wir plauderten eine Weile. Bevor wir uns trennten, lud Westbrook mich zum Tee bei sich zu Hause ein. »Ich warte um halb sechs beim Tisch am Eingang auf Sie«, sagte er.

Dr. Westbrook erschien pünktlich, und wir gingen zum Parkplatz neben dem Krankenhaus. Er fuhr einen Landrover. Er sah aus wie ein Jeep, mit Allradantrieb und einem Schalthebel. Allein das Einsteigen verlangte beträchtliche Beweglichkeit.

»Sie gewöhnen sich schon daran«, sagte er und schmunzelte über meine angestrengten Bemühungen. »Das Auto eignet sich großartig für die Wüste – bleibt nie im Sand stecken und führt Extrabenzin und -wasser. Abgesehen vom Kamel das beste Fortbewegungsmittel, das es gibt.« Wie ein Irrer fuhr Philip zu seiner Wohnung im Al-Sharq-Hotel. Er kannte alle Abkürzungen, hauptsächlich Staubstraßen. Ich schloß die Augen, weniger wegen des Staubs als vielmehr aus Furcht vor einem Unfall. Ich erwartete, daß es jeden Moment krachte.

»Beutelt einen ganz schön durcheinander, nicht wahr?« Er grinste, während wir heftig von einer Seite zur anderen geschleudert wurden, sooft wir über Steine und in riesige Löcher fuhren. »Sie gewöhnen sich schon daran.«

Endlich kamen wir mit heiler Haut an. Das Al Sharq war derselbe Jahrgang wie das Al Yamama – es sah aus und roch wie ein muffiges, baufälliges altes Hotel aus den zwanziger Jahren.

Die Teppiche waren fadenscheinig und verblaßt. Die Tische und Stühle waren wie Relikte aus einem Trödlerladen. Hinter dem Rezeptionstisch hingen die üblichen Porträts von König Faisal mit König Khalid zu seiner Rechten und Kronprinz Fahd zu seiner Linken.

Wir gingen die Treppe hinauf in den ersten Stock und bis ans Ende eines schlecht erleuchteten Ganges, wo ein älterer Hoteldiener so postiert war, daß er den Gang in seiner ganzen Länge und alle Türen, die davon ausgingen, überblicken konnte.

»*Masal khair* (Guten Abend)«, sagte er, Philip erkennend.

»*Masal khair*«, erwiderte Philip den Gruß, während er an die Tür am Ende des Ganges klopfte.

Eine große, gutaussehende Frau, Anfang Fünfzig, mit grau-meliertem Haar, öffnete die Tür. Sie war freundlich, aber reserviert. Philip machte mich mit seiner Frau Doris bekannt.

»Wie hat Ihnen Ihre Jungfernfahrt mit Philip gefallen?« fragte sie lachend. »Grauenvoll, nicht?«

»Es war ein denkwürdiges Erlebnis«, antwortete ich.

Die Wohnung bestand aus zwei Zimmern – einem Schlaf-zimmer mit einem Bad und einem Wohnzimmer, das ganz im Stil der »Frühen Mietshausperiode« (kaputte, vorsintflutliche Möbel) eingerichtet war. Es gab keine Küche, aber ein kleiner Kühlschrank stand im Wohnzimmer, was merkwürdig anmu-tete. In den *suqs*, den Geschäften, hatte Doris eine Kochplatte und Geschirr aufgetrieben. Das Waschbecken im Badezimmer diente als Geschirrspüler. Es gab keine Schränke. Ihre Kleidung war auf einem Besenstiel aufgehängt, der in eine Ecke des Schlafzimmers geklemmt war.

»Im Vergleich zu meiner Bude ist das ein Luxusappartement«, bemerkte ich. »Dieser Besenstiel ist eine geniale Erfindung.«

»Wir verstecken die Kochplatte, wenn wir morgens weggehen«, sagte Doris, »weil es ein Luxus ist, auf den wir nicht verzichten können.«

Philip unterbrach sie, um zu erzählen, was es mit der Kochplatte auf sich hatte, die eines Tages verschwunden war. Er fragte den Hoteldirektor danach und bekam zur Antwort, daß alle Kochplatten eingezogen worden seien. Philip erklärte, daß die Kochplatte für sie unentbehrlich sei, aber vergebens. Der Direktor blieb hart. Etwa eine Woche später rief er Philip an und erzählte ihm von seiner Nichte, die in Kairo Laborantin gewesen war und in Riad Arbeit suchte, wohin sie vor kurzem geheiratet hatte. Philip verschaffte ihr eine Anstellung im Chemielabor des Krankenhauses, und innerhalb von vierundzwanzig Stunden tauchte die Kochplatte wie durch ein Wunder wieder auf.

»Der Grundsatz ›Eine Hand wäscht die andere‹ ist hier sehr verbreitet«, sagte er abschließend. »Er ist Teil der hiesigen Tradition.«

»Was machen Sie hier eigentlich zur Unterhaltung und Entspannung?« fragte ich schließlich.

»Wie Sie wissen, gibt es keine Theater oder Kinos, und das Fernsehen ist unmöglich«, sagte Doris. »Also behelfen wir uns mit unserer eigenen Unterhaltung. Für gewöhnlich gibt es jeden Donnerstagabend eine Party, und wir haben eine Stereoanlage, die uns mit Musik versorgt.«

Daraufhin schilderte Philip die Donnerstagabend-Partys. Es gab jede Menge *sadiki*, das saudische Gegenstück zu selbstangesetztem Gin; er war farblos und geschmacklos. Niemand wußte genau, wer ihn destillierte, aber es gab immer irgend jemanden, von dem man ihn heimlich in einer Papiertüte um etwa zwölf Dollar die Flasche beziehen konnte. Philip nannte mir den Namen eines Krankenhaustechnikers, der mir jederzeit eine Flasche verschaffen würde, aber er legte mir nahe, sie zu verstecken, weil alle alkoholischen Getränke illegal waren und Gesetzesübertreter sofort deportiert oder ins Gefängnis geworfen wurden. Die Saudis durchsuchen niemals jemandes Haus, aber vielleicht doch ein Hotelzimmer.

Sadiki, was auf arabisch soviel wie »mein Freund« heißt,

schmeckte laut Philip ganz gut in Obstpunsch oder mit Fruchtsäften, Tonic oder Ingwerbier. Auf den Partys der Amerikaner oder Engländer, die das Glück hatten, in Wohnungen oder Häusern untergebracht zu sein, floß er reichlich, aber nur die, die schon vor sechs Monaten angekommen waren, waren derart vom Glück begünstigt.

Die Libanesen waren bekannt für ihre großartigen Partys mit viel Essen, *sadiki* und Tanz. Die Saudis waren recht gastfreundlich, aber im allgemeinen waren ihre Partys ziemlich ruhig, mit gutem Essen, aber ohne Alkohol. Eine Party jedoch, die von den jüngeren Mitgliedern der Königsfamilie gegeben wurde, spielte sich üblicherweise ganz anders ab. Sie ließen sich nicht lumpen, was die Getränke betraf, und ihre Bars waren reichlich ausgestattet mit Sekt, Whisky, Gin und so weiter. Philip sagte, daß das Königshaus Zollfreiheit genoß und nicht durch die Zollkontrolle mußte. Schließlich gehörte das Land ja ihnen! Ich war mir ziemlich sicher, daß Prinz Yusef nie Alkohol anrührte, aber die jungen Mitglieder der Königsfamilie, wie beispielsweise seine Söhne, waren wahrscheinlich freizügiger eingestellt. Damals wußte ich noch nicht, daß mir noch einige ungewöhnliche Partys bevorstanden.

Philip, der sehr reiselustig war, wies mich darauf hin, daß den Ärzten als Anreiz, nach Saudi-Arabien zu kommen, alle vier Monate Urlaub gegeben wurde. Außerdem bekamen sie zweimal im Jahr Sonderurlaub für die Teilnahme an wissenschaftlichen Tagungen. Philip plante Urlaube und Tagungen in England, Japan, Australien und Neuseeland. Ich begann, mir Reisen nach Ostafrika, Hongkong und Japan auszumalen. Der Gedanke daran war reizvoll. Ich war gerade erst angekommen und hatte schon wieder Auslandsreisen im Kopf: Saudi-Arabien war der ideale Ausgangspunkt für Reisen in alle Erdteile.

Doris holte mich schnell wieder auf den Boden der Tatsachen zurück. »Ist Ihnen der Mann vor unserer Tür aufgefallen?« fragte sie. »Er ist Ägypter. Er und sein Kollege halten es vierundzwanzig Stunden am Tag hier aus. Sie schlafen auf einem schmalen Feldbett und essen im Bügelzimmer. Ausländische Besucher werden in diesem Land rund um die Uhr überwacht, nur damit sie weder Frauen noch Alkohol aufs Zimmer mitnehmen! In jedem Stockwerk ist ein Diener. Normalerweise sind es ältere Männer, für gewöhnlich aus Ägypten oder aus dem Sudan, weil die Saudis sich weigern, niedrige Arbeiten zu verrichten, wie zum Beispiel das Zimmer zu reinigen oder die Bettwäsche zu wechseln.«

Doris lachte leise. »Sie wechseln nur dann die Bettwäsche oder bringen frische Handtücher, wenn man ihnen ein Trinkgeld gibt«, fügte sie hinzu. »Als wir ankamen, bat ich um frische Handtücher, und sie bedeuteten mir durch Gebärden, es gäbe keine *(mahfi)*. Nachdem sie mir mehrere Tage die Antwort *mahfi* gegeben hatten, gab ich ihnen fünf *Rial*, und die frischen Handtücher tauchten von da an wie durch ein Wunder auf. Nun geben wir ihnen regelmäßig ein Trinkgeld, und alles hat seine Ordnung.«

»Auch in meinem Hotel ist ein Mann am Ende des Korridors postiert«, fiel mir ein. »Kein Wunder, daß nur ein einziges kleines Handtuch in meinem Zimmer ist und daß das Bettzeug seit einer Woche nicht gewechselt worden ist.«

»Das Hotel zahlt den armen Teufeln wahrscheinlich so gut wie gar nichts«, sagte Doris mitfühlend.

Als ich mich zum Gehen anschickte, bot sich Philip an, mich morgen in seinem Landrover ins Krankenhaus mitzunehmen. »Punkt drei Viertel acht«, sagte er. »Ihr Hotel ist nur fünfzehn Minuten entfernt, und das Zufußgehen wird Ihnen guttun.« Ich bedankte mich bei beiden, obwohl ich doch einige Bedenken wegen des Landrovers hatte.

Es war schon dunkel. Ich verließ das Hotel, wandte mich nach rechts und schlug den kurzen Weg zum Al Yamama ein. Überall lag Sand und Schutt. Etwa dreißig Meter weiter vorn war ein riesiger Erdhaufen, der den Gehsteig blockierte. Kein Problem, da herumzugelangen, dachte ich. Ich trete einfach auf die Straße und umgehe ihn. Plötzlich knickte mein rechtes Bein unter mir ein, und ich spürte einen heftigen, brennenden Schmerz das Bein entlang vom Knie bis zum Knöchel. In der Dunkelheit war ich in ein offenes Einstiegloch für Straßenarbeiten mitten auf dem Gehsteig gestolpert – ohne Markierung oder Schutzgeländer. Meine erste Sorge war, daß ich mir das Bein gebrochen hatte, aber nachdem ich es aus der Falle herausgezogen hatte, merkte ich, daß der Schmerz sich nicht verschlimmerte, wenn man das Gewicht darauf verlagerte.

Kurz bevor ich beim Hotel angelangt war, entdeckte ich ein kleines Eßwarengeschäft. Im Inneren lagen halboffene Obst- und Gemüsekisten unordentlich herum. Aufgebrochene Kartons mit Fleisch- und Fischkonserven lagen verstreut umher. In offenen Säcken auf dem Boden waren verschiedene Arten von Nüssen. Ganze Stöße von Brot waren auf den Regalen neben Crackerschachteln und Kaffeedosen aufgetürmt. Schwärme von Fliegen umkreisten summend die Eier, von denen einige zerbrochen waren und aus denen das Eiweiß floß. Das war also der »saubere Supermarkt«, wie Doris ihn genannt hatte, weil der Eigentümer, in untadeliges Weiß gekleidet, an der Tür das Geld einkassierte, wobei er über das Zigaretten- und Zigarrensortiment hinter ihm wachte. Ich fragte mich, wie wohl der »schmutzige Supermarkt«, den sie ebenfalls erwähnt hatte, aussehen mochte. Weiter hinten war ein Kühlschrank, aber ich wollte mich nicht so weit vorwagen. Ich entschied mich für ein paar Äpfel aus der Kiste ganz vorn, bezahlte beim Eigentümer und humpelte weiter zu meinem Hotel.

Der Diener stand wie üblich am Ende des Korridors Wache. Ich gab ihm durch einen Wink zu verstehen, daß er hereinkommen sollte, zeigte auf mein Handtuch, das einsam und verlassen dahing, hielt vier Finger in die Höhe und bat um *arba'a* (vier), während ich ihm fünf Rial in die Hand drückte – etwa vier Mark. Er bedankte sich überschwenglich und kehrte sofort mit einem Stoß Handtücher und mit Seife zurück. Da ich schon dabei war, zeigte ich auf das Bettzeug, das vergilbt und feucht aussah, und sagte: »*Bukra* (morgen).« Er nickte verstehend.

In meinem Bein pochte es. Der ganze Unterschenkel war mit Blut und abgeschürfter Haut bedeckt, was dem Bein ein wundes und häßliches Aussehen verlieh. Ein seltener Augenblick: Ich konnte mich selber verarzten! Ich zog mich vorsichtig aus und machte mich daran, mein Bein mit Seife und Wasser, einem ausgezeichneten Desinfektionsmittel, zu waschen. Ein Antiseptikum wäre von Nutzen gewesen, aber es stand keines zur Verfügung. Wir waren davor gewarnt worden, Alkohol, einschließlich Wundalkohol, einzuführen. Mir blieb keine andere Wahl, als mein Rasierwasser zu verwenden, das Alkohol enthielt. Es brannte höllisch. Dann verband ich die Wunde mit einer Mullbinde aus meinem Erste-Hilfe-Koffer.

Nachträglich fragte ich mich, ob der Alkohol wirklich nötig war. Jedenfalls duftete das Rasierwasser wunderbar, was in meinem augenblicklichen Quartier gewiß nicht unwillkommen war.

Die roten, glänzenden Äpfel sahen appetitlich aus. Sie paßten gut zum Käse, den Doris mir geschenkt hatte. In diesem Augenblick wäre der *sadiki*, von dem Philip gesprochen hatte, höchst willkommen gewesen, um den Schmerz zu lindern. Ich ging mit einem Polster unter meinem verletzten und schmerzenden Bein zu Bett.

Ich machte mir nicht die Mühe auszupacken.

5.
Die Invasion
der Beduinen

Am nächsten Morgen ging ich hinüber zum Al Sharq, wobei ich einen weiten Bogen um die offenen Kanallöcher machte, und traf Philip an der Eingangstür.

Ein Krebsspezialist aus Ohio gesellte sich zu uns, der im selben Hotel wohnte. Er war ein Syrer, der in die Vereinigten Staaten gegangen war, um Medizin zu studieren, und nie zurückgekehrt war. Er hieß Nayef Al-Barras. »Jeder nennen mich Al«, sagte er mit einem breiten Akzent. »Ich sein Bürger der Vereinigten Staaten und hassen Syrien und die Roten.«

Es schien, als ob er gerade erst Englisch gelernt hätte und als ob das eine seiner stehenden Phrasen wäre. Al war ein wenig untersetzt, mit olivenfarbener Haut und kohlschwarzen Haaren. Er war glattrasiert, hatte Goldzähne und war immer zu einem Lächeln aufgelegt. »Wie gefallen Ihnen mein Akzent?« fragte er freundlich. Er sprach die Vokale nicht aus und verwechselte die Verben oder ließ sie überhaupt weg, aber natürlich sprach er Arabisch, was wichtiger war.

»Welchen Hindernisparcours wir nehmen heute?« fragte Al, indem er sich an Philip wandte.

»Ich werde improvisieren«, sagte Philip. »Wir wollen doch nicht in den alten Trott verfallen. So ist es aufregender – Stadtrundfahrt, könnte man sagen.«

Gleich zu Anfang wählte er eine schmale, holprige Staubstraße. Nachdem er mehrmals in Gäßchen voll Schutt eingebogen und durch schmutzige Durchgänge gefahren war, trafen wir wieder auf die Hauptstraße. Philips Orientierungssinn war geradezu unheimlich. Es schien, als ob es mehr umgestürzte Lastwagen, zertrümmerte, auf der Seite liegende Autos und abgebrochene elektrische Straßenlaternen gab denn je.

»Eines Tages uns wird das passieren«, sagte Al.

»Niemals«, sagte Philip im Brustton der Überzeugung. Und pünktlich fuhren wir vor dem Krankenhaustor vor.

Der Zustand des Prinzen hatte sich gebessert. Ich hinterließ Order am Schwesterntisch und machte mich auf den Weg zur Ambulanz. Genau wie das Krankenhaus stand auch die Klinik allen saudischen Staatsbürgern ungeachtet ihrer finanziellen Lage zur Verfügung. Die zu leistenden Kosten waren extrem niedrig, das Krankenhaus wurde von der Regierung subventioniert. Niemand wurde wegen Geldmangels abgewiesen. Immer stand ein Prinz zur Verfügung, der die Rechnung bezahlte, oder ein Sonderkomitee, das regelmäßig tagte, um über ungewöhnliche finanzielle Härtefälle zu entscheiden. Stets wurde allen Zahlungsverpflichtungen von der Regierung nachgekommen.

Doch das Krankenhaus konnte nicht allen die ideale Krankenfürsorge bieten. Es standen weder genug Ärzte noch genügend Betten zur Verfügung, um der enormen Nachfrage zu entsprechen. So wurde ein Ausleseverfahren entwickelt, nach dem nur diejenigen aufgenommen wurden, die nirgends sonst im Königreich behandelt werden konnten. Von Patienten, die aufgenommen werden wollten, verlangte man das Schreiben eines Arztes, in dem der Gesundheitszustand und der Grund für die Einweisung ins Krankenhaus genau dargelegt wurden.

Dieses Verfahren funktionierte nur kurze Zeit. Dann brach über die Ambulanz plötzlich eine wahre Epidemie von Krebserkrankungen, Lungenerkrankungen und exotischen Krankheiten herein. Die Saudis begannen, ihre Ärzte dafür zu bezahlen, daß diese ihre Einweisungsschreiben fälschten, damit sie aufgenommen wurden. Hatte der Patient Kopfschmerzen, so stand im Brief »Gehirntumor«; hatte er eine Erkältung, war im Brief »Lungenentzündung« vermerkt; und so fort. Schließlich wurde in einem gesonderten Gebäude neben dem Krankenhaus ein Erstbehandlungs- und Familiengesundheitszentrum errichtet, wo die Patienten genau untersucht wurden, bevor sie aufgenommen wurden.

Meine erste ambulante Patientin war eine schäbig gekleidete Beduinenfrau, die mit ihrem Ehemann aus einem Gebiet um Mekka in der Nähe der Westgrenze Saudi-Arabiens gekommen war, das annähernd achthundert Kilometer entfernt war. Ihrem Datenblatt zufolge war sie eine Angehörige des berühmten Quarraysh-Stammes, der einst über Mekka herrschte und in den der Prophet Mohammed hineingeboren wurde. Die Einweisungsformulare, die in der Ambulanzaufnahme ausgefüllt wurden, enthielten zusätzlich zu den anderen einschlägigen Informationen immer auch den Namen des Stammes.

Der Dolmetscher der Ambulanz, ein medizinisch-technischer Assistent (MTA) aus dem Libanon, war ein junger Mann namens Nabil, ein enger Freund Kamals. Mit seiner Hilfe machte ich mich mit der Patientin und ihrem Ehemann bekannt. Sie blieb regungslos und wie erstarrt sitzen. Ihr Gesicht war von einem ungewöhnlich dichten schwarzen Schleier verhüllt. Sie trug das herkömmliche schwarze Gewand, das fadenscheinig und etwas verblichen war, sowie Sandalen. Man konnte nichts von ihrem Gesicht erkennen. Ich konnte nicht einmal ihr Alter feststellen. Mit Hilfe von Nabil erklärte ich, daß die Krankengeschichte sehr wichtig sei, daß die Untersuchung später im Beisein einer Krankenschwester stattfinden würde und daß sonst niemand außer ihrem Ehemann anwesend sein würde.

Dann begann ich mit dem Aufnehmen der Krankengeschichte. Mit dünner, hoher, piepsender Stimme teilte sie Nabil mit, daß sie fünfunddreißig Jahre alt sei und schon seit mehreren Jahren an Schmerzen im Unterleib litte, die sich durch das Trinken von Kamelmilch noch verschlimmert hätten. Nachdem

Nabil die Frau, die sich häufig hilfesuchend an ihren Ehemann wandte, genauer ausgefragt hatte, konnte er herausbekommen, daß sie Schmerzen im rechten oberen Quadranten des Abdomens hatte und daß diese manchmal bis in den Rücken oder in die rechte Schulter ausstrahlten.

Bald stellte sich heraus, daß es sich zeitaufwendig und schwierig gestalten würde, eine verläßliche Krankengeschichte zu erhalten. Die saudiarabische Ausdrucksweise unterschied sich manchmal von der libanesischen, die Antworten der Patientin waren nicht allzu eindeutig, und ihr Ehemann wußte manchmal nicht sehr gut über sie Bescheid. Ich stand da mit nichts als einem Kuddelmuddel von Informationen, die mir ein Dolmetscher aus einer Sprache übersetzt hatte, die ihm selbst nicht ganz vertraut war.

Ich dachte, es könnte von Nutzen sein, während der Aufnahme der Krankengeschichte den Gesichtsausdruck der Patientin zu sehen. »Nabil, ersuchen Sie sie bitte, ihren Schleier abzulegen«, sagte ich deshalb.

»La«, antwortete sie mit Nachdruck, schüttelte den Kopf und wandte sich hilfesuchend an ihren Ehemann.

»Sagen Sie dem Ehemann, daß ich auch ihre Augen, ihre Nase und ihren Hals untersuchen muß«, beharrte ich.

Er versicherte ihr sanft, daß es unter diesen ungewöhnlichen Umständen nicht unschicklich sei, den Schleier abzulegen, und schließlich entfernte sie ihn äußerst zögernd und widerwillig.

Was sie betraf, so hatte ihr der Schleier zum Vorteil gereicht, und ich fragte mich, ob ihr Zögern seinen Grund allein in den Sitten und Gebräuchen hatte. Sie sah aus wie fünfzig, genauso alt wie ihr Ehemann. Ihre Haut war runzlig und ausgemergelt, ihre Zähne waren schlecht, und sie sah alt und müde aus. Das Weiße ihrer Augen war etwas gelblich, was auf eine leichte Gelbsucht deutete. Wieder fragte ich sie nach ihrem Alter, und wieder sagte sie fünfunddreißig. Ihr Ehemann bestätigte es und sagte, daß sie im Alter von fünfzehn Jahren heiratete. Ich war nach wie vor skeptisch. Sie sah zwanzig Jahre älter aus! Offenbar hatte die Frau ein schweres Leben gehabt. Sie erinnerte sich an vierzehn Schwangerschaften und vier Fehlgeburten. Sechs Kinder lebten noch.

Bei manchen Stämmen wird eine Beduinenfrau von fünfunddreißig Jahren *ajuzah* – eine alte Frau – genannt, alt genug, um zugunsten einer jüngeren Frau abgeschoben zu werden. Nabil erklärte, daß eine große Anzahl von Beduinen, Männer wie Frauen, zehn bis fünfzehn Jahre älter aussehen als sie sind. Aber natürlich gibt es in vielen Fällen kein verläßliches Geburtsdatum und keine Möglichkeit, es nachzuprüfen.

Sobald ich mit der Untersuchung von Hals und Augen fertig war, zog sie mit einem Seufzer der Erleichterung schnell ihren Schleier über das Gesicht. In gewisser Weise war der Schleier für sie das, was für Kinder manchmal eine Decke ist.

»Wie wird sie darauf reagieren, daß sie sich für die gründliche Untersuchung ausziehen muß?« fragte ich.

»Überhaupt kein Problem«, sagte die amerikanische Krankenschwester, die von Nabil geholt worden war, »solange sie ihr Gesicht bedecken darf.«

Die Krankenschwester, die nicht Arabisch sprach, bat Nabil, der Patientin die Anweisung zu erteilen, sich ganz zu entkleiden, auf den Untersuchungstisch zu legen und mit den Leintüchern, die ihr zu diesem Zweck gegeben wurden, zuzudecken. Der Ehemann wurde ersucht, im Zimmer zu bleiben. Dann wurden von der Decke herabhängende Vorhänge rund um den Untersuchungstisch gezogen, so daß sie ihn ganz verbargen und die Patientin völlig ungestört war. Dann zogen wir uns zurück und ließen die Patientin mit ihrem Ehemann allein.

Als die Krankenschwester und ich nach zehn Minuten zurückkamen, lag die Patientin auf dem Untersuchungstisch, splitternackt, bis auf den Schleier, der ihr Gesicht bedeckte. Sie schien entspannt zu sein und sich wohl zu fühlen. Die zusammengefalteten weißen Leintücher lagen unberührt in ihrer Reichweite auf dem Untersuchungstisch. Sie hatte das Gesicht gewahrt, soviel stand fest.

Später erklärte eine Saudiaraberin, daß die Frauen sich nicht dagegen sperren, ihren Körper zu entblößen, vorausgesetzt, niemand weiß, um wessen Körper es sich handelt. Für eine Untersuchung ziehen sie sich ohne weiteres nackt aus, unter der Bedingung, daß sie ihren Schleier tragen dürfen, um ihre Identität zu verbergen.

Ihre Fußsohlen und Handinnenflächen waren mit Henna rot-orange gefärbt, das sie dazu verwendet hatte, um sich für den Besuch in Riad schön zu machen. Wie die Krankenschwester sagte, machen sich manche Frauen »fein«, indem sie auch ihre Nägel und Haare mit Henna färben.

Verstreut über Brustkorb und Unterleib, hauptsächlich auf der rechten Körperseite, sah ich fünf oder sechs braune Kreise von einem Durchmesser bis zu sechs Zentimetern. Es waren Brandmale, sagte man mir, die dadurch entstanden, daß man glühendheiße Zeltnägel auf Brust, Rücken oder Unterleib drückte, »um Schmerzen oder Blutandrang zu lindern«. Das Einbrennen von Malen ist die übliche Behandlungsweise, die von den Beduinen auch bei Babys und Kindern angewendet wird. Manchmal wird das Brandmarken mit der kleinen Öffnung einer Flasche durchgeführt, die über eine offene Flamme gehalten wird, bis sie weißglühend ist. Jeder in der Ambulanz wußte über diese braunen Brandmale Bescheid. Niemand sprach darüber. Ich starrte sie nur verblüfft an.

Abgesehen von Anzeichen vorzeitigen Alterns, von Empfindlichkeit, von Krämpfen im rechten oberen Abdomen und von leichter Gelbsucht wurde bei der Untersuchung nichts festgestellt. Die Krankenschwester deckte die Patientin mit dem Leintuch zu und forderte sie durch einen Wink auf, sich anzuziehen.

Dann beauftragte ich Nabil, ihnen mitzuteilen, daß bestimmte Tests und Röntgenuntersuchungen nötig seien und daß die Ursache ihrer Symptome wahrscheinlich Gallensteine seien. Ich erklärte, daß eine Operation eventuell ratsam sei. Obwohl Nabil das Wort an die Patientin richtete, zog sie es vor, zu schweigen und ihren Ehemann für sich antworten zu lassen. In zehn Tagen sollten sie wieder nach Hause fahren.

Da es mein erster Tag in der Ambulanz war, wurde er absichtlich kurz gehalten. Ich sah mir nur noch vier weitere Patienten an. Darunter befand sich eine junge Frau mit akuter Virushepatitis und Gelbsucht, in Saudi-Arabien ein alltägliches Vorkommnis. Die Krankheit wird durch einen Virus verursacht, der die Leber angreift. Er wird durch Trinkwasser oder Nahrung übertragen, die durch unzureichende Abwasserbeseitigung und mangelnde Hygiene verseucht werden. Auch Leberzirrhose – als eine Komplikation von Virushepatitis – und Leberkrebs waren sehr verbreitet. Der zweite Patient war ein sechzigjähriger Mann mit Leberkrebs, der auf einer Tragbahre aus einem kleinen Dorf außerhalb von Riad hereingebracht worden war. Ich wies ihn ins Krankenhaus ein.

Zwei andere Patientinnen hatten schwer lokalisierbare Unterleibsbeschwerden, die sie auf »Parasiten« zurückführten. Sie waren symptomatisch für die vielen Patienten, die einen Arzt zur Beruhigung aufsuchen wollen. Sie klagen über zahllose Beschwerden, die nichts mit einer Krankheit zu tun haben, und reisen oft von einer Klinik zur anderen, ein umfangreiches Dossier von Dokumenten und Berichten mit sich führend, in dem unzählige Röntgenuntersuchungen und Labortests einzeln angeführt sind, deren Resultate völlig normal sind.

Diese beiden Patientinnen hatten Schreiben von Ärzten aus Riad, für die sie offenbar bezahlt hatten, nur um in die Spezialistenklinik des König-Faisal-Krankenhauses eingewiesen zu werden, als eine Art Statussymbol, damit sie es ihren Bekannten erzählen konnten. Irgendwie hatten sie den für die Aufnahme zuständigen Arzt im Erstbehandlungszentrum durch List oder Vorwände hinters Licht geführt. Es waren vollkommen gesunde Frauen, stolz auf ihre Sammlung medizinischer Befunde aus der ganzen Welt (London, Paris, Berlin, Zürich, Kairo etc.), die alle in hochwissenschaftlicher Ausdrucksweise ihren ausgezeichneten Gesundheitszustand bezeugten. Was sie brauchten, war ein guter Psychiater oder Psychologe, um ihnen einen Einblick in ihre Probleme zu vermitteln: Langeweile, Unsicherheit, ein unbefriedigendes Sexualleben, eine unglückliche Ehe oder die abgeriegelte Gesellschaft, in der sie lebten. Bald fand ich heraus, daß in Saudi-Arabien keinerlei Mangel an Psychoneurosen herrschte.

Kurz nach ein Uhr kam ein dringender Anruf von Frank Taylor: »Dr. Gray, haben Sie sich eben Prinz Yusef angesehen?«

»Nein. Ich habe ihn heute früh gesehen. Er macht sehr gute Fortschritte«, sagte ich.

»Wenn das so ist, dann wird er wohl jeden Augenblick einen Rückfall erleiden«, schrie Mr. Taylor, »und wenn nicht er, dann ich.«

»Was ist passiert?« fragte ich arglos.

»In Station B-2 ist eine Horde Beduinen eingedrungen, das ist passiert«, brüllte Taylor, der einen seiner Wutanfälle bekam. »Mindestens vierzig davon sind gekommen, um den Prinzen zu besuchen, der ganze verdammte Stamm, und bis auf ihre Kamele haben sie alles Erdenkliche mitgeschleppt.«

»Wie sind sie alle durch das Eingangstor gelangt?«

»Der Prinz ist ein sehr mächtiger Mann, oder ist Ihnen das entgangen?« Er stöhnte. »Die Beduinen feiern seine Gesundung und haben praktisch von der ganzen Station Besitz ergriffen.«

Taylors explosives Temperament und seine Wutausbrüche paßten zum Stereotyp eines zielstrebigen, erfolgreichen höheren Verwaltungsbeamten. Big Franks größte Sorge war das Image des Krankenhauses in den Augen der reichen Saudis. Schließlich hing seine Stellung davon ab, daß er das Kabinett des Königs bei Laune hielt, worauf er sich durchaus verstand; aber er arbeitete auch mit ganzem Einsatz daran, das höchstmögliche Niveau der Krankenfürsorge aufrechtzuerhalten.

»Ich sehe, was ich tun kann«, sagte ich und versuchte dabei, optimistisch zu klingen.

»Die Krankenschwestern sind nahe daran zu kündigen – und ich auch«, fügte er wütend hinzu.

In Station B-2 ging es wie in einem Irrenhaus zu. Der Stamm hatte die Station überfallen und hielt sie besetzt. Sie saßen gruppenweise herum, plauderten oder standen auf den Gängen. Einige von ihnen hatten sich arglos des für die Frauen bestimmten Besucherzimmers bemächtigt, und eine zweite Gruppe hatte sich im Gerätezimmer niedergelassen. Fast alle trugen sie weiße oder schiefergraue *thoben* und weiße *ghutras,* wie man sie oft an Feiertagen sieht. Alle hatten Sandalen an den bloßen Füßen.

Schwester Ann war in Tränen aufgelöst. »Wir sind mit der Verabreichung der Medikamente im Rückstand«, sagte sie, »und unter diesen Umständen können wir keinen Handgriff tun.«

»Ich werde mein Bestes tun, aber es wird wahrscheinlich eine Zeitlang dauern«, sagte ich und versuchte, mich nützlich zu machen.

Im Zimmer des Prinzen waren mindestens zehn Personen. Tee und Kuchen wurden angeboten. Die meisten Männer unterhielten sich leise im Stehen, wobei sie ihren Tee schlürften. Der Prinz sah erfreut, aber müde aus. Er machte mich mit seinen Freunden bekannt, und ich schüttelte allen die Hand. Ich zog Kamal beiseite.

»Sagen Sie ihnen in etwa fünf Minuten, daß sie so freundlich sein und gehen sollen, damit ich den Prinzen untersuchen und mehr Medikamente holen lassen kann«, sagte ich. »Bis dahin werde ich Tee trinken und mich umsehen.«

Die Beduinen waren schöne Menschen, mittelgroß bis hochgewachsen, sehnig und hager, mit breiten, kräftigen Schultern. Ihre Köpfe und Gesichter waren länglich und von gepflegten Bärten eingerahmt. Ihre Haut war olivenfarben bis braun, runzlig und von Sonne und Wind gegerbt, wie die Haut von Fischern. Ihre braunen Augen blickten wachsam, durchdringend und neugierig. Die Lippen waren voll und die Nasen markant und wie die des Prinzen und der Königsfamilie von klassischem semitischem Schnitt. Was besonders auffiel, war ihre aufrechte, stolze, fast trotzige Haltung.

Kamal führte seinen Auftrag aus, und das Zimmer wurde bis auf den stets gegenwärtigen Diener geräumt, der auf dem Boden in der Ecke kauerte. Der Prinz hatte sich während dieser Tortur gut gehalten, obwohl er erschöpft aussah. Sein Blutdruck war nun normal, aber sein Puls war noch hoch. Das Blutbild wurde langsam besser.

Ich bat Kamal, Salim und die beiden anderen Söhne zu holen, die im Nebenzimmer eine Schar von Beduinen bewirteten. Nachdem sie eingetreten waren, setzten wir uns alle hin, und ich versuchte, ihnen zu erklären, daß die Ereignisse dieses Tages sich für den Prinzen als nachteilig, wenn nicht als gefährlich herausstellen konnten. Im jetzigen Stadium seiner Krankheit war er immer noch sehr blutarm, und die Blutung war erst in den letzten vierundzwanzig Stunden zurückgegangen.

»Mein Vater war glücklich darüber, seine Freunde zu sehen«, erklärte Salim und fügte hinzu: »Es sind seine Jagdgefährten und Stammesgenossen.«

»Ein oder zwei Besucher pro Tag wären zulässig, aber es ist ja der ganze Stamm hier, oder zumindest hat es den Anschein«, sagte ich in ernstem Ton.

»Sie machen sich große Sorgen um ihn«, sagte Salim.

»Zuviel Aufregung und Beanspruchung, egal, wie erfreulich, könnten dazu führen, daß die Blutungen wieder anfangen«, sagte ich mahnend. »Wir sollten die Zahl der Besucher beschränken. Ihr Vater braucht Ruhe.«

»Sie sind von weither gekommen, aus der Provinz Hejaz im Nordwesten des Landes«, meinte er entschuldigend.

»Wir brauchen Ihre Hilfe«, sagte ich beharrlich. »Ihre Freunde bringen die ganze Station in Aufruhr. Sie setzen sich über alle Vorschriften hinweg. Die Krankenschwestern können ihre Arbeit nicht erledigen, und die anderen Patienten leiden darunter.«

Er hielt inne und dachte ein paar Sekunden nach. »Ich verstehe«, sagte er und stand auf. »Gehen wir ins Nebenzimmer, und sehen wir, was sich machen läßt.«

Wir alle gingen ins Nebenzimmer, das immer noch voll von Leuten war. Salim erklärte ihnen die Situation, und wir kamen überein, daß sie sich alle in der großen Empfangshalle im Erdgeschoß aufhalten sollten, wo es genug Sitzgelegenheiten gab und wo Tee und Kaffee angeboten werden würden. Mit Rücksicht auf die Gesundheit des Prinzen würde man nur noch drei Besucher gleichzeitig und nur für kurze Zeit gestatten, und Kamal sollte das kontrollieren. Wir gaben uns die Hand. Ich dankte ihnen auf arabisch, und sie gingen.

Salim und ich setzten uns, während einer der Diener Tee servierte. Er sah zufrieden aus.

»Es sind wirklich wunderbare Menschen«, sagte er bewundernd. »Es sind die reinrassigsten aller Araber, das Rückgrat und Herz dieses Landes.«

»Wie meinen Sie das?«

»Diese Beduinen hier«, bemerkte Salim voller Stolz, »sind Angehörige des Anizah-Stammes, der Aristokraten der Wüste. Sie erheben Anspruch darauf, von Ishmael, dem Sohn Abrahams, abzustammen. Unsere Familie gehört diesem Stamm an, genau wie auch die ganze Familie von König Abdul-Aziz, einschließlich König Khalid und Kronprinz Fahd.«

Salim erzählte, daß die Beduinen auf ihre Herkunft und auf ihre Lebensweise stolz sind, so wie diese in der Dichtung und in den Legenden geschildert werden, die von einer Generation zur anderen mündlich überliefert worden sind. Sie sehen die *hedari* (die seßhaften Araber) als zweitklassig und die Pflege von Ackerbau oder Handwerk als unter ihrer Würde an.

»Ich war immer der Meinung, die Beduinen seien sehr arm und unterernährte Analphabeten, die andere Stämme und Reisende überfallen und ausplündern«, sagte ich.

»Das sind die zweitklassigen, sich nicht von Sharif herleitenden Stämme, die sich von unserem Stamm vollkommen unterscheiden«, sagte Salim. »Sie haben nicht nur jeden in Sichtweite ausgeraubt, sondern sich auch gegenseitig überfallen, Siedlungen und Dörfer geplündert und Schutzgelder von schwächeren Stämmen verlangt.«

Dann erzählte Salim, daß dies der Zustand war, der geherrscht hatte, bevor König Abdul-Aziz sie zu einem Königreich zusammenschloß und die Überfälle und Plünderungen verbot. Er besaß großen Einfluß, weil er einer von ihnen war, da er in alle bedeutenden Stämme hineingeheiratet hatte. Um sich ihrer Loyalität zu versichern, gewährte er ihnen Regierungssubventionen, die heute noch vergeben werden.

»Obwohl viele Stadtbewohner heute noch verächtlich auf sie hinabsehen – wegen ihrer Armut und ihrer Unwissenheit –, waren wir alle einst Beduinen, jeder einzelne von uns«, sagte Salim leise, während er seinen Tee trank.

Dann sagte er, daß der Beduine in gewisser Weise die Eigenschaften des idealen Menschen verkörpert, nämlich persönliche Tapferkeit, Körperkraft, Virilität, Kühnheit im Kampf gegen Eindringlinge, Großzügigkeit innerhalb der Familie und gegen die von ihnen gewählten Freunde, Gastfreundschaft und Loyalität gegenüber dem Islam. »Und sie wollen alle Lebensformen so bewahren, wie es in den Tagen des Propheten Mohammed war«, sagte er abschließend. »Ich glaube, daß dies irgendwann einmal zu ernsthaften Schwierigkeiten führen könnte.«

»Wie viele nomadisierende Beduinen gibt es denn heute in Saudi-Arabien?« fragte ich.

»Es sind nur noch etwa vierhunderttausend, aber sie bilden die Grundlage, auf der die Königsdynastie ruht«, erwiderte Salim. »Der König und der Kronprinz buhlen um die Gunst der Beduinen und identifizieren sich mit ihnen. Sie sind Teil unseres Erbes.«

Nach einer zweiten Tasse Tee dankte ich ihm und ging, um Taylor anzurufen und ihm zu sagen, daß wir mit den Beduinen einen Kompromiß geschlossen hatten und daß wieder Ruhe und Ordnung in Station B-2 eingekehrt waren.

6.
Ost und West:
Hand in Hand

Ich hatte mich oft gefragt, wie es wohl wäre, Mönch oder Priester zu sein. Meine erste Woche in Saudi-Arabien gab mir einen Einblick in eine solche Erfahrung. Ich begann, das Leben eines Mönchs zu führen. Das ganze Zubehör der Zivilisation hatte mich noch nicht eingeholt: Ein Teil meiner Bücher und meines anderen persönlichen Besitzes traf erst einen Monat später ein.

Es gab weder Zeitungen und Zeitschriften noch Radio und Fernsehen. Nie zuvor hatte ich erkannt, was für ein Trauma die Medien sein konnten. Ich lebte in einem einfachen Zimmer, allein, ohne Freunde und ohne irgendwelche Zerstreuungen, die mich von meiner Arbeit ablenken oder sie störend beeinflussen konnten. Ich stand früh auf, verbrachte den ganzen Tag im Krankenhaus, nahm abends eine einfache Mahlzeit ein und ging erschöpft, aber zufrieden zu Bett. In dieser Art zu leben fand ich Gelassenheit und Ruhe. Bedauerlicherweise dauerte dieser Zustand nur wenige Monate, aber ich werde ihn nie vergessen. Es war eine läuternde Erfahrung.

Meine Existenz konzentrierte sich voll und ganz auf das Leben anderer Menschen. Es war ein einfaches Leben, unbelastet von Besitz, frei von Wettbewerbs- oder Leistungszwängen, frei von weitreichenden Zielen oder Geldfragen. Meine einzige Verpflichtung bestand darin, den Menschen zu helfen und die Kranken zu heilen. Solange es dauerte, war es ein wunderbares

Erlebnis und brachte ein unbeschreibliches Gefühl des Friedens und der Erfüllung mit sich. Später sagte mir ein befreundeter Arzt: »Sie lächeln immer«, aber ich war mir dieses Lächelns gar nicht bewußt. Offenbar kam es von innen.

Ich verlor jegliches Zeitgefühl und mußte oft auf das Datum auf meiner Armbanduhr sehen, damit ich wußte, welcher Wochentag es war. Wochenenden im eigentlichen Sinne gab es nicht. Samstag und Sonntag verloren ihre Bedeutung, weil es Arbeitstage waren. Freitag war der einzige freie Tag, aber er verlief wie jeder andere. Oft brachte ich ihn damit zu, die vielen Patienten im Krankenhaus zu betreuen und mich um meine ambulanten Patienten zu kümmern. Die Leute, die ich behandelte, brauchten mich wirklich, und das gab mir ein Gefühl der Befriedigung. Zum ersten Mal in meinem Leben fühlte ich mich unentbehrlich.

Es verlief nicht nur ein Tag wie der andere: Manchmal war ich mir nicht einmal sicher, in welchem Jahrhundert wir uns befanden. Ab und zu, wenn ich mich intensiv mit dem Leben der Wüstenbewohner beschäftigte und sie mich in die Vergangenheit versetzten, verlor ich jedes Gefühl für Zeit und Raum. Ich fragte mich, ob ich im zehnten oder im zwanzigsten Jahrhundert lebte: Sie schienen ineinander überzugehen. Die Außenwelt war die des zwanzigsten Jahrhunderts, aber die Menschen waren oft tausend Jahre hinter ihrer Zeit zurück.

An einem Freitagmorgen bot sich mir während meiner täglichen Krankenvisite in Prinz Yusefs Zimmer zufällig ein denkwürdiger Anblick. Es war voll der elegantesten Männer, die ich je gesehen hatte. Ihre *thoben* und weißen Umhänge waren aus dem feinsten Stoff und natürlich mit Gold besetzt. Ich warf einen schnellen Blick auf ihre Schuhe, die auch tatsächlich aus dem besten Leder waren, wahrscheinlich aus England oder Italien. Viele hatten Platinuhren.

Ich nahm an, daß sie eben erst gekommen waren, weil sie einander mit Küssen auf die Wangen, auf die Stirn, auf die Nasenspitze, ja selbst auf den Mund begrüßten. Es waren zarte, doch ganz bewußte, flüchtig hingehauchte Küsse.

Der Prinz bemerkte mich und bedeutete seinem Sohn mit einem Wink, mich mit seinen Besuchern bekannt zu machen. Einige Namen waren mir vertraut, wie Salman, Naif, Abdallah und Sultan. Sie waren zwischen fünfunddreißig und fünfundvierzig, hatten Bärte und sahen einander zum Verwechseln ähnlich – groß, schlank, aufrecht und königlich. Das war die oberste Schicht, die Familie Ibn Sauds, lauter Halbbrüder oder Brüder und Vettern, durch Blutsbande miteinander und mit ihrem erlauchten Vetter Prinz Yusef verknüpft.

Plötzlich kam mir zu Bewußtsein, daß es sich hier um eine ungewöhnlich mächtige Versammlung von Mitgliedern des Königshauses handelte, in deren Hand das Schicksal Saudi-Arabiens lag. Es war ein Mikrokosmos der saudiarabischen Machtstruktur, der Kern des königlichen Kabinetts, in mancher Hinsicht um vieles mächtiger als die Mitglieder des Kabinetts des Präsidenten der Vereinigten Staaten – und zweifellos um vieles reicher. Sie plauderten eine Weile miteinander, während sie grüppchenweise das Bett des Prinzen umstanden, einige lachend, andere wieder händchenhaltend, während sie sich miteinander unterhielten. Einige wenige saßen auf Stühlen, die an den Wänden aufgestellt worden waren. Nach einer Weile gingen sie zu Prinz Yusef hinüber, küßten ihn wieder auf Nase, Wangen oder Stirn, umarmten ihn und verabschiedeten sich von ihm. Bevor sie weggingen, reichten sie mir höflich die Hand. Andere bedankten sich auf englisch bei mir.

Die unter ihnen herrschende Atmosphäre war zweifellos eine der Kameradschaft und herzlichen Gemeinschaft unter Gleichen. Die Eleganz und Anmut, mit der sie sich küßten und an den Händen hielten, deutete auf wahre, tiefe und innige Freundschaft, auf ein echtes Band der Loyalität, der Liebe und Achtung unter Männern. Es war nichts Feminines daran.

Diese Männergemeinschaft war aufgrund des sehr beschränkten Umgangs zwischen Ehepaaren nur noch bindender und tiefer. Ich erfuhr, daß Beziehungen zwischen nahen Verwandten und Freunden vertraut und persönlich sind, aber auf dasselbe Geschlecht begrenzt bleiben. Männer und Frauen pflegen einfach keinen gesellschaftlichen Umgang miteinander. Männer tanzen in Gruppen mit anderen Männern. Frauen tanzen nur füreinander und miteinander. Ein Mann tanzt niemals mit einer Frau. Bei einer Hochzeit feiern Männer und Frauen an getrennten Orten, die kilometerweit voneinander entfernt sind. Der Familienzusammenhalt ist sehr stark – die Trennung der Geschlechter ist aber noch stärker.

Während der folgenden Wochen, als der Prinz wieder zu Kräften kam, wurden unsere Gespräche häufiger und persönlicher. Er spürte mein Interesse an ihm als Mensch, an seinen Ansichten über das Leben, der Gesellschaft und der Kultur, in der er lebte. Er begann, offener zu sprechen. Wie üblich fungierte Kamal als Dolmetscher.

Der Prinz verkörperte die ältere Generation der privilegierten Klasse, die zusätzlich zu jährlich gewährten, stattlichen Summen von der Krone großen Reichtum geerbt hatte.

Ich erfuhr, daß er für jede seiner vier Ehefrauen je einen Palast in Riad, Dschidda, Taif und Medina besaß. Nach saudiarabischer Definition ist ein »Palast« in Wirklichkeit eine große Villa mit vielleicht zwanzig bis dreißig Zimmern. Das ihn umgebende Grundstück ist riesig und landschaftlich oft wunderschön gestaltet. Die Diener wohnen normalerweise in separaten Unterkünften auf demselben Grundstück. Kammerdiener und Zofen, häufig freigelassene Sklaven, dürfen auf dem Boden neben ihrem Herrn oder ihrer Herrin schlafen. Zugegeben, die Villen waren nicht gerade das Ebenbild des Buckinghampalastes, aber er hatte vier davon, die sich normalerweise wie ein Ei dem anderen glichen, in jeder Stadt. Dazu noch hatte er achtzig Kilometer von Riad eine große Farm, wo er seine Araberpferde und seine Rennkamele züchtete. Er besaß auch eine nicht näher angegebene Menge Grundbesitz von ungeheurem Wert im Norden des Landes.

Als wir eines Tages finanzielle Angelegenheiten erörterten, sagte er mir, er sei auch am Baugeschäft beteiligt. »Saudi-Arabien wächst schnell«, sagte er, »und wir brauchen Straßen und Wohnungen.«

»Sie müssen ein sehr erfolgreiches Geschäftsunternehmen haben«, bemerkte ich. »Die Regierung gibt viele Milliarden für das Bauwesen aus.«

Das Unternehmen, dessen Alleineigentümer er sei, erbringe etwa dreihundert Millionen Dollar im Jahr an Bruttoeinnahmen. Er beschäftige viertausend Arbeiter, viele davon aus dem Ausland. Sein persönliches Einkommen, so sagte er, belief sich auf rund sechzig Millionen Dollar pro Jahr, seine Bezüge von seiten der Krone nicht mit eingerechnet.

»Das ist steuerfrei, nicht wahr?« sagte ich mit erstickter Stimme.

»Ja«, sagte er geduldig. »Die saudiarabischen Staatsbürger zahlen keine Einkommensteuer. Irgendwie ließe es sich mit unserer Tradition nicht vereinbaren.«

»Es gibt aber auch viele Arme in Saudi-Arabien. Was tut die Regierung für sie?« fragte ich.

»Unsere Regierung wird innerhalb der nächsten fünf Jahre hundertvierzig Milliarden Dollar für den Ausbau des Landes aufwenden«, erklärte Salim, »und davon werden dreißig Milliarden Dollar für Wohnungen, Straßen, Schulen, Krankenhäuser und für die Modernisierung unserer Städte verwendet werden. Das Geld kommt aus den Ölerträgen. Und jeder saudische Staatsbürger kann sich von der Regierung Geld ausborgen, um Häuser oder Straßen zu bauen.«

»Wieviel Zinsen zahlt er für das Darlehen?« fragte ich.

»Er zahlt überhaupt keine Zinsen. Das steht im Widerspruch zur Religion«, meinte der Prinz. »Er kann der Regierung das Geld innerhalb von zwanzig Jahren zurückzahlen, wenn er will, aber die Regierung sieht die ›Darlehen‹ im Grunde als Geschenke für die Leute an, die zum Ausbau des Landes beitragen, und erwartet nicht, daß sie das Geld zurückzahlen. Die

Summe, die er sich ausborgen kann, ist auf etwa sechzigtausend Rial (zirka fünfzigtausend Mark) begrenzt; das ist nicht sehr viel, aber für den Anfang reicht es – vor allem für einen armen Mann.«

Ich fragte ihn, wie viele Diener er habe. Nachdem er sich mit Salim besprochen hatte, sagte er mir, es seien etwa dreihundert an der Zahl; sie arbeiteten in den Palästen, bedienten die Ehefrauen und betreuten die Kinder. Viele davon waren ehemalige Sklaven, die sich nach ihrer Freilassung im Jahre 1962 dafür entschieden, in seinen Diensten zu verbleiben. Er zeigte auf den Mann mit dem gekrümmten Dolch, der vor der Tür Wache stand. »Ich kaufte seine Mutter auf dem Sklavenmarkt hier in Riad, als sie fünfzehn Jahre alt war«, sagte er. »Sie war aus Äthiopien.

Und jetzt«, fügte er stolz hinzu, »hat ihr Sohn hier selbst fünf Frauen und zehn Kinder.«

Ich erfuhr, daß der Prinz während seines Lebens oft geheiratet hatte. Er hatte immer vier Ehefrauen gleichzeitig gehabt, und so kam er auf vierunddreißig, die unzähligen Konkubinen nicht mit eingerechnet. Er war stolz auf seine fünfundzwanzig Söhne, wußte aber nicht genau, wie viele Töchter er besaß – er schätzte ihre Zahl auf etwa zweiundzwanzig.

Wir sprachen nie über seine Ehefrauen oder über andere Frauen. Es hätte sich nicht geschickt, wenn ich mich nach ihnen oder nach ihrer Gesundheit erkundigt hätte, und wäre mir als Einbruch in das Privatleben des Prinzen ausgelegt worden. Zum Beispiel ist es erlaubt, wenn Freunde fragen: »Wie geht es dir und den Kindern?« Mit keinem Wort jedoch werden je die Frauen erwähnt. Freunde, die sich ihr ganzes Leben lang kennen, dürfen fragen: »Wie geht es denen hinter dir?« Das ist ungefähr das Äußerste an Vertrautheit, das sich ein Mann gestatten darf, wenn er sich bei einem anderen über dessen Ehefrau oder Ehefrauen erkundigt.

Der Prinz machte beständig Fortschritte. Jetzt saß er schon mehrere Stunden pro Tag aufrecht in einem Sessel und ging mit einiger Hilfestellung im Zimmer umher. Es boten sich uns viele Gelegenheiten, uns zwanglos zu unterhalten, aber irgendwie gab er mir – zwar auf höfliche Weise – doch das Gefühl, ein untergeordneter Angestellter zu sein.

Ich merkte, daß es keinen Zweck hatte, ihm Näheres über Harvard oder einen Doktorgrad zu erzählen, obwohl ich beides erwähnt hatte. Aus seiner ausdruckslosen Miene schloß ich, daß er weder vom einen noch vom anderen je gehört hatte. Der Ausdruck »Professor« beeindruckte ihn genausowenig, da einige der libanesischen Ärzte in Saudi-Arabien sich mit hemmungsloser Unbekümmertheit »Professor« nannten. Ich versuchte, mit ihm über meine Forschung zu sprechen, vor allem über radioaktives Chrom, was insofern direkt mit seiner Krankheit zusammenhing, als es verwendet wurde, um den Verlauf seiner Blutungen zu verfolgen. In seinen Augen bedeutete dies lediglich, daß ich eine Art Laborant war, darauf erpicht, ihm noch mehr Blut »für Tests« abzuzapfen.

Ich versuchte, seinen Standpunkt zu verstehen. Die Familien aus königlichem Geblüt importierten Ärzte aus dem Libanon oder aus Ägypten. Sie wurden jeweils für ein Jahr angestellt und hatten nicht gerade überragendes berufliches Format. Die meisten von ihnen hatten entweder Schwierigkeiten im eigenen Land oder wurden in erster Linie vom Geld angelockt. Sie mußten allen Familienmitgliedern auf den leisesten Wink zur Verfügung stehen, um geringfügige Leiden zu behandeln, und ihre Patienten dann im Falle einer ernstlichen Erkrankung an kompetentere Ärzte überweisen. Für die meisten von ihnen war es eine entwürdigende Situation, aber sie hatten damit ihr Auskommen. Einige dieser Ärzte wohnten in bescheidenen Verhältnissen auf dem Palastgelände und standen viele Jahre im Dienst der Königsfamilie – so wie Privatanwälte.

Jedenfalls irritierten mich auf Dauer seine herablassende Haltung und meine Unfähigkeit, eine nähere Beziehung zu ihm herzustellen. Eines Abends kam mir dann eine glorreiche Idee: Irgendwo in meinem Gepäck mußten ein paar ausgezeichnete

Farbfotos sein, die mein Haus zeigten und im Frühling aufgenommen worden waren, als der Flieder und die Glyzinien in voller Blüte standen und die riesige Blutbuche sich in ihrer ganzen Pracht und Herrlichkeit zeigte. Es war ein altes, großes Haus im englischen Stil mit etwa viertausend Quadratmetern Grünfläche, wie es typisch ist für viele alte Häuser in Neuengland. Es gab auch noch ähnliche Fotos, die im Oktober aufgenommen worden waren, als das Laub, das das Haus umgab, einen prachtvollen Anblick bot, und wieder andere, die nach dichten Schneefällen aufgenommen worden waren, als alles in jungfräulichem Weiß erstrahlte.

Ich lächelte, als ich tags darauf das Zimmer des Prinzen betrat. Wir unterhielten uns einige Minuten, bis ich das Gefühl hatte, daß nun der richtige Augenblick gekommen sei, um ihm mit einem »Ach, übrigens!« die Fotos zu zeigen. Ich zog sie aus der Tasche und reichte sie ihm.

Die Wirkung war enorm. Natürlich sagt ein Foto mehr als tausend Worte.

»Ist das Ihr Haus?« fragte er verblüfft, wobei er die Fotos eingehend betrachtete. Bevor ich antworten konnte, schüttelte er den Kopf und sagte: »Es ist schöner als alle meine Paläste.«

»Aber Sie haben sechzehn«, wandte ich ein.

»Das Grundstück, die Bäume, die Gärten – prachtvoll«, murmelte er. »Und das haben Sie aufgegeben, um hierherzukommen?«

»Unsere Länder brauchen einander«, sagte ich. »Ihr habt das Öl, wir haben die technischen und wissenschaftlichen Kenntnisse.«

»Ja«, sagte er, »einer meiner Söhne studiert in Ihrem Land.« Dann, nach einer langen Pause, setzte er hinzu: »Nach meiner Entlassung müssen Sie kommen und mich im Palast besuchen. Salim oder Nasser werden Sie hinbringen.«

Sein herablassendes, gönnerhaftes Benehmen war verschwunden. Wir waren einander ebenbürtig – nun ja, fast ebenbürtig.

Während der folgenden Tage unterhielten wir uns ausgiebig miteinander. Hier waren wir, zwei Männer aus verschiedenen Welten, die versuchten, eine Kluft von einem Jahrtausend durch gegenseitiges Verständnis zu überbrücken – der eine aus dem technisch fortschrittlichsten Land der Welt, der andere aus einem vom Rest der Welt völlig abgeschlossenen Land, der eine aus einer für alle zugänglichen, freizügigen Gesellschaft, der andere aus einer nach allen Seiten hin abgeriegelten Gesellschaft, die verzweifelt versucht, sie auch weiterhin hermetisch abzuschließen und den Status quo zu bewahren.

Der Prinz sagte, er sei nie über die Grenzen Saudi-Arabiens hinausgekommen, abgesehen von einer Karawanenreise nach Ägypten vor vielen Jahren. Der Gewinn dieser Reise bestand in einem ägyptischen Chefkoch, den er mitgebracht hatte und der sich immer noch in seinen Diensten befand.

Es lag glasklar auf der Hand, daß der wichtigste Bestandteil seines Lebens der Glaube war. In seiner Jugend konnte er den Koran auswendig. Alles, was er in seinem späteren Leben las, hatte Bezug auf den Koran und seine Ausdeutung sowie auf die *Sharia*, den islamischen Rechtskodex, der sich hauptsächlich auf den Koran stützt. »Eure Gesellschaft hat keine Ahnung davon, was für eine Bedeutung der Islam im täglichen Leben der Menschen Saudi-Arabiens besitzt. Solange ihr das nicht versteht, könnt ihr uns oder unsere Sitten niemals verstehen«, sagte er im Brustton der Überzeugung. »Der Islam ist in jedem Augenblick in unseren Gedanken und in unseren Herzen – in jedem Augenblick«, setzte er mit Nachdruck hinzu.

»Es besteht ein Unterschied zwischen einer eher abstrakten Religion, wie sie in der westlichen Welt existiert, und der völligen Hingabe an den Islam, wie sie in Saudi-Arabien praktiziert wird«, bemerkte ich.

Ich sagte ihm, welchen Eindruck es auf mich gemacht habe, zu sehen, wie die Mechaniker in der Reparaturwerkstätte einen kleinen Gebetsteppich auf dem von Öl fleckigen Boden inmitten der Busse ausrollten und auf die Knie fielen, um zu beten.

Die Hotelkellner taten dasselbe auf dem Boden des Speisesaals, und der Steward im Flugzeug betete in der kleinen Küche. Der Türsteher des Hotels rollte seinen kleinen Teppich aus und betete mitten auf der Auffahrt, ohne vom Verkehr und all den Ausländern Notiz zu nehmen. Ein Taxifahrer nahm seine *ghutra* vom Kopf, breitete sie anstelle eines Gebetsteppichs auf dem Erdboden aus und kniete sich darauf, um seine Gebete zu sprechen. Vielleicht der denkwürdigste Anblick war der des Wächters vor dem Zimmer des Prinzen, eines ehemaligen Sklaven, der Nasser, den Sohn des Prinzen, an der Hand nahm und ihn in den Blumengarten führte, wo sie sich beide hinknieten und miteinander beteten – Herr und Diener. Es war eine ergreifende Szene.

Kurz bevor er aus dem Krankenhaus entlassen wurde, pflegte er die Gänge vor seinem Zimmer auf und ab zu spazieren, um Bewegung zu haben. Eines Nachmittags gesellte ich mich zu ihm. Während wir nebeneinander hergingen und uns miteinander unterhielten, nahm er meine Hand in die seine. Zunächst war ich überrascht und schockiert, aber dann fiel mir ein, daß dies unter engen Freunden so Sitte war. In dieser ausschließlichen Männergesellschaft ist es ein Zeichen echter Freundschaft, wenn Männer sich an den Händen halten. Diese Geste war seine Art, seine Dankbarkeit auszudrücken.

Und so spazierten Ost und West – im Hinblick auf Kultur, Wissen und soziale Entwicklung tausend Jahre voneinander entfernt – Hand in Hand den Gang hinunter. Wer war der Klügere? Welcher von uns beiden war wirklich kultiviert oder zufrieden? Ich wußte, daß diese Fragen niemals mit Sicherheit beantwortet werden konnten, aber ich versuchte, mir vorzustellen, was dem Prinzen in diesem Augenblick wohl durch den Kopf ging.

Wahrscheinlich dachte der Prinz: Mir tut dieser arme Ungläubige leid. Er kennt Gott nicht so wie ich – die Lehren des Korans, die Herrlichkeit und Brüderlichkeit des Islam, die Liebe Allahs, die Erfüllung des Gebets, den Frieden und das stille Glück Mekkas und den Lohn im Jenseits. Wahrscheinlich bemitleidete er mich, weil ich nicht wußte, wie ich mein Schicksal vollkommen in die Hände Allahs legen sollte, der über mich wachen und mich in die Ewigkeit geleiten würde. Kennt dieser Mann, so fragte er sich wohl, das Schweigen und die Erhabenheit der Wüste in der Nacht, wenn man die Hand ausstrecken und fast die Sterne berühren kann, oder den Anblick eines Falken, der mit einem Vogel in den Klauen vom Himmel herabstürzt? Um wieviel reicher bin doch ich, folgerte er wohl, mit meinen fünfundzwanzig Söhnen und den vielen Frauen, die da sind, um mir Vergnügen zu bereiten, mit der Unantastbarkeit meiner Familie und der Tugend meiner Töchter. Wir dulden weder Mord noch Ehebruch. Unsere Häuser und Städte sind sicher und frei von Verbrechen. Unser Leben ist sicher. Wir sind ein einfaches Volk – aber wir sind zufrieden.

Dieser Mann, der eben meine Hand hält, dachte ich bei mir, hat nie die Früchte der westlichen Zivilisation genossen: die Musik Beethovens und Mozarts, die Literatur Shakespeares oder Miltons, den Glanz der Oper, die himmlischen Stimmen der Callas, Sutherlands oder Carusos, die Phantasiegebilde des Balletts – all dies zum Leben erweckt von Männern und Frauen, die ihre Begabungen ungehindert entfalten konnten. Das Genie Rembrandts oder Cézannes und die Philosophie eines Aristoteles, Platon oder Sokrates sagen ihm absolut nichts. Nichts davon existiert für ihn. Er ist glücklich oder zufrieden, weil er nicht weiß, was ihm entgeht. Ein Geräusch ist kein Geräusch, außer jemand ist da, der es hört. Muß man über Wissen verfügen, um frei zu sein? Muß man alle Künste kennenlernen, um sich erhaben zu fühlen?

Wir spazierten schweigend weiter, Hand in Hand. Wir Bewohner der westlichen Welt sind Pioniere der Technik, sann ich: Elektrizität, das Auto, Radio, Telefon, Klimaanlagen, Fernsehen, das Flugzeug und die Raumfahrt. Wir sind führend in der Medizin. Wir bemühen uns um die Volksgesundheit, um langes Leben, eine niedrige Kindersterblichkeit, um vorbeu-

gende Medizin und um Molekularbiologie. Wir haben die großen Physiker hervorgebracht, Pionierarbeit auf dem Gebiet der
Radioaktivität, der Nuklearmedizin und des Laserstrahls geleistet. Wir haben das Atom gespalten, die Atombombe geschaffen; wir haben die Kernenergie entwickelt, das Elektronenmi-
kroskop und das Klonen.

Unsere Menschen sind frei, unsere Frauen sind frei. Wir haben den höchsten Lebensstandard der Welt. Wir sind Super-
mann in Reinkultur! Aber in den Vereinigten Staaten haben wir
auch Rassenunruhen, Straßenmorde, Kirchen- und Synagogen-
schändungen, Raubüberfälle, Brandstiftung und Vergewaltigung. Unsere Frauen sind frei, aber sexuell allzu freizügig. Wir
haben Probleme mit Drogen und Alkohol und die höchste Verbrechensrate der Welt. Wir haben immer noch Elendsviertel.
Wir haben freie Wahlen, aber auch Watergate, schmierige, kor-
rupte Politiker an hoher Stelle; Neurosen sind weit verbreitet,
die geistige Gesundheit läßt zu wünschen übrig, und es gibt sexuelle Perversionen.

Wer aber war der glücklichere, wer der vollkommenere
Mensch? Ich war mir nicht sicher.

Er sah mich an, lächelte, drückte meine Hand und fragte:
»Guut?«

»*Kweyyis*«, erwiderte ich mit einem knappen Lächeln.

7.
Kamelrennen

Kurz darauf wurde der Prinz aus dem Krankenhaus entlassen. Einige Wochen später rief Nasser an, wie er es versprochen hatte, um mich zum Kamelrennen einzuladen; er holte mich mit seinem Mercedes im Krankenhaus ab.

Die Rennbahn und das Sportstadion waren im nordöstlichen Teil Riads gelegen, nicht weit von der Straße, die zum Flughafen führt. Die Kampfbahn war erst kürzlich erbaut worden und war groß und eindrucksvoll. Die Zuschauertribüne war ziemlich klein, aber kunstvoll ausgeführt. Ihr steil abfallendes Dach wurde von weißen Säulen getragen. An der Vorderseite waren zwei Reihen großer, tiefer Lederstühle, vermutlich für die Königsfamilie. Die Gesamtzahl an Sitzplätzen betrug nur etwa fünfhundert.

Prinz Nasser trug eine weiße *thobe* und einen wunderschönen, königsblauen Umhang mit Goldbesatz. Er brachte zwei seiner jüngeren Brüder mit. Der Jüngste, etwa sechzehn, hatte noch keinen Bartwuchs; der andere Bruder, der ein paar Jahre älter war, hatte den Anflug eines Schnurrbärtchens.

Wir saßen in der ersten Reihe, die für die Königsfamilie reserviert war, aber nicht im Mittelteil, der offenbar dem König und dem Kronprinzen selbst vorbehalten war. Dieser Bereich war durch mehrere große Teppiche in leuchtenden Farben gekennzeichnet, auf denen riesige blaue Veloursessel standen.

Die Rennbahn war von einem weißen Lattenzaun umgeben.

In ihrem Inneren stand eine Gruppe von Kamelen der einhöckrigen Dromedarart, daneben die Treiber.

Man drückte uns vier xerokopierte Blätter in die Hand, auf denen Genaueres über jedes einzelne Rennen stand. Zunächst gab es zwei Kamelrennen, auf die dann vier Pferderennen folgen sollten. Die Distanz und der Geldpreis für jedes Rennen waren genannt. Der Geldpreis für das erste Rennen betrug kümmerliche 2500 *Rial* (etwa zweitausend Mark). Die Distanz ging über 2800 Meter.

»In gewisser Weise«, sagte Nasser, »waren die Beduinen wie eure Indianer. Es waren wilde Kämpfer und Jäger, ständig im Kampf mit den Elementen. Trotz der großen Hitze in der Wüste und des Wassermangels konnten sie über einen langen Zeitraum von Kamelmilch und ein paar Datteln leben.«

»Irgendwo habe ich gelesen, daß der Beduine – wie der Indianer – einen sechsten Sinn entwickelte, einen Instinkt für die Orientierung nach den Schatten der Sonne auf dem Sand und nach Sternen und Wind.«

»Darüber besteht kein Zweifel«, sagte Nasser. »Sie fanden sich in der Wüste ohne Kompaß zurecht. Wenn sie sich verirrten, bedeutete das das Ende. Ihr Leben hing vom Kamel ab. Das Kamel war für den Beduinen wichtiger als das Pferd für den Indianer.«

Dann hielt Nasser mir einen Vortrag über das Kamel: Das Kamel war das einzige Transportmittel der Beduinen in der Wüste und oft auch ihre einzige Nahrungsquelle. Es war unentbehrlich, weil es ungenießbares Wasser in nahrhafte Milch und Wüstenvegetation in Fleisch umwandeln konnte. Ihre Häute gaben den Beduinen Unterkunft und Kleidung, ihr Dung wurde in den kalten Wüstennächten als Brennmaterial zum Kochen oder zur Wärmeerzeugung verwendet. Natürlich dienten sie auch als Lasttiere. »Sie sehen also«, sagte er abschließend, »jahrhundertelang bildete das Kamel ihre wichtigste Lebensgrundlage, und die Verdrängung des Kamels durch den Lastwagen bedeutete für sie eine Katastrophe.«

Die Knechte begannen inzwischen, die Kamele herumzuführen, um sie »aufzuwärmen«. Sie sahen zweifellos merkwürdig aus, dachte ich. Wie konnte irgend jemand darauf reiten, ohne herunterzufallen? Sie machten einen derart schwerfälligen Eindruck!

»Haben Sie gewußt«, sagte Nasser, »daß ein Kamel auf einmal hundertfünfzig Liter Wasser im Bauch speichern kann? Es hat einen Fetthöcker, der schrumpft, wenn man das Kamel zu sehr beansprucht. Für den Kameltreiber ist es wie eine Benzinuhr. Der Höcker speichert Fett für den Fall, daß Energie benötigt wird. Es ist eine Art natürlicher Benzintank.«

Das erste Rennen begann um fünf Uhr nachmittags. Es gab keine Startmaschine. Die sieben Kamele stellten sich in einer Reihe auf, und nachdem ein Startsignal erfolgt war, stolzierten sie los. Zunächst sah es ziemlich komisch aus. Der Reiter, dessen lange *thobe* im Wind flatterte, saß auf einer Decke direkt hinter dem Höcker. Es gab keine Steigbügel. Jedes Kamel trug ein buntes Halsband, an dem die Zügel befestigt waren. Rennkamele können über zwanzig Stundenkilometer laufen, und die Reiter werden heftig hin und her geworfen. Es war ein ergötzliches Schauspiel. Daß sie es schafften, nicht abgeworfen zu werden, schien fast ein Wunder.

Knapp vor der Ziellinie liefen zwei Kamele ein totes Rennen. Eines von ihnen gehörte Nasser. Ich stand auf und wollte »unser« Kamel schon mit ermunternden Zurufen anfeuern, als ich merkte, daß von Anfang an völliges Schweigen auf der Tribüne geherrscht hatte und daß jetzt, in diesem entscheidenden Augenblick, kein Laut zu vernehmen war. Nasser und sein Bruder sahen schweigend und scheinbar uninteressiert zu; sie zuckten nicht einmal mit der Wimper, sie zeigten keinerlei Gefühlsbewegung, nicht das geringste Anzeichen von Aufregung. Das Kamel des Prinzen beendete das äußerst knappe Rennen an zweiter Stelle. Nassers Gesicht blieb undurchdringlich. Ich konnte keinerlei Anzeichen der Enttäuschung entdecken.

Das zweite Kamelrennen ging über vierzehnhundert Meter,

eine viel kürzere Distanz als die erste, und es stand ein Preis von 3500 *Rial* (knapp dreitausend Mark) darauf. Wieder herrschte völliges Schweigen.

Ich fragte Nasser, ob Wetten abgeschlossen wurden. »Es ist gegen die Sitte«, sagte er.

Vielleicht war es deshalb so still, dachte ich. Es gab keine echte Spannung, und es waren nur einhundertfünfzig Menschen anwesend. »Wir sind lauter Freunde hier«, erklärte Nasser, »und wir sind vor allem an der Zucht interessiert. Der Geldpreis gehört den Reitern und den Stallknechten.«

Nach dem Rennen erzählte er mir von einem äußerst farbenprächtigen Ereignis, an dem ich unbedingt teilnehmen sollte: dem Kamel-Marathon, an dem üblicherweise mehr als sechshundert Rennkamele und ihre Reiter teilnehmen. Die zurückzulegende Distanz beträgt etwa vierzig Kilometer. Es gibt Geldpreise für die drei schnellsten Tiere; darüber hinaus aber erhält jeder Reiter, der das Rennen beendet, eine Belohnung von etwa hundertfünfzig Mark – für die teilnehmenden Beduinen ein echter Anreiz.

Westbrook, dem ich davon erzählte, griff die Idee, zum Marathon zu fahren, begeistert auf und organisierte einen Konvoi von vier Autos. Ich fuhr mit Philip, Manda, Doris und Al im großen Landrover. Die einzigen Anweisungen, wie man zum Schauplatz des Ereignisses gelangte, waren in der Krankenhauszeitung *Sandschrift* veröffentlicht worden. Damals gab es keine Straßenschilder. Anweisungen wurden üblicherweise durch vertraute Punkte in der Landschaft gegeben – wie zum Beispiel die Pepsi-Cola-Abfüllfabrik, das Toyota-Gebäude oder ein umgekippter Lastwagen. Die Anweisungen lauteten: »Fahren Sie auf der Straße nach Dhahran bis acht Kilometer nach dem Toyota-Gebäude, dann biegen Sie links ein und fahren vier Kilometer bis zu einem großen Sandhügel, dann nach rechts sechs Kilometer auf einer Staubstraße, bis sie zu einem umgekippten Lastwagen gelangen. An der ersten Kreuzung nach dem Lastwagen biegen Sie nach links ein . . .«

Die Ziellinie des Marathons lag in einer Oase etwa dreißig Meilen östlich von Riad. Philip fand sie ohne Schwierigkeiten. Als wir uns ihr näherten, sahen wir einen Halbkreis leuchtendgrüner Fahnen im Wind flattern, jede davon mit dem goldenen Emblem Saudi-Arabiens. Es war ein klarer, sonniger Morgen und angenehm mild. Mehrere hundert Araber in *thoben* und einige Ausländer in westlicher Kleidung drängten sich, die besten Plätze zu ergattern.

Die Mitglieder der Königsfamilie saßen auf großen, gepolsterten Lehnstühlen, die auf farbenprächtigen Teppichen vor der Ziellinie standen. Unter ihnen waren Prinz Abdullah, der Oberbefehlshaber der Nationalgarde, von dem es hieß, er sei nächster Anwärter auf die Stellung des Kronprinzen, und Prinz Sultan, der Verteidigungsminister und Oberbefehlshaber der Armee. Der König und der Kronprinz saßen auf speziellen, thronartigen Sesseln in der Mitte, die größer und imposanter als die anderen waren.

Die Ziellinie war durch zwei kleine Flaggen gekennzeichnet. An jeder Seite standen zwei lange Reihen der Nationalgarde in Khakiuniformen.

Der Marathon war bereits im Gange. Alle paar Minuten erfolgte in gedämpftem, gleichförmigem Tonfall eine Ansage über den Lautsprecher. Al teilte uns mit, daß das führende Kamel einem von König Khalids Söhnen gehörte.

»Jemand dagegen wetten wollen?« fragte er, die Vokale wie üblich nicht aussprechend.

»Ich wette zehn *Rial* mit Ihnen«, bot ich mich an, um die Angelegenheit etwas spannender zu machen.

»Sie verrückt«, sagte er. »Niemand versuchen wollen, das Kamel des Königs zu schlagen.«

»Das weiß man nie. Sein Kamel könnte zusammenbrechen«, erwiderte ich.

Er schaute mich mit einem überlegenen Lächeln an.

Eine halbe Stunde später konnte man in größerer Entfernung ein Kamel sehen. Es war das Kamel des Königs. Sobald der

Reiter die Ziellinie überquert hatte, warf er sich völlig erschöpft zu Boden.

Einer der Soldaten ergriff die Zügel des Kamels. Niemand spendete Beifall. Die nächsten beiden Kamele lagen nicht weit zurück. Sie gehörten ebenfalls Mitgliedern der Königsfamilie, wie Al sagte, der meine zehn *Rial* entzückt in die Tasche steckte, als der Ansager den drei Siegern gratulierte. Ich bemerkte, daß einer der Schiedsrichter sich die Namen der Sieger aufschrieb, die ihm von den Soldaten an der Ziellinie mitgeteilt wurden.

Wenige Minuten später rollte eine ganze Lawine von Kamelen an, die »Mitläufer«. Es waren Hunderte von ihnen, die in Vierer- oder Zehnergruppen oder in noch größeren Gruppen über die Ziellinie liefen. Es gab keine Möglichkeit, Reiter oder Kamel zu erkennen. Sie waren weder nach Farben noch nach Kennzeichen zu unterscheiden. Die Reiter mit ihren Käppchen banden lediglich ihre langen *thoben* über den Knien zu einem Knoten zusammen, hockten sich direkt hinter den Höcker des Kamels und hielten sich am Zügel fest, als ob es ums liebe Leben ginge.

Sobald sie die Linie überquert hatten, übergaben sie die Zügel den Soldaten und nannten dann den Schiedsrichtern ihre Namen, die von diesen aufgeschrieben wurden. Jeder von ihnen würde zum Schluß das Preisgeld in Empfang nehmen.

Plötzlich tauchte dreißig Meter vor dem Ziel eine Gestalt auf. Ein Beduine war von seinem Kamel gefallen und führte sein Tier am Zügel, um das Rennen zu Fuß zu beenden. Es war ein bemitleidenswerter Anblick. Seine *thobe* war dreckig und zerrissen. Einer seiner Sandalen fehlte. Sein Gesicht und seine Knie waren blutverklebt und schmutzig. Seine Arme zeigten tiefe Kratzer und bluteten. Er humpelte über die Ziellinie, wobei er sich am Zügel seines Kamels festhielt, das gleichfalls erbarmungswürdig aussah.

Dennoch – er hielt den Kopf aufrecht und ging stolz daher. Etwas Hochmütiges lag in seiner Haltung. Als er zu den

Schiedsrichtern hinging, um ihnen seinen Namen zu nennen, weigerten sie sich, seine ordnungsgemäße Zielankunft anzuerkennen. Er wurde zornig. Seine Augen funkelten vor Zorn.

»Ich möchte den König sprechen«, schrie er. »Ich kenne meine Rechte.« Eine kleine Schar versammelte sich, bestehend aus ein paar Soldaten und einem Zeitungsreporter, der Englisch sprach und für mich dolmetschte. Jemand aus dem Gefolge des Königs erschien mit einem Schreibblock in der Hand. Er war in Uniform.

»Ich verlange, den König zu sprechen«, sagte der Beduine abermals mit wachsendem Zorn, wobei er sich immer noch an seinem Kamel festhielt.

Der Journalist erklärte mir, daß die *majlis* eine alte beduinische Tradition ist, die jedem Bürger gestattet, eine Beschwerde oder Bitte direkt an den König, den Kronprinzen oder einen höheren Regierungsbeamten zu richten. Die *majlis* oder Versammlung wird in regelmäßigen Abständen abgehalten, und jeder kann daran teilnehmen und seine Beschwerde vorbringen. »Eine *majlis* bei einem Kamelrennen, das gäbe eine tolle Story«, fügte er begeistert hinzu. »Ich hoffe, daß sie gedruckt wird.«

Der König stand in einiger Entfernung und plauderte mit Freunden und hohen Beamten in der ersten Reihe. Der Uniformierte mit dem Schreibblock trat zu Khalid, sprach kurz mit ihm und ging dann zum Beduinen zurück.

»Der König geruht, dich zu empfangen«, sagte er.

Der Beduine übergab die Zügel einem Soldaten und hinkte hinüber zum König. Er erklärte, daß er in der Nähe der Ziellinie vom Kamel geworfen worden war, daß er und das Kamel aber das Rennen beendet hatten, obgleich er strenggenommen am Ende des Rennens nicht auf dem Kamel saß. Er war der Überzeugung, Anspruch auf das Zielgeld zu haben.

Der König dachte nach und erklärte sich damit einverstanden. Er beauftragte seinen Adjunkten, den Namen des Beduinen in die Auszahlungsliste nachzutragen.

Der Beduine, stolz und hochmütig wie vorher, dankte dem

König nicht. Er wandte sich um und ging davon, um sein Kamel zu holen, und verschwand dann in der Menge.

Was für eine Chance, so dachte ich, würde ich wohl haben, ganz kurzfristig beim Kentucky Derby eine Unterredung mit dem Präsidenten der Vereinigten Staaten zu arrangieren?

8.
»*SIE*
waren das!«

Zwei Monate waren vergangen, und meine klösterliche Lebensweise ging ihrem Ende zu. Es war eine eher allmähliche, fast unmerkliche Rückkehr ins normale Alltagsleben. Meine Bücherkiste war aus Boston eingetroffen, und ich begann wieder zu lesen. In einem winzigen Buchgeschäft in meiner Nähe gab es die *Arab News,* die englischsprachige Zeitung, und die *International Herald Tribune.* Ich stürzte mich auf beide und verschlang sie; ich merkte, daß es wie eine Sucht war: Ich war ein soziales Wesen und wollte nicht mehr völlig isoliert bleiben.

Eines Tages, bald nachdem ich das Buchgeschäft entdeckt hatte, bemerkte ich, daß die erste auf dem Stoß liegende *Tribune* ein Loch in der Titelseite hatte. Eigenartig, dachte ich. In dem zweiten Exemplar darunter war das gleiche Loch. Alle Exemplare der *Tribune* hatten Löcher in ihren Titelseiten, auf denen eine Landkarte des Mittleren Ostens abgebildet war: Die Zensoren hatten den Staat Israel aus der Karte herausgeschnitten, weil Israel nach arabischer Ansicht gar nicht existiert.

Meine Frau sollte täglich aus London abfliegen und zu mir nach Riad kommen. Ich freute mich sehr darauf, sie wieder bei mir zu haben, dachte allerdings mit Schrecken an das trostlose Zimmer im Al Yamama, das unser Zuhause sein würde. Kurz vor ihrer fahrplanmäßigen Ankunft rief Philip Westbrook an, um mir mitzuteilen, daß bald eine Wohnung ähnlich der ihren im Al Sharq frei werden würde. Er riet mir, meinen Anspruch darauf dadurch anzumelden, daß ich mehrere meiner Koffer in diese Wohnung brachte, schon bevor der jetzige Inhaber auszog. Philip versicherte mir, daß dies üblicherweise so gehandhabt wurde. Die Leute, die im Begriff waren, die Wohnung zu räumen, waren sehr entgegenkommend. Sie hatten es vorher ebenso gemacht, versicherten sie mir.

Ruth, meine Frau, wurde durch die englische Gruppe mit offenen Armen aufgenommen, so daß auch mein Leben sich mit ihrer Ankunft schlagartig änderte. Es ist erstaunlich, was eine Frau zustande bringt, dachte ich. Sie verwandelte diese trostlose Wohnung, indem sie Schals in leuchtenden Farben mit Klebeband an alle Wände hängte. Ab und zu fielen sie herunter, aber wir hatten genug Klebeband, und Ruth besaß jede Menge schöner Schals. Und weil wir keine Schränke hatten, hängten wir unsere Kleidung auf Besenstielen auf, die ich genau wie Philip in die Ecken des Schlafzimmers genagelt hatte.

Obwohl unsere Lebensweise im Al Sharq ganz anders war als die in unserem Haus in Boston, stellte sich Ruth wunderbar darauf ein. Oft lachten wir über all die Unannehmlichkeiten – wir wußten, daß es nur vorübergehend war, und machten das Beste daraus. Meine Frau ist Porträtmalerin und hatte schon Monate vorher alle ihre Farben, Pinsel und anderen Materialien zu Schiff nach Riad verfrachtet: Kurz nach ihrer Ankunft begann sie wieder zu malen.

Die einzigen wirklichen Probleme waren der Transport und die Sitte, daß eine Frau das Hotel nicht verlassen konnte, wenn sie nicht von einer oder zwei anderen Frauen begleitet wurde. Ich versuchte, einen Fahrer und ein Auto zu organisieren, aber das stellte sich als unmöglich heraus. Ich zahlte ihnen, was sie verlangten, aber sie pflegten nur einen oder zwei Tage zu kommen und sich dann in Luft aufzulösen. Schließlich nahmen die Frauen Zuflucht zu Taxis, die sicher waren, vorausgesetzt, es waren zwei oder mehrere Frauen. Zweimal die Woche hielten Krankenhausbusse auf ihrer Fahrt zu den Einkaufszentren vor dem Hotel.

Eines Tages schmiedeten Nasser und ich den Plan, Ruth zu bitten, ein Porträt Prinz Yusefs zu malen, das wir ihm im Palast als Überraschung überreichen würden. Nasser gab mir einen Schnappschuß von seinem Vater, wobei er mir das Versprechen abnahm, niemandem zu sagen, wer es mir gegeben hatte. Ruth war gleichfalls der Meinung, daß ein saudiarabischer Prinz ein interessantes Objekt abgeben würde, und der Schnappschuß faszinierte sie. Sie arbeitete mehrere Monate am dem Porträt, und mit Hilfe einer befreundeten Künstlerin trieb sie einen Goldrahmen auf, der es wunderschön einfaßte.

Nasser arrangierte ein Treffen im Palast, wo das Gemälde enthüllt werden sollte. Der Prinz ahnte nichts vom wahren Grund der Einladung, obwohl er wußte, daß ich vorhatte, meine Frau mitzunehmen.

Wenige Tage vor der Enthüllung rief mich der Sekretär des Prinzen im Krankenhaus an und teilte mir mit, daß der Prinz Nachschub für eines seiner Medikamente brauchte. Der Sekretär, ein Mann um die Fünfzig, kam diskret auf das Thema der Einladung zu sprechen, als wir uns in der Klinik trafen.

»Der Prinz freut sich auf ihren kommenden Besuch am Freitag«, sagte er. Offensichtlich wußte er nichts von dem Gemälde.

»Ja«, sagte ich, »wir freuen uns schon darauf. Meine Frau wird mich begleiten.«

Er sah sehr betreten, fast unglücklich aus. »Herr Dr. Gray, ich weiß nicht, ob Sie das verstehen, aber es wäre peinlich, wenn Ihre Frau bei einem Herrentreffen zugegen wäre.«

Der Sekretär versuchte mir auf höfliche Weise beizubringen, doch kein Narr zu sein.

»Das verstehe ich sehr wohl, aber sie ist keine Saudi. Sie ist Amerikanerin. Es wäre mir unangenehm, wenn sie nicht mitkäme. Ich habe ihr so viel über den Prinzen erzählt.«

»Es verstößt gegen die Sitte«, sagte er mit Nachdruck. Das also war der wahre Grund, weswegen er gekommen war.

Ich hatte keinesfalls die Absicht, das Argument ins Feld zu

werfen, daß meine Frau das Bild gemalt hatte, um dessentwillen die Überraschungsparty überhaupt stattfand. Also ging ich das Risiko ein. »Bitte sagen Sie dem Prinzen, daß ich mich freuen würde, sein Gast zu sein, daß ich es aber nicht als passend empfände, ohne meine Frau zu kommen.«

»Es verstößt gegen die Sitte«, insistierte er mit sehr fester Stimme. »Der Prinz wird Sie jedoch trotzdem am Freitag empfangen.«

Wir gaben uns die Hand. Er sah sehr unglücklich aus, als er ging.

Als Nasser am nächsten Freitag kam, um uns abzuholen, waren wir gerade damit fertig geworden, das goldgerahmte Gemälde in einen weichen, tiefblauen Stoff einzuwickeln. Ich trug das Bild vorsichtig zum Auto, legte es hinein und stellte ihm dann meine Frau vor.

»*Marhaba*«, sagte er respektvoll und ergriff die Hand, die Ruth ihm entgegenstreckte. Dann fuhr er fort: »Ich hoffe, das Zusammentreffen mit meinem Vater wird Sie nicht unangenehm berühren. Er ist es nicht gewohnt, daß in einer Situation wie dieser Frauen um ihn sind. Aber natürlich sollten Sie bei dieser besonderen Gelegenheit zugegen sein.«

Nasser fuhr wie ein Wahnsinniger, und so waren wie im Nu vor dem Palast angelangt. Ein Diener öffnete zwei riesige Tore, die den Weg in ein großes, von einer Mauer umgebenes Grundstück freigaben, wo Prinz Yusefs Familie wohnte. Nasser fuhr mit uns in einen riesigen Hof, wo vier palastartige Villen standen, die einander glichen wie ein Ei dem anderen, vermutlich eine für jede Ehefrau. Die Villen waren in einem Viereck angeordnet, und jede besaß ihre eigene Terrasse und ihren eigenen Garten. Die äußerst gepflegten Grünflächen sahen zu vollkommen aus, als daß man darauf zu treten gewagt hätte. Kunstvoll gestutzte Sträucher dienten als Kulissen für die zahlreichen farbenprächtigen Blumenbeete.

Wir gingen zur Villa links vom Eingang und durchquerten ein hallendes Foyer mit einer ungewöhnlich hohen Decke – so gebaut, damit es im Gebäude kühl blieb. Obwohl die Villa so groß war wie ein Palast, mangelte es ihr völlig an Stil, ja, es befanden sich kaum Möbel darin.

Wir wurden von zwei Dienern in ein großes Wohnzimmer geleitet, wo der Sekretär des Prinzen uns erwartete, der steif und betreten aussah. Ich hatte das Gefühl, daß es nicht gerade eine lustige Angelegenheit werden würde, da Ruth trotz seiner Warnung mitgekommen war.

Wir waren bestürzt über den völligen Mangel an Eleganz im Haus dieses unsagbar reichen Prinzen. An zwei Seiten des Zimmers waren tiefe, mit Samt überzogene Sofas in einem verblichenen Violett aufgereiht. Die Wände, an denen Vorhänge aus schweren Stoffen hingen, sahen düster und kahl aus. Es gab keine Bilder oder Gemälde, die etwas Leben in die Einförmigkeit brachten. (Auch Spiegel sind im Haus eines orthodoxen Moslems verboten.) Ein grellfarbiger chinesischer Teppich bedeckte den Boden. Der einzige Schmuck war ein in Gold gerahmter Stammbaum, der eine Wand zierte. Alles machte einen einförmigen und farblosen Eindruck.

Der Prinz saß in seiner bodenlangen weißen *thobe* und mit seiner rot-weiß karierten *ghutra* in einer Ecke des Sofas. Und doch, selbst im Sitzen noch waren wir von seiner majestätischen Haltung und seinem würdevollen Aussehen beeindruckt. Als er Ruth sah, blickte er überrascht und bestürzt. Er versuchte, sein Unbehagen zu verbergen, stand auf und nickte mit dem Kopf, als ich ihm Ruth vorstellte. Er sah größer denn je aus. Das Lächeln, mit dem er mich ansah, war gezwungen. Vergessen war die herzliche Freundschaft, die sich zwischen uns angebahnt hatte, das Händehalten, als wir die Gänge hinunterschlenderten, und die langen Gespräche über unser beider Kulturen. Hier prallten Ost und West frontal aufeinander. Ich hatte die Stirn besessen, eine Frau in sein Haus zu bringen – auch wenn es meine eigene Ehefrau und obendrein eine attraktive Person war. Er schäumte! Frauen hatten hier nichts verloren.

Nasser und sein Vater wechselten ein paar Worte auf arabisch. Die ganze Situation war dem Prinzen offenbar äußerst unangenehm. Seine Augen blickten traurig, und sein gequälter Gesichtsausdruck ließ seine Bestürzung erkennen. Er konnte nicht verstehen, was vor sich ging, und hätte sich wahrscheinlich am liebsten in Luft aufgelöst. Was hatte eine Frau hier zu suchen! Es war ihm unerträglich. Stumm hob er den Hörer des Telefons am Tisch neben ihm ab und bestellte wie üblich Kardamomkaffee und Tee.

Inzwischen hatten die Diener das Gemälde, das noch immer in seinen blauen Stoff eingewickelt war, auf den Tisch gestellt.

Gleich darauf wurde der Kaffee serviert.

»Nasser, was ist das, bitte?« Der Prinz zeigte auf den sperrigen Gegenstand in Blau.

»Warte, Vater.« Nasser ging zum Tisch und zog den weichen Stoff vorsichtig vom Gemälde, als ob er eine Braut entschleierte. Dann stellte er sich daneben hin und präsentierte dieses ganz erstaunliche Porträt demjenigen, der darauf abgebildet war.

Der Prinz starrte das Werk ein paar Sekunden wie gebannt an, ließ aber keinerlei Gefühlsregung erkennen. Ungläubig wandte er den Blick davon ab. Dann vertiefte er sich genauer in das Werk. Ich merkte ihm an, daß er es schätzte. Und doch ließ er sich zu keinem Lächeln hinreißen. Er stellte keine Fragen. Aber er wußte, daß es gut war.

Ich brach das tiefe Schweigen und sprach das entscheidende Wort: »Prinz Yusef.« Ich machte bewußt eine Pause, lehnte mich zurück und lächelte. »Das hat meine Frau gemacht.« Nasser übersetzte es.

Der Prinz konnte es nicht glauben! Seine Pupillen weiteten sich. Er sah mich an und erhob zornig seine Stimme: »Nein, *Sie* waren das!« Und um es zu betonen, wiederholte er: »*Sie* haben es gemacht!«

»Ich kann nicht malen, Ihre Hoheit. Meine Frau macht das hier schon seit vielen Jahren. Sie hat diese Kunst erlernt. Ich könnte das, was sie gemacht hat, nie zustande bringen. Verstehen Sie jetzt, warum ich darauf bestanden habe, daß sie mitkommt? Sie hat dieses Meisterwerk für Sie vollbracht.«

Der Prinz würdigte Ruth keines Blickes. Langsam trank er seinen Kaffee. »*Sie* haben es gemacht«, sagte er im Ton der Endgültigkeit.

Es wurde kein langweiliger Abend – schon allein deshalb, weil es so fesselnd war, das Unbehagen des Prinzen in Gegenwart einer Frau zu beobachten. Die Situation war für mich genauso unfaßbar wie für ihn.

Ruth freute sich im Grunde über seine Reaktion. Sie hatte seine Anerkennung nicht nötig, um zu erkennen, daß das Bild ihm ungeheuer ähnlich sah. Es war ihm jedoch offenbar unbegreiflich, daß es nur eine Frau sein sollte, die dieses großartige Porträt geschaffen hatte.

Ich traf den Prinzen später noch bei vielen Anlässen. Die nächsten drei Jahre lang spielte sich das Ritual immer in der gleichen Weise ab. Statt mich mit einem herzlichen »*marhaba*« zu begrüßen, lächelte der Prinz immer nur und sagte mit Nachdruck: »*Sie* haben es gemacht.« Er war immer noch nicht überzeugt.

9.
Gespräche mit
einer Prinzessin

Etwa ab Mitte Dezember verlief mein Leben in Saudi-Arabien nach geregelten Bahnen, die, an amerikanischen Maßstäben gemessen, zwar ziemlich fremdartig waren, mir jedoch zusehends angenehmer und vertrauter wurden. Ich merkte, daß ich mich langsam an die optischen Eindrücke und an die Gerüche des Mittleren Ostens gewöhnte – an die schwarzen Schleier der Frauen, an die farbenprächtigen *ghutras* der Männer und an die wohlriechenden Parfüms, deren Duft Angehörige beider Geschlechter verströmten. Das Wetter in Riad war nun viel kühler, und die Mittagstemperaturen waren von drückenden fünfzig Grad Celsius auf vergleichsweise erträgliche zweiunddreißig Grad Celsius gesunken. Die trockene Luft der Hochebene machte diese Winternachmittage außerordentlich angenehm, und ich machte oft lange Spaziergänge durch die Stadt, besonders bei Sonnenuntergang, wenn der Wüstenhimmel sich in ein wunderschönes, feuriges Orange verfärbte.

Auch im Krankenhaus waren meine ärztlichen Pflichten geregelt und voraussagbar geworden. Die Patienten waren nun nicht mehr fremdartige Geschöpfe aus einem anderen Jahrhundert, sondern ganz einfach Saudiaraber, von denen jeder einzelne den Hunderten glich, die in der Klinik schon durch meine Hände gegangen waren. Obgleich ich immer noch häufig Kontakte zur Königsfamilie pflegte, war das Gefühl der Ehrfurcht, von dem meine ersten Begegnungen durchdrungen gewesen waren, einer etwas objektiveren Einschätzung gewichen. Es gab, so wußte ich, annähernd achttausend Menschen, die sich mit Fug und Recht als Prinz oder Prinzessin bezeichnen durften, und der königliche Name verlor bald den Reiz der Neuheit. Ja, ich merkte, daß ich die Beduinen oft lieber behandelte als das Königshaus, weil an diesen nomadischen Wüstenbewohnern etwas Rätselhaftes und Fesselndes war.

Besonders faszinierend waren die Beduinenfrauen. Jedesmal, wenn eine von ihnen in die Ambulanz kam, fand ich mich in eine Konfrontation kultureller Normen verstrickt. Wie ich zu meinem großen Erstaunen schon früher herausgefunden hatte, hatten sie nichts dagegen, sich auszuziehen oder ihre Brüste und den Genitalbereich zu entblößen, wenn nur ihre Gesichter bedeckt bleiben durften. Immer wenn sie zur Untersuchung kamen, weigerten sie sich strikt, ihren Schleier abzulegen und ihr Gesicht zu zeigen. Ich versuchte, sie davon zu überzeugen, daß es notwendig war, auch ihre Augen, ihre Ohren und ihren Hals zu untersuchen. Aber erst nachdem sie ihre Ehemänner um Erlaubnis gefragt hatten und diese ihnen erteilt worden war, enthüllten die Beduinenfrauen widerstrebend ihre Gesichter, wobei sie fast schmerzvolle Qualen der Verlegenheit ausstanden.

Anders als ihre beduinischen Gegenstücke waren einige der Frauen aus Riad eher westlich orientiert und durchaus bereit, ihren Schleier abzulegen, zumindest vor einem amerikanischen Arzt. In der Öffentlichkeit – oder in Gegenwart eines Saudi-Mannes – waren selbst die modernen Frauen ängstlich darauf bedacht, daß ihre Gesichter verhüllt waren. Im Krankenhaus lagen die Schleier neben dem Bett, und nur die konservativeren Frauen verhüllten sich, wenn ich ins Zimmer trat. Es verblüffte mich, daß die Saudi-Frauen in Gegenwart eines amerikanischen Arztes weniger befangen waren als in Gegenwart von Landsleuten, und oft fragte ich mich, wie sie wohl auf einen saudischen Arzt reagieren würden, wobei ich insgeheim vermutete, daß sie darauf bestehen würden, sich zu verhüllen. Bedauerlicherweise gab es für mich keine Möglichkeit, die Richtigkeit dieser Annahme zu überprüfen, denn damals waren unter dem Krankenhauspersonal keine saudischen Ärzte. In einem sehr realen Sinne diente das Krankenhaus als Zufluchtsort, wo Saudi-Frauen zeitweilig von den Sitten und Zwängen ihrer Gesellschaft befreit waren.

An einem Dezembernachmittag erhielt ich einen Anruf von einem illustren Mitglied der Königsfamilie, das mich darüber informierte, daß seine Tochter sehr krank und mit dem Rettungswagen auf dem Weg ins Krankenhaus sei. Prinzessin Sultana bint Musaid Al Sudairi traf wenig später mit Symptomen, die verdächtig nach Typhus aussahen, im Untersuchungszimmer ein. Sofort ordnete ich eine intravenöse Infusion von Flüssigkeiten an und ließ dann ihre Blutprobe schnellstens ins Labor bringen, wo sich bestätigte, daß sie dehydriert war und eine ziemlich große Menge Salz und Wasser verloren hatte. Die Blutproben und Bakterienkulturen ergaben jedoch, daß die Prinzessin nicht an Typhus litt, sondern vielmehr an einer schweren Dysenterie (Ruhr), die wahrscheinlich durch verseuchtes Essen oder Wasser verursacht worden war.

Ich behandelte die Prinzessin mit Antibiotika und intravenös verabreichten Flüssigkeiten, um der bakteriösen Infektion entgegenzuwirken und einen ausgeglicheneren Salz- und Wasserhaushalt herzustellen. Binnen weniger Tage begann sie, Anzeichen der Besserung zu zeigen. Ihr Fieber ging zurück, ihre Blutproben ergaben wieder normale Werte, und sie begann, besser auszusehen. Sie war jedoch immer noch dehydriert und sehr schwach. Ich veranlaßte, daß sie im Krankenhaus blieb, damit sie wieder zu Kräften kam und damit man ihren Gesundheitszustand genau überwachen konnte, falls es zu einem Rückfall kommen sollte.

Während dieser Genesungsperiode suchte ich die Prinzessin täglich bei meiner Visite auf, stellte ihr Fragen und behielt ihren Gesundheitszustand im Auge. Allmählich merkte ich, daß die Prinzessin eine schöne junge Frau war – ja, geradezu betörend schön. Obwohl sie erst neunzehn Jahre alt war, spiegelten ihre Gesichtszüge eine Stärke und eine Reife, die weit über ihr Alter hinausgingen. Ihre Haut war hell, fast europäisch, und stand in auffallendem Gegensatz zu ihren glänzenden schwarzen Haaren und ihren großen braunen Augen. Ihre Gesichtszüge waren makellos – glatte Haut, eine aristokratische Nase und ein vollkommen geformter Mund, der blendendweiße Zähne entblößte, wenn sie lächelte. Sie besaß die rätselhafte Sinnlichkeit einer Schönheit, wie man sie nur im Mittleren Osten findet, all den lockenden Reiz, den man sich so oft hinter dem dunklen, geheimnisvollen Schleier vorstellt.

Zusätzlich zu ihrer Schönheit besaß die Prinzessin eine besondere Eleganz und Anmut, die ihre aristokratische Erziehung verriet. Bald erfuhr ich, daß Prinzessin Sultana der Sudairi-Familie angehörte, einer uralten Stammesfamilie, die eine der Hauptlinien des Hauses Saud bildete. Ihr Vater und Großvater gehörten zu den bedeutendsten Männer im Königreich, und sie war mit fast jedem wichtigen Mitglied der Königsfamilie in direkter Linie verwandt. Wenn es innerhalb des Hauses Saud eine Elite gab, dann war es die Sudairi-Familie, und ich wußte, daß die Prinzessin keine gewöhnliche Patientin war, nicht einmal, wenn man königliche Maßstäbe anlegte.

Als ich eines Tages während meiner Visite die private Suite der Prinzessin betrat, fand ich sie in einem Sessel sitzend und mit einem Spiegel in der Hand vor, während eine Dienerin ihr mit dem Kamm durch die Haare fuhr. Die Prinzessin befand sich eindeutig auf dem Wege der Besserung, und zum ersten Mal wirkten ihr Charme und ihre Schönheit voll auf mich ein.

»Guten Tag, Herr Doktor«, sagte die Prinzessin und sah mich mit ihrem betörendsten Lächeln an.

»Guten Tag, Prinzessin, geht es Ihnen heute besser?«

»Es geht mir *super!*« sagte sie heiter. Es war tröstlich, sie in so guter Stimmung zu sehen. Manchmal sind die positivsten medizinischen Anzeichen nicht so ermunternd wie ein sorgloses Lachen.

Ich begann, der Prinzessin einige Fragen in englischer Sprache zu stellen, die sie fließend und mit fast lässiger Leichtigkeit beantwortete. Wir hatten uns schon bei verschiedenen anderen Gelegenheiten miteinander unterhalten, aber nun war meine Neugier geweckt.

»Sie sprechen sehr gut Englisch«, schmeichelte ich ihr, nachdem ich meine Untersuchung beendet hatte. »Wo haben sie es gelernt?«

»In Kalifornien«, antwortete sie.

»Was?« sagte ich und blickte von meinen medizinischen Diagrammen auf. »Was haben Sie in Kalifornien gemacht?«

»Ich bin dort aufgewachsen«, sagte sie sachlich. »Ich habe bis zu meinem sechsten Lebensjahr in Kalifornien gelebt. Meine Mutter ist Amerikanerin.«

Ich sah die Prinzessin überrascht an. Nichts an ihrem Äußeren deutete auf eine amerikanische Mutter; ja, bis auf ihre helle Haut war ihre Erscheinung fast klassisch arabisch. Noch dazu wußte ich, daß die königliche Familie Mischehen nicht billigte. Sie hatte zweifellos eine sehr ungewöhnliche Familienvergangenheit.

»Wie war das denn möglich? Ich war der Meinung, es sei den Mitgliedern der Königsfamilie untersagt, Ausländer zu heiraten.«

»Das war schon vor zwanzig Jahren«, antwortete sie. »Zu dieser Zeit war es ungewöhnlich, aber nicht verboten, so wie jetzt. Damals sahen wir Araber noch mit einer Art Ehrfurcht zu den Amerikanern auf.«

Als Antwort auf mein offensichtliches Interesse erklärte die Prinzessin, daß ihr Vater der Sohn eines bedeutenden saudischen Prinzen sei und daß er in den späten fünfziger Jahren auf die Universität Stanford ging, um Wirtschaftswissenschaften zu studieren. Während seiner zweiten Woche an der Universität traf er ein amerikanisches Mädchen, eine Studienkollegin, verliebte sich in sie und heiratete sie am Ende des ersten Studienjahres. Die nächsten sieben Jahre lebten sie miteinander in

Kalifornien; der Prinz studierte und erwarb ein Doktorat, während seine amerikanische Frau zwischen Klassenzimmer und Kindbett hin- und herpendelte. Schließlich hatten sie drei Kinder. Sultana war die Älteste. Ihr Bruder Sultan war siebzehn und eine Schwester fünfzehn.

»Wissen Sie«, sagte sie, »ich wurde in Palo Alto in Kalifornien geboren und lebte dort bis zu meinem sechsten Lebensjahr. Ich meine, damals war ich eine richtige Amerikanerin, verstehen Sie? Dann zogen wir nach Riad. Als ich elf war, zogen wir zurück nach Kalifornien. Aber dann, nach nur zwei Jahren, ging es zurück nach Riad, und seither lebe ich eigentlich hier. Na ja, wir machen oft Urlaub in Europa und den Vereinigten Staaten . . .«

Sultana hielt inne, in Gedanken bei ihrer Kindheit. »Es war *super,* in Kalifornien zu leben«, sagte sie mit einem Anflug von Nostalgie. »Ich durfte Miniröcke tragen und den ganzen Tag Radio spielen. Mein Vater sah es nicht gern, wenn wir Platten hörten, aber meine Schwester und ich kauften sie trotzdem. Meine Lieblingsgruppe waren die Beatles. Ich war völlig vernarrt in Paul McCartney!«

»Leben Ihre Eltern jetzt in Saudi-Arabien?«

Sie schüttelte den Kopf. »Meine Mutter verlangte vor einigen Jahren die Scheidung. Sie konnte hier nicht mehr leben.«

»Das kann ich verstehen.«

»Nein«, sagte die Prinzessin, »das können Sie *nicht* verstehen. Meine Mutter kam nach Saudi-Arabien, als ich sechs war, und sie hat sich sehr gut eingefügt. Sie trat zum Islam über und lernte fließend Arabisch. Die anderen Frauen in unserer Familie haben sie anfänglich nicht akzeptiert, teils, weil sie Amerikanerin war, und teils, weil sie meinen Vater geheiratet hatte. Sie müssen wissen, mein Vater ist ein bedeutender Mann, und er ist der Sohn eines bedeutenden Mannes, und es ist bei uns Sitte, daß Familienmitglieder ihre Cousins heiraten. Viele Frauen aus unserer Familie haben darauf gehofft, eines Tages meinen Vater zu heiraten, und statt dessen kam er aus Amerika mit drei Kindern und einer Frau zurück – und noch dazu mit einer amerikanischen Frau! Aber schließlich haben sie meine Mutter liebgewonnen. Sie befolgte die mohammedanischen Bräuche und verhielt sich so, wie man es von einer guten Frau erwartet. Sie verstanden, daß sie Amerikanerin war und daß sie nicht immer alles so machte wie die Saudis, aber sie wußten, daß sie sich Mühe gab. Sie waren alle sehr traurig, als meine Mutter und mein Vater sich scheiden ließen.«

»Warum verlangte sie die Scheidung, wenn sie sich doch so gut eingefügt hatte?«

Die Prinzessin zuckte die Achseln. »Meine Mutter hat gelernt, Saudi-Arabien zu akzeptieren, aber sie konnte nie ein Teil davon werden. Jedes Jahr fuhr sie nach Europa und Amerika, und die Rückkehr fiel ihr immer schwerer. Eines Jahres blieb sie zu lange weg, und da merkte sie, daß sie hier nie wieder leben konnte.«

»Wo lebt sie jetzt?«

»Los Angeles«, sagte die Prinzessin. »Vor zwei Jahren hat meine ganze Familie sie dort besucht. Mein Vater nahm sogar seine neue Frau mit, meine Stiefmutter. Meine Mutter und meine Stiefmutter waren einander vorher nie begegnet. Sie wurden gute Freundinnen.«

»Einen Augenblick. Hatte Ihr Vater mehr als eine Ehefrau, als er Ihre Mutter heiratete?«

»Nein. Er wußte, daß es ihr weh tun würde, und so hatte er nur eine Frau. Er heiratete nach der Scheidung von meiner Mutter ein zweites Mal. Meine Stiefmutter ist nur sieben Jahre älter als ich. Wir haben ein sehr inniges Verhältnis zueinander, fast wie Schwestern. Ich liebe meine Stiefmutter sehr.«

»Ist es nicht ungewöhnlich, daß ein Prinz nur eine Ehefrau hat, vor allem, wo er doch vier haben kann?«

»Mein Vater genoß eine amerikanische Ausbildung«, erwiderte Sultana, »und er hat eben moderne Ideen, wie die, daß man nur eine Frau auf einmal hat.«

Schon wollte ich ihr noch eine Frage stellen, da sah ich auf die Uhr und merkte, daß ich mit meinem Arbeitspensum im Rückstand war. »Ich muß gehen«, sagte ich widerstrebend. »Vielleicht können wir uns heute abend etwas mehr unterhalten, Prinzessin.«

»O ja!« sagte sie mit augenfälliger Begeisterung. »Ich spreche sehr gern über mein Land. Es ist auch schön, einmal mit einem Mann zu reden, der ein Außenstehender ist. Normalerweise darf ich nur mit den Männern aus meiner Familie reden.«

»Wunderbar. Wenn das so ist, dann komme ich heute abend nach dem Essen bei Ihnen vorbei.«

»*Klasse!*« erwiderte die Prinzessin mit einem betörenden Lächeln.

Ich ging aus ihrem Zimmer und schüttelte den Kopf. »*Klasse?*« Dieses Land schien andauernd seltsamer zu werden.

An diesem Abend besuchte ich Prinzessin Sultana nochmals in ihrem Krankenzimmer. Die Prinzessin wohnte in einer der Königsfamilie vorbehaltenen Suite, bestehend aus einem geräumigen Schlafzimmer und einem daran angrenzenden kleineren, aber behaglichen Wohnzimmer. Eine Dienerin war vierundzwanzig Stunden am Tag bei der Prinzessin und schlief auf der Couch im Wohnzimmer, um jederzeit verfügbar zu sein. Sie war ständig anwesend und sorgte für ein drittes Paar Augen und Ohren, wie es die saudische Kultur bei einem Treffen zwischen einem Mann und einer Frau vorschrieb.

»Kommen Sie herein, Dr. Gray«, rief die Prinzessin, als ich zweimal an die Tür klopfte. Das zweimalige Anklopfen war ein Signal dafür, daß die Prinzessin ihr Gesicht nicht mit einem Schleier zu verhüllen brauchte. Ich trat ein und fand die Prinzessin in ihrem Bett liegend beim Fernseher vor. Sie setzte sich sofort auf und schaltete den Apparat per Fernbedienung ab.

»Ich bin froh, daß Sie da sind«, sagte sie, zeigte auf den Fernsehapparat und schnitt eine Grimasse. »Das saudische Fernsehen ist so gräßlich. Ich wünschte wirklich, wir könnten einige amerikanische Kanäle empfangen.«

Da ich mir selbst schon einiges im saudiarabischen Fernsehen angesehen hatte, wußte ich genau, was sie meinte. Die Programme wurden empfindlich zensiert, und nur die harmlosesten und unumstrittensten Themen wurden gebracht. Eine der beliebtesten Serien war eine »Talkshow«, in der geistliche Führer über Koranverse diskutierten und sie auslegten.

»Erzählen Sie mir«, sagte ich, nachdem wir unser Wehklagen über das Fernsehen beendet hatten, »warum Sie in Saudi-Arabien geblieben sind, als sich Ihre Mutter von Ihrem Vater scheiden ließ?«

»Weil das islamisches Gesetz ist«, erwiderte sie. »Wenn ein Mann sich von einer Frau scheiden läßt, bleiben die Kinder beim Mann, und die Frau wird zu ihrer Familie zurückgeschickt.«

»Aber wollten Sie denn nicht zurück nach Amerika?«

Die Prinzessin zögerte einen Augenblick. »Nein«, sagte sie leise. »Ich bin eine saudische Prinzessin und handle nach den Wünschen meines Vaters. Ich fliege gern nach Amerika und besuche meine Mutter, aber das hier ist meine Heimat. Das ist mein Land.«

»Warum haben Sie so stark das Gefühl, eine Saudiaraberin zu sein, obwohl Sie doch die ersten sechs Lebensjahre in Kalifornien verbrachten?«

»Ich weiß es nicht«, erwiderte sie. »Man kann das nicht erklären. Ich mag Amerika sehr gern, aber es ist nicht meine Heimat. Ich *fühle* mich als Saudiaraberin.«

Ich spürte, daß ihre Nationalitätszugehörigkeit für die Prinzessin ein heikles Problem war, und so beschloß ich, das Thema zu wechseln. »Sprechen wir darüber, wie es gewesen ist, in Saudi-Arabien aufzuwachsen«, schlug ich vor. »Schließlich muß es sehr seltsam gewesen sein, von Kalifornien nach Riad zu ziehen und von Miniröcken auf Schleier umzusteigen.«

Die Prinzessin lachte. »Ich war zwölf oder dreizehn Jahre alt, als ich nach Saudi-Arabien übersiedelte, und ich war sehr groß für mein Alter. Ich erinnere mich daran, wie alle Saudi-Männer mich anstarrten, daß ihnen die Augen fast aus dem Kopf fielen, und ich verstand nicht, warum. In Kalifornien haben mich die Männer auch manchmal angesehen, aber sie glotzten nicht so wie die Saudi-Männer. Ich fand es richtig gruselig. Später, als ich schon eine Zeitlang in Saudi-Arabien lebte, erfuhr ich, daß es nichts Ungewöhnliches ist, wenn Mädchen mit fünfzehn heiraten. Daß jemand in meinem Alter unverschleiert herumspazierte und seine Beine herzeigte, war äußerst provozierend, fast wie wenn man in den USA nackt herumläuft.«

»Hat Ihr Vater Sie dazu gezwungen, den Schleier zu tragen?«

»Aber nein!« sagte sie mit Nachdruck. »Mein Vater ist nicht so. Nachdem ich nach Saudi-Arabien gezogen war, trug ich viele Monate immer nur meine normale westliche Kleidung. Ich ging mit kurzen Hosen und Tennisschuhen aus dem Haus, und alle Männer bekamen Glotzaugen, wenn sie mich sahen. Nach einer Weile aber, als ich immer mehr zu einer Saudi wurde, fühlte ich mich in westlicher Kleidung nicht mehr so recht wohl.«

»In welcher Hinsicht?«

Sultana lächelte. »In Saudi-Arabien sind die alten Frauen sehr direkt. Sie sahen mich an und fragten: ›Wo ist deine *abeyya?* Wo ist deine *gutwah?*‹ Sie ließen es mich merken, daß ich etwas falsch machte. Schließlich wurde ich es müde, ständig drangsaliert zu werden, und ich fing an, meinen Schleier zu tragen. Jetzt würde es mir nicht im Traum einfallen, ohne ihn aus dem Haus zu gehen.«

»In welchem Alter beginnen die meisten saudischen Frauen, den Schleier zu tragen?«

»Es gibt da kein bestimmtes Alter. Man soll damit anfangen, einen Schleier zu tragen, wenn man eine Frau wird, was normalerweise um vierzehn herum der Fall ist. Der springende Punkt ist, daß man sich verhüllen soll, sobald man für Männer anziehend zu werden beginnt. Daß es soweit ist, merkt man daran, daß die Männer einen lüstern anschielen.«

Ein paar Minuten lang redeten wir dann über die Trennung

der Geschlechter in der saudischen Gesellschaft. Wie die Prinzessin sagte, war es einer Frau strikt untersagt, mit einem Mann allein zu sein, der nicht ihr *mahrram* war. Zu den *mahrram* zählten die Männer im engsten Familienkreis – ihr Vater, ihr Onkel und ihre Brüder – sowie ihr Ehemann. Eine Frau darf das Land nicht ohne einen *mahrram* verlassen.

»Frauen werden als persönliches Eigentum angesehen, über das in Gegenwart anderer Männer nicht gesprochen und mit dem vor ihnen nicht geprotzt werden soll«, erklärte Sultana. »Außerhalb des engsten Familienkreises gibt es keinen gesellschaftlichen Umgang zwischen Männern und Frauen. Zum Beispiel geht ein Mann nie mit seiner Frau zum Essen aus. Und ein Mann tanzt niemals mit seiner Frau, weder in der Öffentlichkeit noch im privaten Kreis. Es ist verboten.«

Wenn es um Frauen geht, trauen die Männer in Saudi-Arabien einander laut Sultana nicht. Selbst ein Freund könnte der Ehefrau eines Mannes gegenüber Annäherungsversuche machen, falls sie sich in der Öffentlichkeit sehen läßt. In dieser Einsicht werden Frauen als schwache und passive Geschöpfe angesehen, die der Versuchung wahrscheinlich erliegen würden. Um jede solche Möglichkeit von vornherein zu unterbinden, werden Frauen von allen gesellschaftlichen Aktivitäten, bei denen Männer zugegen sind, ausgeschlossen, und ihr Bereich bleibt auf den Haushalt beschränkt.

»Prinzessin«, sagte ich, »schickt es sich, daß Sie und ich als Freunde miteinander reden?«

»O nein!« rief sie aus. »Es ist okay, wenn ich mit meinem Arzt spreche, aber nur aus medizinischen Gründen. Natürlich sollte ich zumindest meinen Schleier tragen, wenn ich mit jemandem spreche, der nicht mein *mahrram* ist. Aber unglücklicherweise kann ich meinen Schleier im Augenblick nicht tragen, weil ich noch krank bin!« Sie brach in Gelächter aus.

»Was fangen die Frauen mit all ihrer Zeit an?« fragte ich, nachdem ihr Gelächter verklungen war.

»Für gewöhnlich *nichts*. Die meisten Frauen sitzen zu Hause und langweilen sich zu Tode. Gelegentlich besuchen sie ihre Familie, wo sie klatschen, Karten spielen und Kleider anprobieren können. Das sind die drei wichtigsten Dinge: Klatsch, Kartenspiel und Kleider. Manchmal findet eine Party statt – nur für Frauen natürlich –, und jeder bringt ein oder zwei Kleider mit, nur um sich während der Party umziehen und sich den anderen Frauen damit zeigen zu können.«

Wie Prinzessin Sultana sagte, ist es eine der Ironien Saudi-Arabiens, daß der ungeheure Reichtum, den das Öl mit sich brachte, die Frauen praktisch zu Gefangenen gemacht hat. Als die Saudiaraber noch als Nomaden in der Wüste umherzogen, spielten die Frauen zumindest noch eine wichtige Rolle und hatten bestimmte Aufgaben und Freiheiten. Sie mußten Wasser vom Brunnen holen, das Zelt aufstellen helfen und die Kinder betreuen. Nun, da der Lebensstandard so entscheidend gestiegen ist, haben die Frauen nichts mehr zu tun.

Sie hielt inne, starrte aus dem Fenster und sagte dann leise, wie zu sich selbst: »Sehr strenge Trennung von Mann und Frau, sehr, sehr puritanisch – keine Kinos, kein Alkohol, weder Tanzen noch Musik in der Öffentlichkeit, die Frauen dicht verschleiert und ans Haus gefesselt – überhaupt kein Vergnügen«, sann sie. »Nur fünfmal täglich beten, das Ramadanfasten, die Wallfahrt nach Mekka und Almosen geben – und das ist auch schon alles!«

Nach diesem lakonischen Kommentar entstand ein betretenes Schweigen. »Für die Frauen wäre es besser, wenn wir noch arm wären«, sagte die Prinzessin in aller Offenheit. »Manche Leute, die einfachen Leute, die in Lehmhütten leben, können sich auf ihre Art und Weise im Grunde besser amüsieren als wir. Vielleicht bringt sie etwas ganz Einfaches zum Lachen. Wie die Ägypter zum Beispiel. Ihnen gefällt alles; sie finden alles komisch. Vielleicht sind sie die Glücklichen. Wir in Saudi-Arabien kritisieren, wir schauen auf das, was sich gehört. Das ist nicht lustig, und deshalb ist kaum irgend etwas lustig, so wie wir alles betrachten.«

»Gibt es je Situationen, wo Sie mit anderen Männer zusammenkommen?«

»Ja, bei Familientreffen und Familienfesten. Meine Familie – die Sudairis – ist sehr groß. Wir haben regelmäßige Zusammenkünfte, und jeder nimmt daran teil, selbst der Kronprinz. Wir sind alle Angehörige des Hauses Saud, aber innerhalb dieser Familie gibt es wieder Familien, und die Sudairis sind sehr bedeutend. Wir sind ein echter Familienclan, kann man sagen.«

»Und bei diesen familiären Anlässen dürfen die Frauen sich unter die Männer mischen?«

»Ja«, sagte Sultana. »Auf diesen Treffen und auch auf den Familienfesten kann ich mit meinen Cousins reden. Die Familientreffen sind sehr nett, und die Frauen freuen sich alle darauf. Sonst sitzen wir immer zu Hause.«

Ich hätte gern noch länger Fragen gestellt; es war jedoch schon spät, und die Prinzessin wurde langsam müde. Widerstrebend sagte ich zu ihr, daß es für mich Zeit war zu gehen.

»Machen wir das morgen auch so«, schlug sie vor.

»Liebend gern«, sagte ich. »Wenn Sie wollen, komme ich morgen abend wieder.«

»Ich glaube, das nächste Mal werde ich einen Schleier tragen müssen«, sagte sie. Sie zog sich die Bettdecke bis an die Augen. »Wie sehe ich aus?« fragte sie mit gedämpfter Stimme.

»Wie eine alte Beduinenfrau«, neckte ich sie. Ich wollte ihr ein Kompliment über ihre Schönheit machen, aber dann beschloß ich, es nicht zu tun.

Am nächsten Tag suchte ich Prinzessin Sultana auf meiner regelmäßigen Krankenvisite auf und kam dann am Abend wieder, um mit ihr ein weiteres unserer langen Gespräche zu führen. Ihre Genesung machte rasche Fortschritte, und sie wurde mit jedem Tag gesünder und aktiver.

»Wo ist Ihr Schleier?« fragte ich, während ich mich in den Sessel neben ihrem Bett setzte.

Sie blickte mich ernsthaft an. »Unglücklicherweise geht es mir immer noch nicht gut genug.«

Wieder lachten wir über diesen nur uns beiden verständlichen Dialog, und wieder war ich von ihrem Lächeln hingerissen. Wie schade, daß sie es die ganze Zeit verbergen mußte!

Dann wurde ich wieder ernst. »Prinzessin, Sie haben mir ein wenig über die Scheidung Ihrer Mutter erzählt. Was können Sie mir über die Scheidung in diesem Land allgemein sagen?« – Meine Gedanken schweiften zurück zu Prinzessin Sanwa und die unmenschliche Scheidung von ihrem saudiarabischen Ehemann vor vielen Jahren in Boston.

»Eine Scheidung ist im Islam sehr einfach«, sagte die Prinzessin in erregtem Ton. Mittlerweile schien sie ein ausgesprochenes Vergnügen daraus zu ziehen, mir Dinge über ihre Kultur zu verraten, von denen sie wußte, daß ich sie merkwürdig und fremdartig finden würde. »Wenn ein Mann die Scheidung will, muß er ›Ich verstoße dich‹ sagen, und dann ist die Frau nicht mehr verheiratet und muß zu ihrer Familie zurückgehen. Aber an der Sache ist ein Haken: Sollte der Mann innerhalb von drei Monaten seine Meinung ändern, kann er die Frau ganz einfach zurücknehmen, und sie muß zu ihm zurückkehren. Erst nach drei Monaten wird die Scheidung endgültig. Der Mann kann seine Frau dreimal verstoßen. Er kann zu ihr sagen: ›Ich verstoße dich‹ und sie dreimal wieder zurücknehmen. Wenn er es dann aber noch einmal tut, ist sie für immer frei. Eine andere Möglichkeit besteht darin, daß der Mann dreimal hintereinander ›Ich verstoße dich, ich verstoße dich, ich verstoße dich‹ sagt, und das gilt dann als dreimaliges Verstoßen. Sie muß nach Hause zu ihren Eltern zurückkehren. Es hängt alles vom Wortlaut ab, verstehen Sie? Nun erst ist die Scheidung endgültig.«

»Und wenn eine Frau die Scheidung möchte?«

»Sie kann nichts machen – außer sie hat sehr gute Gründe.«

»Also, angenommen, er schlägt sie.«

»Wenn er sie schlägt, hat sie ein Recht auf Scheidung, aber für die Frau ist es oft schwierig. Es gibt bestimmte andere Gründe, weshalb die Frau die Scheidung verlangen kann, zum

Beispiel, wenn ihr Ehemann sie nicht erhält oder lange Zeit sexuell nicht mit ihr verkehrt. Wenn die Frau sieht, daß ihr Mann seine Religion völlig aufgibt, wenn es auch nur entfernt damit zu tun hat, daß er die mohammedanische Religion vernachlässigt, wenn er etwas gegen die Religion hat – das hilft ihr, zu einer Scheidung zu gelangen, zum Beispiel: ›Mein Ehemann trinkt, mein Ehemann nimmt Rauschgift . . .‹ Sie muß zumindest Beweise erbringen. Es müssen Beweise dasein.«

Wenn eine Frau von ihrem Ehemann verstoßen oder geschieden wird, wird sie oft zu den Eltern zurückgeschickt, um bei ihnen zu leben. Es ist durchaus üblich, daß bei einer Familie eine oder mehrere »Tanten« wohnen, manche davon ledig, manche geschieden.

»Aber was passiert nachher? Erhält er sie dann?«

»Sie nicht, aber die Kinder. Sehen Sie, wenn sie eine Tochter hat, kann das Kind bei seiner Mutter leben, bis es sieben Jahre alt ist, und dann lebt es beim Vater. Weil es für ein kleines Mädchen nicht einfach ist, bei einem Mann zu wohnen. Wenn sie sieben Jahre alt wird, geht sie zum Vater. Ein Junge bleibt bei seiner Mutter, bis er zwei oder drei Jahre alt ist, und nach der Stillzeit lebt er beim Vater.«

»Ich dachte, der Ehemann erhält seine Frau finanziell.«

»Nein, ich glaube nicht, außer er ist sehr reich oder prominent. Heutzutage wird es so gehalten, wenn der Mann sich dazu bereit erklärt. Aber er ist nur verpflichtet, die Alimente für die Kinder zu zahlen. Die Frau geht zurück zu ihrer Familie. Ich glaube nicht, daß sie irgendeine Unterstützung erhält, außer ihr geschiedener Mann ist reich oder gehört der Königsfamilie an. Ich hatte eine Cousine, die binnen einem Monat heiratete und wieder verstoßen wurde. Damals war sie erst fünfzehn! Ihr Ehemann ging gleich nach der Heirat auf Reisen, und bei seiner Rückkehr war meine Cousine in Tränen aufgelöst, weil er eine seiner anderen Ehefrauen besuchte, bevor er zu ihr kam. Der Ehemann wurde sehr zornig und verstieß sie auf der Stelle. Er schickte sie geradewegs zurück zu ihrer Fami-

lie. Aber später sandte er ihr eine Menge Geld und fünfundzwanzig Sklaven. Das ist aber schon zwanzig Jahre her.«

Sie fuhr fort: »Die Reichen schenken ihren Exfrauen oft
Häuser, Schmuck, Autos und all das, weil sie Geld haben. Es
wäre ihrem guten Namen abträglich, wenn sie eine Ehefrau in
schlechten Verhältnissen zurückließen. Manchmal, wenn eine
ältere Ehefrau spürt, daß sie bald von einer Jüngeren verdrängt
werden wird, versucht sie, für ihren Mann ein junges Mädchen
– vielleicht vierzehn oder fünfzehn Jahre alt – zu finden, und
verlangt dann eine bestimmte Geldsumme dafür, daß sie ihm
eine neue Ehefrau verschafft hat.«

»Ach, das ist ja großartig! Ein Tauschgeschäft.«

»Wenn Sie glauben, daß das eine arge Sache ist –«, sagte sie,
»die Frauen aus dem Königshaus bekommen auch Geld von
der Regierung. Meine dreißig Jahre alte Cousine, Sie wissen ja,
bekommt Geld, seit sie fünfzehn ist. Und das ist ein hübsches
Sümmchen, vielleicht sechstausend *Rial* (etwa fünftausend
Mark) im Monat.«

»Von der Regierung?«

»Sehen Sie, man redet nicht gern davon. Ich verstehe es
selbst nicht genau – aber es gibt die *mezanyah,* und das ist eine
monatliche Zahlung der Regierung an die Mitglieder des Königshauses – eine Art Regierungszuwendung.«

»Für jeden, der der Königsfamilie angehört? Es gibt Tausende davon!«

»Ja«, sagte die Prinzessin. »Für die ganze Königsfamilie. Mit
fünfzehn bekommen sie es erstmals, und je älter sie werden,
um so mehr wird es.«

»Hätten Sie ein Anrecht darauf?« fragte ich neugierig.

»Aber natürlich«, sagte sie einfach und strich das Bettzeug
dabei glatt. »Wir, die Sudairis, bekommen genau dasselbe.«

»Und wenn Sie heiraten, bekommen Sie es dann auch noch?«

»Ja, auch dann noch.«

»Stammt das Geld direkt von der Regierung?«

»Ich weiß nicht, ob es direkt von der Regierung ist, aber ich glaube, es stammt vom Geld, das der alten Familie Saud gehört. Niemand weiß, aus wessen Tasche es fließt. Im Grunde gehört die Regierung mit all ihrem Geld ja dem Hause Saud. In gewisser Weise ist die Regierung eine riesige Firmengesellschaft, die sich zur Gänze aus der Königsfamilie zusammensetzt. Sie ist Teil der Saud-Dynastie – des Hauses Saud. Als eine Art Dividende erhält die Königsfamilie jährlich eine bestimmte Summe.«

Sultana redete sich in Eifer.

»Wir alle bekommen es, und das gefällt manchen Leuten nicht. Heutzutage beschwert sich das gewöhnliche Volk: ›Was haben sie geleistet, um dieses Geld zu verdienen – wie erklärt sich das?‹ . . . Sie beklagen sich darüber. Natürlich würde ich auch sagen, daß es nicht gerecht ist. Dieser Meinung bin ich auch, aber wir müssen an die Familie Saud denken, an diejenigen, die mit uns verwandt sind. Sie müssen sich immer noch darauf besinnen, daß wir ihre Verwandten sind, und in der Vergangenheit waren wir ihnen von Nutzen, vor allem in unserer Geschichte. Und es wäre traurig, wenn sie uns jetzt einfach in tristen Verhältnissen leben ließen, vor allem die Frauen, die keine Ehemänner haben . . . Sie haben kein Geld; sie würden von Tür zu Tür wandern und um Hilfe bitten, vor allem die älteren unter ihnen. Und das wäre peinlich für sie und für die Familie. Verstehen Sie?«

Mittlerweile war es wieder spät geworden, und es war Zeit, diese Sitzung zu beenden. Als ich aufstand, warf mir die Prinzessin einen enttäuschten Blick zu.

»Sie gehen schon?«

»Ja, Sie fühlen sich vielleicht besser, aber Sie brauchen immer noch Ruhe. Ich komme morgen bestimmt wieder.«

»Ach«, sagte sie schmollend, »in unserem nächsten Gespräch wäre es ausschließlich um Polygamie und die Königsfamilie gegangen.«

Ich zuckte die Achseln. »Sie brauchen wirklich Ruhe, und es ist schon fast Mitternacht. Gute Nacht, Sultana.«

Sie antwortete nicht, und ich verließ schuldbewußt das Zimmer. Mir fiel auf, daß die Prinzessin bei all ihrer Selbstsicherheit und königlichen Autorität manchmal ein erstaunlich unreifer Mensch war. Ich schrieb ihre kindlichen Ausbrüche der Tatsache zu, daß sie von Erwachsenen verzärtelt und behütet aufgewachsen war. Die gesellschaftlichen Interaktionen, die dazu beitragen, daß man zu gefühlsmäßiger Reife gelangt, waren ihr vorenthalten geblieben. Ihre Stimmungsumschwünge waren zwar irritierend, aber ich konnte sie ohne weiteres verstehen. Wie sollte sich eine saudische Prinzessin denn auch anders benehmen?

Am nächsten Tag besuchte ich Sultana auf meiner Visite und traf sie dabei an, wie sie sich über einen großen, viereckigen Karton beugte und mit Buntstiften wie wild darauf herumkritzelte. Sie war gut gelaunt, und der Zwischenfall, der den gestrigen Abend beeinträchtigt hatte, war vollkommen vergessen.

»Was schreiben Sie denn da?« fragte ich sie.

»Das ist eine Überraschung«, sagte sie und hielt den Karton so, daß ich nicht sehen konnte, was sie tat. »Ich zeige es Ihnen heute abend.«

Als ich abends wiederkam, saß Prinzessin Sultana aufrecht im Bett und überreichte mir das Stück Karton mit großer Geste.

»Danke«, sagte ich und versuchte, auch dankbar zu klingen. Der Karton war über und über mit Namen beschrieben, die miteinander durch Linien verbunden waren.

»Das ist eine Geschichte meiner Familie«, sagte die Prinzessin stolz. »Es ist der Stammbaum der Sudairis.«

Jetzt erst verstand ich den tieferen Sinn des Geschenks und war sehr gerührt. Einige Namen auf dem Karton waren mir unbekannt, aber andere kannte ich, darunter einige der größten im Königreich. Es amüsierte mich, zu sehen, daß sie nur die Männer berücksichtigt hatte, aber plötzlich erkannte ich, daß es praktisch unmöglich gewesen wäre, auch die Frauen mit einzubeziehen, da jeder einzelne Ahne zeit seines Lebens durchschnittlich zehn oder mehr Ehefrauen gehabt hatte.

Sultana begann zu erläutern, wie all die Namen miteinander in Verbindung standen. »Wir aus der Sudairi-Familie stammen alle vom großen Stammesführer Ahmed Sudairi ab, der von verschiedenen Frauen fünfzehn Söhne und elf Töchter hatte. In der nächsten Generation kam es unter den Enkeln und Enkelinnen – die alle Cousins waren – häufig zu Heiraten, so daß unser Stammbaum äußerst kompliziert ist.«

»Das ganz sicher. Man würde einen Computer brauchen, um die Verwandtschaftsverhältnisse heutzutage genau festzustellen.«

»Sie haben noch nicht alles gehört«, sagte die Prinzessin lachend. »Das berühmteste von Ahmed Sudairis Kindern war seine Tochter Hussah bint Sudairi, die König Abdul-Aziz (Ibn Saud) heiratete. Der König liebte sie sehr, aber bedauerlicherweise schenkte sie ihm keine Kinder, und so ließ er sich von ihr scheiden. Dann heiratete der König Hussahs Schwester Sultana. Der Bruder des Königs wiederum heiratete Hussah. Nun wurden die Dinge äußerst verwickelt, weil Hussah kurz nach der Heirat mit dem Bruder des Königs diesem einen Sohn gebar! Der König wollte Hussah unverzüglich zurückhaben, und so wurde sie vom Bruder geschieden und heiratete den König ein zweites Mal. Schließlich gebar sie ihm fünf Töchter und sieben Söhne.«

»Sind das die sogenannten Sudairi-Sieben?«

»Ja. Dazu gehören Kronprinz Fahd, der Verteidigungsminister, Sultan und so weiter.«

»Das ist ja erstaunlich«, sagte ich und schüttelte den Kopf. »Aber was geschah mit Hussahs Schwester Sultana, als der König Hussah zum zweiten Mal heiratete?«

»Nichts, sie blieb seine Ehefrau.«

»Der König war also mit anderen Worten zu gleicher Zeit mit zwei Schwestern verheiratet?«

»Ja, und er war auch noch mit einer ihrer Cousinen verheiratet.«

Während die Prinzessin die Verknüpfungen zwischen den

Sudairis und den anderen Zweigen der Königsfamilie erläuterte, sann ich darüber nach, ob ich eine Frage aufwerfen sollte, die mir schon seit einiger Zeit im Kopf herumging. Vor einigen Wochen hatte mir ein Freund einen Bericht aus einer Londoner Zeitung gesandt, in dem von einer saudischen Prinzessin die Rede war, die wegen Ehebruchs hingerichtet worden war. Ich hatte den Zeitungsausschnitt in der Brieftasche mit mir herumgetragen, aber ich hatte gezögert, ihn der Prinzessin zu zeigen, weil ich ihre Reaktion nicht vorhersehen konnte. Ich hatte jedoch das Gefühl, daß nun der richtige Augenblick gekommen war, um es zu erwähnen.

»Ein Freund von mir hat mir diesen Ausschnitt aus einer Londoner Zeitung geschickt«, sagte ich vorsichtig. »Darin geht es um die Hinrichtung einer jungen Saudi-Prinzessin wegen Ehebruchs. Ich habe mich gefragt, ob Sie sie vielleicht gekannt haben?«

Sultana nahm mir den Zeitungsausschnitt aus der Hand und sah ihn sich mit großem Interesse an, auch das Foto von der Hinrichtung von Prinzessin Mishaal bint Abdul-Aziz, das um alle Welt gegangen ist. Sie machte sich jedoch nicht die Mühe, den Artikel selbst zu lesen.

»Nein, ich kenne dieses Mädchen nicht. Sie entstammt einem Zweig des Hauses Saud, der in Dschidda beheimatet ist, und wir treffen uns nie mit ihnen. Es ist traurig, zu hören, daß sie getötet wurde.«

»Sie meinen, daß Sie davon nichts wußten?« fragte ich voller Überraschung.

»Nein«, erwiderte sie. »Diese Dinge werden geheimgehalten. Manchmal hört man davon, aber in unseren Zeitungen wird nicht darüber berichtet.«

»Sind solche Hinrichtungen etwas Ungewöhnliches, oder kommen sie öfter vor?«

Die Prinzessin zuckte die Achseln. »Jeder weiß, daß solche Dinge vorkommen. Die Frauen werden wegen Ehebruchs üblicherweise vor den Augen der Familie zu Tode gesteinigt, vor allem, damit die anderen Frauen es sehen und es ihnen eine Lehre ist. Ehebruch ist in Saudi-Arabien ein schweres Verbrechen, weil es Schande über die Familie bringt. Die Familienehre ist eine Angelegenheit auf Leben und Tod, besonders bei der Königsfamilie.«

»Aber das war grausam und unmenschlich«, warf ich ein.

»Diese Gesetze wurden vor tausend Jahren niedergeschrieben. Saudi-Arabien kann nicht für immer im siebenten Jahrhundert bleiben!«

Die Prinzessin sah mich mit einem Blick an, der etwas wie Traurigkeit auszudrücken schien. »Niemand kann verstehen, wie wichtig die Religion und die Familie in Saudi-Arabien sind. Sie sind wichtiger als alles andere, sogar als das Leben. Ich habe Ihnen erzählt, daß jeder, selbst der Kronprinz, zu den Familientreffen kommt, egal, ob etwas anderes seine Aufmerksamkeit erfordert. Unser wirtschaftliches und politisches Leben ist nach Verwandtschaftsbeziehungen organisiert. Die Regierung selbst ist auf dem Fundament der Familie aufgebaut. Die Religion und die Familie – das ist alles, was wir haben! Das ist alles, was wir sind!«

Schließlich redete ich mit Prinzessin Sultana eine Weile über sexuelle Wertmaßstäbe in Saudi-Arabien im Vergleich zu denen Amerikas. Die Prinzessin war über die Entdeckung begeistert gewesen, daß die jungen Leute in Amerika oft zusammenleben und daß es die vorherrschende Ansicht ist, »nicht die Katze im Sack zu kaufen«. Aus reiner Neugier fragte ich sie dann, ob sie etwas über die Homosexualität wußte – mit ihrer Reaktion hatte ich allerdings nicht gerechnet.

»Ach, das gibt es massenweise!« sagte sie.

»Massenweise?«

»Es ist so traurig«, sagte sie. »Es kommt hier so häufig vor. Bei Jungen und Mädchen.«

»Auch bei den Mädchen?« platzte ich heraus. Ich war völlig verblüfft, vielleicht wegen meiner eigenen Naivität.

»Ja«, sagte Sultana. »An meiner Schule war es so häufig, daß es mich richtig erschreckte. Die anderen Mädchen versuchten sogar, sich an mich heranzumachen!«

»Wie haben Sie darauf reagiert?«

»Ich habe ihnen gesagt, damit wäre es nichts. Aber ich brachte es ihnen auf nette Art und Weise bei, und wir wurden Freundinnen, auch wenn ich nicht wie sie war.«

»Haben die Mädchen . . . ich meine, haben sie längerfristige Beziehungen?«

»Sie sind eher für Abwechslung.« Sie schmunzelte, weil das alles so schrecklich sündhaft war. »Es ist geradezu faszinierend! Ich könnte Ihnen da unglaubliche Geschichten erzählen.«

Wie alle saudischen Mädchen hatte auch Sultana eine nach Geschlechtern getrennte Schule besucht, und es war nicht verwunderlich, daß ein Element der Homosexualität im Spiel war. Ja, bei dem religiösen Fanatismus, mit dem man darauf bedacht ist, voreheliche heterosexuelle Aktivitäten zu unterbinden, war es wahrscheinlich die einzig mögliche Alternative.

»Meine Schule war schrecklich«, erinnerte sich die Prinzessin angeekelt. »Wir brachten fast die ganze Zeit damit zu, Religion zu lernen, weil sie den Mädchen nichts anderes beibringen wollen. Sie wollen nicht, daß wir irgend etwas über die Männerwelt erfahren. Unser Lehrer war ein blinder Scheich, und er konnte nicht einmal lesen und schreiben! Alles, was er kannte, waren seine Religion und der Koran, und er traktierte uns damit, bis wir davon Sodbrennen bekamen. Wir lernten es einfach auswendig und käuten es wieder. Wir haben ihn gehaßt!«

Daraufhin erzählte ich Sultana von einem Gespräch, das ich mit einem Arzt geführt hatte, einem berühmten ägyptischen Professor, der damals fünfundsiebzig Jahre alt war. Ich hatte diesem vornehmen Herrn gegenüber erwähnt, daß die Lehrer an der Medizinischen Fakultät für Frauen in der Hauptsache Männer im fortgeschrittenen Alter waren und daß ich nicht verstand, warum die Schule die Männer zwang, über den Bildschirm zu unterrichten. Schließlich, so meinte ich, waren die

Lehrer ja lauter alte Männer – was konnte also schon passieren? Er sah mich voll Verachtung an, richtete sich würdevoll auf und sagte in gereiztem Ton: »Es *gibt* keine alten Männer in Saudi-Arabien.«

»Das stimmt«, sagte die Prinzessin, nachdem ich meine Geschichte zu Ende erzählt hatte. »Die Männer würden niemals zugeben, daß sie in sexueller Hinsicht altern. Alle möchten sie Kinder haben, wenn sie achtzig oder noch älter sind. Sie heiraten junge Frauen, wenn sie alt sind, und versuchen es immer wieder. Manchmal mit Erfolg.«

»Mit anderen Worten, man erwartet also von jedem Mann, daß er ein Verlangen nach Frauen hat. Ist das der Grund, weshalb nur blinde Männer die Frauen unterrichten dürfen?«

»Vermutlich«, antwortete sie. »Es ist sonderbar, aber in Saudi-Arabien scheint das einfach normal zu sein. Ich weiß, daß Männer und Frauen in Amerika miteinander auf die Universität gehen, und wenn ich nicht in Saudi-Arabien bin, scheint das ganz natürlich. Aber hier empfindet man es als unrecht, miteinander Umgang zu pflegen – das ist Teil unserer Isolationsstrategie.

Es ist heute nicht einfach, Saudiaraber zu sein«, fuhr sie fort. »Wir wissen nicht genau, wer wir sind. Alle drehen durch! Es ist eine Art von Schizophrenie. Männer und Frauen kommen mit neuen Ideen ins Land – Flugzeug, Radio, Fernsehen ... Vielleicht stellen diese Dinge für sie einen Fortschritt dar, aber sie zerstören unsere Gesellschaft. Wissen Sie, nun, da wir durch von außen kommende Ideen bedroht sind, werden die Wahhabiten strikter denn je. Die Schleier sollen noch dichter und die Ärmel noch länger sein. Abbildungen von Frauen in Zeitungen und Zeitschriften werden mit schwarzer Farbe übermalt. Sie ziehen auch heftig gegen Alkohol zu Felde.«

»Glauben Sie – und glauben die Wahhabiten –, daß sie die Einflüsse aus dem Ausland werden aufhalten können?«

Sie schüttelte resignierend den Kopf. »Ich weiß, daß wir sie nicht aufhalten können, und das ist sehr, sehr traurig. Die jungen Leute hier werden langsam zugrunde gerichtet. Sie ändern sich ganz furchtbar. Das eine, von dem ich Ihnen erzählt habe, ist das Homosexuellenproblem. Ein anderes ist es, daß jedes saudische Mädchen heute davon redet, daß sie einen ›Freund‹ hat. Einen Freund! Wie kann das in Saudi-Arabien geschehen? Nun – immer mehr Menschen ergeben sich dem Rauschgift und dem Alkohol. Es wird in diesem Land sehr viel getrunken, aber es wird geheimgehalten, weil es gegen Gesetz und Religion verstößt.«

Sie schien sich jetzt ganz in sich selbst zurückzuziehen, und ich beschloß, sie mit ihren Gedanken allein zu lassen. Ich stand auf und ging zur Tür. Bevor ich mich verabschiedete, hielt ich kurz inne und sah sie an. Sie war eine mutige, intelligente, schöne Frau – und letzten Endes war sie doch schlecht gerüstet für die Probleme, denen sich ihr Volk gegenübersah. Als eine saudische Prinzessin war sie reich, sehr reich sogar, und doch fühlte sie sich unsicher. Es war schwierig für sie, Vergangenheit und Gegenwart konfliktfrei miteinander zu verbinden, und sie hatte große Angst vor der Zukunft.

Wie die meisten Saudiaraber begann sie allmählich zu begreifen, daß der Gewinn aus dem Öl einen hohen Preis hat. In diesem Augenblick sah sie nicht aus wie ein Mitglied der reichsten und einflußreichsten Familie der Welt. Eher schien sie vor allem ein Opfer zu sein.

»Gute Nacht, Prinzessin«, sagte ich leise.

»Gute Nacht, Dr. Gray«, erwiderte sie und wandte sich zu mir. »Bis morgen?«

10.
Eine höchst ungewöhnliche Hochzeit

Einige Wochen später erhielt ich von meiner inzwischen geheilten Patientin die höchst schmeichelhafte Einladung zu ihrer Vermählung mit Mahmoud Daouk, einem reichen, jungen Mann bürgerlicher Herkunft. Obwohl die Hochzeit, an internationalen Maßstäben gemessen, kein besonderes Ereignis darstellte, erregte sie in Saudi-Arabien, wo es praktisch der nationale Zeitvertreib ist, das Leben der Reichen und der Königsfamilie genau zu verfolgen, großes Interesse. Meinen saudischen Bekannten zufolge war die Hochzeit fast die ganze vorhergehende Woche das Tagesgespräch in Riad. Sogar die Ausländerkolonie – die nicht dafür bekannt ist, daß sie innersaudische Angelegenheiten versteht oder sich sonderlich um sie kümmert – schien zu erfassen, daß an dieser Verbindung zwischen der schönen Saudi-Prinzessin und ihrem steinreichen Verlobten etwas Ungewöhnliches war.

Ich war besonders gespannt, weil ich es mit Sultanas Zustimmung so eingerichtet hatte, daß ich den Frauen von einem verborgenen Plätzchen im Hotel Intercontinental aus zusehen konnte, wie sie Hochzeit feierten. Die Tatsache, daß dies für Männer strengstens verboten war, machte es nur um so verlockender.

Um acht Uhr abends am Hochzeitstag holten mich Sultan und Monsur, die Brüder von Braut und Bräutigam, in einem Mercedes 450 SL ab, um mich dorthin zu bringen, wo die Männer Hochzeit feierten. Die beiden jungen Männer waren etwa siebzehn Jahre alt, groß und schlank, mit heller Haut und pechschwarzen Haaren. Beide gaben sich alle Mühe – allerdings bis dahin mit sichtlich wenig Erfolg –, sich den üblichen Saudi-Schnurrbart wachsen zu lassen.

»Waren Sie schon einmal auf einer saudischen Hochzeit?« fragte Sultan.

»Noch nie«, erwiderte ich.

»Es ist völlig anders als auch nur irgend etwas in den Staaten«, sagte er und lachte. »Sie werden dabei total ausflippen.«

Ich nickte, belustigt über seinen amerikanischen Slang. Wie Sultana hatte auch Sultan seine entscheidenden Jugendjahre in Kalifornien verbracht und schien im Gebrauch des amerikanischen Slang geradezu zu schwelgen.

Sultan, Monsur und ich stiegen in den Mercedes, und die beiden jungen Männer enthüllten bald ein weiteres vertrautes Charaktermerkmal der Saudis: den unwiderstehlichen Drang, mit halsbrecherischer Geschwindigkeit zu fahren und dabei sämtliche Knochen zu riskieren. Nachdem ich aber durch Westbrook und die Taxifahrer von Riad bereits abgehärtet war, war es für mich kein allzu überraschendes Erlebnis mehr.

Während wir die König-Abdul-Aziz-Straße in Richtung Shimasi hinunterrasten, erblickte ich voller Entsetzen eine Viertelliterflasche, die auf dem Bord vor der Windschutzscheibe lag. »Du lieber Gott«, fragte ich mich, »sie werden doch nicht angetrunken sein?«

Ich nahm die Flasche, entstöpselte sie und roch daran. Es war Kölnisch Wasser. Ich stieß einen Seufzer der Erleichterung aus.

Die beiden jungen Männer brachen in Gelächter aus.

»Sie haben geglaubt, es war Whisky«, sagte Monsur vorwurfsvoll.

Ich gestand diesen Verdacht ein und fügte hinzu: »So wie ihr Kerle Auto fahrt, könnte ich jetzt einen Drink gebrauchen.« Sie strahlten, als ob ich ihnen ein großes Kompliment gemacht hätte.

Etwa eine halbe Stunde später trafen wir in einer Oase südwestlich von Riad ein, die Shimasi heißt. Hier, in einem erstaunlich grünen und üppigen Tal, wohnten einige der führenden Leute Saudi-Arabiens. Obwohl das Gelände noch nicht erschlossen war, gab es dort einige luxuriöse Villen und »Paläste«, die von Bäumen, Sträuchern und gepflegten Rasenflächen umgeben waren. Daß das Tal so grün war, war für amerikanische Verhältnisse nichts Besonderes, aber im trockenen Saudi-Arabien war es ein überwältigender Anblick.

»Das ist Prinz Abdullahs Palast«, sagte Monsur und zeigte auf eine palastartige weiße Villa, die im Mondlicht glänzte. Sie war von ausgedehnten, beleuchteten Gärten umgeben, die wir im Vorüberfahren durch die Gitterstäbe der Tore sehen konnten.

»Das Grundstück meines Vaters liegt gleich nebenan«, fügte er mit einem Grinsen hinzu. »Es ist sehr beruhigend, zu wissen, daß man den Oberbefehlshaber der Nationalgarde zum Nachbarn hat.«

»Gleich nebenan« war in Wirklichkeit acht Kilometer weiter, wo wir an einem riesigen Grundstück – fast eine kleine Stadt – anlangten, auf dem sich mehrere kleinere Gebäude und Behausungen befanden, die von einer großen Villa beherrscht wurden. Am Tor zum Grundstück wurden wir von den zwei Vätern des Brautpaares begrüßt. Sultanas Vater, den ich zum Patienten gehabt hatte, begrüßte mich mit einem herzlichen Händedruck und machte mich dann mit Herrn Daouk bekannt. Obwohl die beiden Väter fast gleich alt waren, spürte ich sofort, daß sie verschiedene Kulturen und Denkweisen verkörperten.

Sultanas Vater war aus uraltem königlichem Geblüt, wortgewandt, weltmännisch und intellektuell. Er gehörte zur fortschrittlicheren Partei Saudi-Arabiens und hatte eine westliche Ausbildung genossen. Obwohl er sich im allgemeinen nach den Sitten Saudi-Arabiens richtete, war er jederzeit bereit, ein Auge zuzudrücken. Herr Daouk schien geradewegs aus Saudi-Arabiens Vergangenheit zu kommen. Er war ein Bürgerlicher, klein, korpulent, streng rechtgläubig, traditionell und für die Abschließung Saudi-Arabiens gegenüber dem Ausland. Er trug Sandalen, sprach kein Englisch und schien durch mein Erscheinen auf der Hochzeit entschieden brüskiert. Sultanas Vater führte mich ein, indem er ihm auseinandersetzte, daß ich sein Arzt gewesen war und auch Sultana geholfen hatte, ihre Krankheit vor kurzem zu überwinden. Monsur versuchte gleichfalls, ein gutes Wort für mich einzulegen, aber vergebens. Herr Daouk umklammerte krampfhaft seine Gebetsperlen und gab mir reserviert die Hand. Wahrscheinlich fragte er sich, was zum Teufel ich auf der Hochzeit verloren hatte. Dieser Gedanke ging auch mir durch den Kopf. Es war unmöglich, innerhalb weniger Minuten eine Kluft von tausend Jahren zu überbrücken.

Ich war befangen, als ich nun mit Monsur das Familiengrundstück betrat. Eine Fläche, die größer war als ein Fußballfeld, war dort für das Hochzeitsfest reserviert. Bunte Glühbirnen waren in alle Richtungen gespannt, und die riesengroßen Lastautos und Maschinenanlagen, die bei den Bohrarbeiten der Daouks verwendet wurden, säumten beide Seiten des Feldes. Obgleich das Gelände nicht sehr reizvoll war, war es doch ungeheuer beeindruckend. Ich fragte mich, ob die Zurschaustellung komplizierter Maschinen einen bewußten Versuch darstellte, mit dem Reichtum der Familie zu protzen.

Etwa hundert große, farbenprächtige Orientteppiche lagen auf dem harten Boden. In der Mitte des Feldes hatte man Stühle in Form eines großen Rechtecks auf die Teppiche gestellt. Es gab zwei Arten von Stühlen: einfache Sessel für das Volk und große, gepolsterte Sessel, die am oberen und unteren Ende des Rechtecks standen, für die Königsfamilie. Langsam begannen die Leute einzutreffen und ihre Freunde mit Händeschütteln zu begrüßen. Monsur und Sultan informierten mich kurz über die verschiedenen Mitglieder des Königshauses. Ich hatte gelernt, sie am Goldbesatz an ihren Umhängen und natürlich an ihren westlichen Schuhen zu erkennen.

Etwa eine halbe Stunde lang beobachtete ich die Leute um mich herum und wartete darauf, daß das Hochzeitsfest anfing. Rasch füllten sich die Stühle. Die Gäste saßen oder standen grüppchenweise herum, während Diener in langen Gewändern sich anmutig unter ihnen bewegten und Kardamomkaffee servierten. Die Männer saßen und unterhielten sich oder spazierten auf den Teppichen herum, Bekannte und Verwandte begrüßend. Allmählich dämmerte mir, daß das Hochzeitsfest bereits begonnen hatte. Offensichtlich war dies die Art und Weise, wie die Saudis ein derartiges Ereignis feierten. Ich allerdings kam mir überflüssig vor und langweilte mich.

Zum Glück erspähte ich zwei Ärzte aus dem Krankenhaus und ging erfreut zu ihnen hinüber, um sie zu begrüßen. Der eine war ein amerikanischer Gynäkologe. Er erzählte mir, daß er vielen saudischen Frauen die Antibabypille verschrieben hatte und daß die gebildeteren Frauen Saudi-Arabiens sie auch nahmen, aber niemals die Beduinenfrauen oder die streng rechtgläubigen Frauen. Der andere Arzt war ein ägyptischer Chirurg, ein alter Freund der Familie Daouk. Unser Gastgeber, sagte er, sei ein ungeheuer reicher Mann, der sich emporgearbeitet hatte, aber keine Ahnung hatte, was er mit all seinem Geld anfangen sollte.

»Er ist zu dick und trinkt in Anbetracht seiner Diabetes gelegentlich zu viel«, behauptete der ägyptische Arzt, der gleichfalls dick war und so aussah, als ob er auch zu viel trank.

»Der Doktor ist ein Zechgenosse meines Vaters«, teilte mir Monsur vertraulich mit, während wir wieder davonspazierten. »Heute nacht werden sie sich wahrscheinlich miteinander betrinken, nachdem alle gegangen sind.«

»Das ist ihr gutes Recht«, sagte ich. »Ich kann immer noch nicht glauben, daß niemand auf einer Hochzeit Alkohol trinkt, noch dazu auf einer Hochzeit, an der nur Männer teilnehmen.«

»Es verstößt gegen unsere Religion«, sagte Monsur in ernsthaftem Ton. Ich warf ihm einen Blick zu, um zu sehen, ob er es im Spaß sagte, aber es war ihm bitterernst damit. Wie die meisten Saudis fand er nichts Merkwürdiges oder Widersprüchliches daran, zuerst ein »trockenes« Hochzeitsfest zu feiern und sich dann zu betrinken, wenn alle Gäste nach Hause gegangen waren.

Beim ziellosen Umherschlendern stießen wir drei auf die Hochzeitstafel, die am Rand des Feldes vorbereitet war. Weiße Tischtücher waren entlang der ganzen Länge und Breite des Feldes auf die Teppiche gelegt worden. Diener waren damit beschäftigt, Schalen mit Orangen, Äpfeln, Bananen, Weintrauben und Datteln zu arrangieren. Es gab weder Messer noch Gabeln und keine Salz- und Pfefferstreuer. Mir fiel ein, daß die Saudis ihr Essen, wenn es einmal zubereitet ist, nie salzen oder pfeffern und statt dessen Zitronellen- oder Zitronensaft beigeben. Mit Salz und Pfeffer gehen sie beim Kochen sparsam um und würzen ihr Essen mit Tomaten, Rosinen, Orangenschale oder Karotten.

Laut Monsur war man noch bei der Vorbereitung des Hauptgangs – der sogenannten *kabsa*. Monsur beschrieb sie als Lamm auf Reis, ringsherum Hühnchenstücke, Tomaten, Zwiebeln und Karotten, garniert mit Rosinen und Mandeln und mit einem Rand aus hartgekochten Eiern. Es hörte sich köstlich an, und mein knurrender Magen ließ mich daran denken, wie spät die Saudis üblicherweise zu Abend essen.

Endlich war es soweit. Plötzlich, wie vom Instinkt getrieben, bewegte sich die festliche Menge auf die Hochzeitstafel zu. Ruhig nahmen die Saudis ihre Plätze ein, wobei sie entweder hockten oder mit überkreuzten Beinen und untergeschlagenen Füßen auf den Teppichen saßen. Zu meiner großen Verwunderung hörte ich während dieses ganzen Vorgangs nicht ein einziges Mal eine Kniescheibe knacken. Einige derer, die neben mir in bequemer Stellung auf dem Boden hockten, waren schon um die Siebzig oder Achtzig, aber ihre Glieder waren viel elastischer als meine.

Da ich sie um ihre Geschmeidigkeit beneidete, versuchte ich, beide Stellungen nachzuahmen, zum großen Ergötzen Sultans

und Monsurs. Die Hockstellung stellte sich als absolut frucht-
loses Unterfangen heraus: Ich brachte es einfach nicht fertig,
mich auf meine Schenkel niederzulassen und in dieser Stellung
zu verharren. Mit überkreuzten Beinen zu sitzen erwies sich
gleichfalls als unbequem. Zuerst konnte ich meine Beine nicht
unterschlagen, doch als ich dies mit Hilfe meiner Freunde – jeder an einer Seite – geschafft hatte, kribbelte es in beiden Beinen, und sie wurden gefühllos. Schließlich gelangte ich zu einem Kompromiß, indem ich mich nach altrömischer Art
seitlich hinstreckte und auf einen Ellbogen stützte.

Als alle versammelt waren, begann ein Konvoi von kleinen
Lastwagen zwischen dem Hauptgebäude, das in einiger Entfernung lag, und der Tafel hin- und herzufahren. Diener brachten
riesige Servierbretter mit dampfender heißer *kabsa* und stellten
sie vor uns auf den Boden. Die Gäste begannen, sich mit den
Händen von diesen Servierbrettern zu bedienen. Sie aßen mä-
ßig, langsam, gelassen und bedächtig, während sie sich in gedämpftem Ton miteinander unterhielten. Sie griffen nach dem
Essen, wobei sie immer die rechte Hand gebrauchten, und nahmen sich ein Stück vom Lamm oder von einem Hühnchen.
Manchmal rollten sie den Reis in der Handfläche zu einem
Bällchen und aßen ihn so. Jedes Tablett war so angeordnet, daß
vier Leute bequem davon essen konnten, zwei auf jeder Seite.
Die Saudis nagten nie die Knochen ab, sondern verwendeten
dazu geschickt die Finger. Das Lamm war zäh, aber schmack-
haft, und das Hühnchen ein Gedicht. Der Reis klebte ein wenig, vielleicht weil er zu lange gekocht worden war. Der Nachtisch bestand aus frischem Obst und einer Art Pudding mit
Früchten. Die Datteln waren besonders süß und saftig und ein
perfekter Abschluß eines höchst zufriedenstellenden Mahls.
Ich war froh, daß niemand über meine ausgestreckten Beine
gestolpert war.

»Wie gefällt es Ihnen bisher?« fragte Sultan, als wir mit dem
Essen fertig waren.

»Es ist faszinierend«, antwortete ich. »Ich war in meinem Leben schon auf vielen Hochzeiten, aber nie auf einer ohne eine einzige Frau. Das ist eine neue Erfahrung.«

»Es wird besser«, sagte Sultan mit einem Lächeln.

Aus der Entfernung vernahm ich Trommelschläge.

»Kommen Sie«, sagte Monsur. »Sie beginnen mit dem Tanz.« Wir gingen zu dritt quer über das Feld. Unterwegs blieben die Burschen stehen, um Bekannte und Familienmitglieder zu begrüßen. Plötzlich tauchte Mahmoud auf und kam auf mich zu, um mir die Hand zu schütteln. Er lächelte, sah aber nervös aus.

»Gefällt es Ihnen auf der Hochzeit?« fragte er höflich.

»Sie ist einmalig«, erwiderte ich. »Halten Sie die Einladung, die Feier der Frauen zu sehen, immer noch aufrecht?«

»Sicher«, sagte er. »Ich fahre am späteren Abend weg. Sultan und Monsur werden Sie in den Plan einweihen.«

Mahmoud wurde unter einer Lawine von Gratulanten begraben, und Sultan, Monsur und ich spazierten weiter in Richtung der Trommeln. Dort, unter Girlanden von bunten Glühbirnen, war eine große Fläche mit eindrucksvollen blau-goldenen Teppichen ausgelegt. Wir sahen zwei Reihen von Männern, die einander in einer Entfernung von etwa sieben Metern gegenüberstanden.

Die Männer in der einen Reihe hatten sich runde, farbenprächtige Trommeln an Schnüren um den Hals gehängt. Den Trommlern gegenüber stand die zweite Reihe von Männern, die Sänger. Jeder Sänger hielt einen langen Stab, der einen Speer darstellte, in einer Hand oder trug ein langes, bedrohlich aussehendes Schwert. In einer eintönigen Molltonart erzählten sie vom Glanz des Beduinenlebens und vergangener Schlachten. Zum Rhythmus der Trommeln trugen sie in einem monotonen Singsang die vielen Geschichten und Parabeln vor, die von Generation zu Generation mündlich weitergegeben werden – die herkömmliche Art der Geschichtsschreibung in einer des Lesens und Schreibens unkundigen Gesellschaft. Manche dieser Geschichten waren tausend Jahre alt, die meisten nie schriftlich aufgezeichnet.

Zuerst standen die Sänger in Reih und Glied den Trommlern gegenüber. Dann begannen sie zu ihrem Gesang zu tanzen, einer oder auch zwei gleichzeitig. Eigentlich stolzierten sie nur herum, wie es ihnen in den Sinn kam, wobei ihre langen *thoben* im Wind flatterten. Einige hielten während des Tanzens eine Art bunter Pompons aus Federn in der Hand. Dann beteiligten sich auch einige der Trommler am Tanz und schließlich der Bräutigam und die Hochzeitsgäste, die ohne erkenntliche Tanzschritte oder Technik herumsprangen und einfach auf- und niederhüpften, um der beduinischen Lebensfreude Ausdruck zu verleihen. Alle improvisierten. Jeder konnte das. Natürlich mischten auch Sultan, Monsur und ich uns unter die Gruppe, und von der allgemeinen Erregung ergriffen, tanzten wir wild und hemmungslos, obwohl keiner von uns wußte, was er tat.

Der Tanz hatte keinen Anfang und kein Ende. Er schien endlos weiterzugehen. Die Leute hörten einfach auf, wenn sie erschöpft waren. Die Erregung begann nachzulassen. Die Sänger gaben nacheinander auf, und den Trommlern schwanden allmählich die Kräfte. Der Tanz endete nicht; er sank in sich zusammen. Dann breitete sich über allem wieder Schweigen aus. Die Gäste gingen zu ihren Plätzen zurück und begannen sich wie zuvor miteinander zu unterhalten. Irgendwie empfand ich diesen Ausklang als enttäuschend, als Antiklimax. Meine Freunde versicherten mir jedoch, daß das Tanzen bis Sonnenaufgang weitergehen würde.

Das Schweigen wurde durch ein vertrauteres Geräusch unterbrochen, das von der anderen Seite des Feldes kam. Es war eine Mischung aus Rock 'n Roll und Bauchtanzmusik. Wir gingen hinüber, um nachzusehen. Etwa hundert Männer in Hosen im westlichen Stil, in Bluejeans und farbenprächtigen Hemden waren dort versammelt. Sie gehörten zu den Arbeitskräften, die von unserem Gastgeber für seine Wasserbohrarbeiten ins Land geholt worden waren. Die meisten von ihnen waren aus dem Libanon; auch einige Palästinenser waren darunter.

Sie hockten oder saßen mit überkreuzten Beinen in einem

großen Kreis auf den riesigen Orientteppichen. Ein Mann hatte eine Gitarre. Die anderen klatschten zum Rhythmus der Gitarre in die Hände, während zwei Männer inmitten des Kreises einen großartigen Bauchtanz vollführten. Jeder wurde vom Rhythmus mitgerissen. Das Klatschen wurde immer lauter, der Tanz immer ausgelassener. Die jungen Männer wechselten sich beim Bauchtanzen ab, wobei jeder versuchte, den anderen auszustechen. Was für ein Anblick!

Die Saudis sahen neugierig und zurückhaltend zu. Sie beteiligten sich nicht am Händeklatschen. Diese Art von Tanz wird in Saudi-Arabien als unsittlich angesehen und ist verboten. Innerhalb weniger Minuten stellten sich die Sänger und die Trommler wieder der Reihe nach auf, und das Tanzen der Saudis begann von neuem, im Wettstreit mit den Libanesen auf der anderen Seite des Feldes.

Nach einer Weile ging ich mit Sultan und Monsur zum Hauptgebäude des Daouk-Grundstücks. Es war eine riesige, von wunderhübschen Gärten, gepflegten Rasenflächen und schlanken Palmen voller Datteln umgebene Villa. Der Swimmingpool lag auf einem gesonderten, eingezäunten Grundstück. In der Nähe stand eine Anzahl von kleineren Häusern für die Diener.

»Bald wird Mahmoud zum Intercontinental fahren, um Sultana zu holen«, verkündete Monsur. »Er ist schon sehr nervös – er ist nicht gern allein in Gesellschaft aller dieser Frauen.«

»Sind die Frauen denn nicht hauptsächlich Familienmitglieder?«

»Sicher«, sagte Monsur, »viele von ihnen sind Verwandte. Aber er wird trotzdem der einzige Mann unter dreihundert Frauen sein.«

»Was ist mit mir geplant?« fragte ich. »Wie komme ich zum Hotel?«

Daraufhin eröffneten Monsur und Sultan mir den Plan. Um Mitternacht würden sich die Verwandten und Bekannten um Mahmoud scharen, ihm die Hand schütteln und alles Gute wünschen. Das würde das Zeichen für seinen Aufbruch sein. Dann würden Mahmoud und sein Vater in einem Wagen und Sultan und der Brautvater in einem zweiten zum Hotel Intercontinental fahren. Unterdessen würden Monsur und ich schon unterwegs sein.

»Wir sollten vor den anderen wegfahren«, riet Monsur, »damit Sie bei der Feier der Frauen zusehen können. Mein Vater weiß nichts von Ihrem kleinen Abenteuer – er wäre sehr wütend, wenn er davon erführe. Es ist auch sehr wichtig, daß die Frauen Sie nicht sehen. Wenn sie Sie im Intercontinental dabei erwischen, daß Sie beim Fest der Frauen zugucken, sitzen wir alle miteinander in der Tinte, einschließlich Sultana. Haben Sie alle Vorkehrungen getroffen?«

»Ja«, sagte ich. »Das erkläre ich Ihnen später.«

»Gut«, erwiderte er. »Vergessen Sie nicht, daß das, was Sie tun, in unserer Gesellschaft streng verboten ist.« Die Sätze »Es ist verboten« und »Es ist so Sitte« schienen in ständiger Verwendung zu sein.

Ich versicherte ihm, daß sowohl Sultana als auch ihr Vater damit einverstanden waren und daß auch Mahmoud eingeweiht war.

Kurz darauf begannen die Männer sich um den Bräutigam zu scharen, und ich wußte, daß es Zeit war, wegzufahren. Auf dem Weg zum Hotel umriß ich kurz meinen Plan, wie ich die Feier der Frauen beobachten wollte. Ein Patient, mit dem ich mich angefreundet hatte, war zufälligerweise Ober im Intercontinental. Er hatte versprochen, mir ein gutes Versteck zu zeigen, von dem aus ich nicht zu sehen war und das mir doch einen ausgezeichneten Überblick erlauben würde.

»*Inshallah*«, sagte Monsur, als wir am Hotel ankamen. »Viel Glück, und verwenden Sie von Ihrem Versteck aus um Himmels willen kein Blitzlicht!«

»Versprochen«, erwiderte ich und fühlte mich nicht ganz wohl bei dem ganzen Unternehmen. »Wir treffen uns hinterher in der Hotelhalle!«

Im Hotel wartete mein Freund Hussein, der Ober, bereits auf mich. Er führte mich durch den Dienstboteneingang und über eine Hintertreppe zu einem kleinen Balkon, der Aussicht auf den Ballsaal gewährte.

»Da sind wir«, flüsterte er. »Wenn Sie sich hinter diese Vorhänge stellen, kann man Sie nicht sehen, aber seien Sie sehr vorsichtig.« Mit einem Lächeln verschwand er darauf leise auf der Treppe.

Von meinem Versteck hinter dem Vorhang blickte ich auf die Szene, die sich unter mir abspielte und die eigenartig, wundersam und fremdartig anmutete. Sie beschwor eine Phantasievorstellung aus Tausendundeiner Nacht herauf: Hunderte von hochgewachsenen, eleganten Frauen, in prachtvolle Gewänder aus glänzenden, bunten Seiden- und Satinstoffen gekleidet. Da keine Männer anwesend waren, waren die Frauen unverschleiert, und ihre geballte Schönheit nahm mir den Atem. An ihren anmutig geschwungenen Hälsen und schlanken Handgelenken glitzerten kostbare Juwelen. Smaragde, Rubine und Diamanten schienen unter den funkelnden Kristalleuchtern des großen Ballsaals geradezu Feuer zu fangen.

Obwohl ich zunächst einen Eindruck von großer Eleganz hatte, merkte ich bald, daß die Atmosphäre entspannt und ungezwungen war, ähnlich wie auf dem anderen Hochzeitsfest, an dem nur die Männer beteiligt gewesen waren. Die meisten Frauen saßen oder standen grüppchenweise herum und sprachen leise miteinander. Einige wenige Frauen tanzten entweder allein oder zu zweit. Auf einer erhöhten Plattform an der Vorderseite des Saales saß eine Gruppe junger Frauen im Halbkreis und spielte auf verschiedenen Instrumenten. Sultana war nirgends zu sehen.

Auf der Rückseite des Saales saß eine Gruppe dicht verschleierter Zuschauerinnen, ganz in Schwarz gehüllt und wie *Ghouls* aussehend. Es waren die *mutfarradschin*, Zuschauerinnen, die ohne Einladung auf Hochzeitsfesten erscheinen. Für gewöhnlich sind es arme Frauen, die eine Art Ersatzbefriedigung darin finden, bei einer vornehmen Feier wie dieser dabeizusein. Nach saudischer Sitte ist es diesen Frauen gestattet, an einer Hochzeit teilzunehmen, vorausgesetzt, sie bleiben verschleiert.

Ein paar Minuten später trat Sultana durch eine kleine Seitentür. Sie trug ein weißes, perlenbesticktes Pariser Abendkleid und einen weißen Schleier, der mit einem Diamantendiadem befestigt war. Während sie in Begleitung ihrer Stiefmutter und mehrerer anderer Frauen aus beiden Familien langsam auf die Plattform zuging, begann eine Trommel zu schlagen. Gleichzeitig setzten die Frauen an der Seite der Braut zu einem hohen, mißtönenden Trillern an, das dadurch zustande kam, daß die Zunge schnell über dem Gaumen hin- und herbewegt wurde; dazu stießen sie schrille Schreie aus. Dieses Ritual nennt sich *zeffa* und geht auf mittelalterliche Umzüge zurück, die böse Geister abwehren sollten.

Während Sultana sich in ihrem prächtigen langen Kleid, auf dem Perlen glitzerten, dem Podium näherte, dachte ich an die Stunden, die wir im Krankenhaus im Gespräch miteinander verbracht hatten und wo sie nicht von all diesem Glanz umgeben gewesen war. Da war sie in einem schlichten Krankenhausnachthemd dagesessen und hatte mir geschildert, wie traurig es war, daß die Frauen nur in der Vorfreude auf diese Partys lebten, wo sie vor den anderen mit ihrem Schmuck angeben und Klatsch austauschen konnten. Nun, da sie zu einem der zwei thronartigen Sessel auf dem Podium geleitet wurde, verpflichtete sie sich zu genau dieser Art von Leben. Von nun an würde sie auf Ereignisse wie dieses warten, wo die Frauen die Gelegenheit zu den wenigen Stunden der Geselligkeit ergriffen, die ihnen erlaubt waren. Das war ihre Zukunft. Sie hatte sich dafür entschieden, wie eine saudiarabische Prinzessin zu leben.

Bald darauf betraten Mahmoud und sein Vater den Ballsaal und gingen mit langsamen, feierlichen Schritten auf das Podium zu. Schließlich stand der Bräutigam vor seiner Braut. Behutsam streckte er die Hand aus und hob ihren Schleier ganz langsam und mit Bedacht. Dieser Vorgang hatte etwas ausgesprochen Sinnliches an sich. Einst war das wahrscheinlich der Augenblick gewesen, als der Bräutigam das Gesicht seiner Braut zum ersten Mal erblickte. Sultana sah ihn einen Augenblick ausdruckslos an, und dann verzog sich ihr Gesicht zu einem breiten Lächeln. Die ganze Gesellschaft lachte und applaudierte.

Gemäß der traditionellen Hochzeitszeremonie warf Mahmoud fäustchenweise kleine Goldmünzen unter die Gäste, um damit seiner Freude Ausdruck zu verleihen. Nach einer kurzen, aber wilden Balgerei um die Münzen kamen die Frauen zum Podium, um dem Brautpaar zu gratulieren. Plötzlich erschienen Monsur und Sultan im Saal, und die Frauen brachen in ein lautes, warnendes Gekreische aus. Zum Spaß begannen sie sie mit Goldmünzen und Bonbons zu bewerfen, was als Sinnbild für das Steinewerfen gelten sollte, um die Männer zu vertreiben und ihre Tugend zu verteidigen. In gespieltem Entsetzen traten die Burschen den Rückzug an, und nachdem sie die »Steine« aufgesammelt hatten, rannten sie aus dem Ballsaal.

Mahmoud und Sultana saßen noch ein paar Minuten auf dem Podium, und nachdem sie die Glückwünsche der Gäste entgegengenommen hatten, standen sie auf, um zu gehen. Ich gab meine verborgene Aussichtswarte auf und stürzte die Hintertreppe zur Hotelhalle hinunter, wo ich Monsur und Sultan dabei antraf, wie sie glücklich und zufrieden ihre Bonbons aßen und ihre Goldmünzen zählten. Ich verabschiedete mich von Sultan, und dann fuhren Monsur und ich zurück zu den Daouks.

Dort dauerte das Fest der Männer bis in die Nacht hinein an, obwohl die meisten Gäste schon gegangen waren. Die Trommler und Sänger waren immer noch am Werk, und der harte Kern der Tänzer schien willens, bis zum Sonnenaufgang zu bleiben. Das Bauchtanzen auf der libanesischen Seite des Feldes war gleichfalls immer noch mit genausoviel Begeisterung wie zuvor im Gange.

Nach einer Weile steuerte mich Monsur zum »Flitterwochen-häuschen« hin, in dem das junge Paar die ersten Tage verbringen würde. Dort wurde ich von der Dienerin begrüßt, die mit Sultana im Krankenhaus gewesen war. Sie lächelte mir, mich wiedererkennend, zu und geleitete mich ins Wohnzimmer. Sultana und Mahmoud saßen eng nebeneinander auf einer langen Couch und sahen erschöpft, aber glücklich aus. Was mich erstaunte, war die Art und Weise, wie Mahmoud von seiner Braut Besitz ergriffen hatte. Er hatte seinen Arm um Sultanas Schulter gelegt, wie um zu sagen: »Jetzt gehört sie mir.« Eine so direkte Demonstration der Zuneigung wurde von der Saudi-Gesellschaft mit äußerstem Mißfallen betrachtet, insbesondere vor anderen Leuten. Sie sahen in mir zweifelsohne einen ganz besonderen Freund.

Mahmoud fragte, ob ich etwas zu trinken wolle. Ich hoffte auf Champagner, mußte mich aber zwischen Fruchtsaft und Kaffee entscheiden. Ich nahm den Fruchtsaft und hörte zu, wie Sultana lachend vom Hochzeitsfest erzählte. Obwohl sie eindeutig in ausgelassener Stimmung war, war ihr Gesprächston eigenartig zurückhaltend, als ob sie sich in Gegenwart ihres Ehemannes gehemmt fühle. Mir kam der Gedanke, daß Mahmoud vielleicht nie die Seite an ihr kennenlernen würde, die zu schätzen ich gelernt hatte: Sultana, die heranreifende Frau, die sich so offen und unbefangen gegeben hatte, war nun verschwunden.

11.
Sexualität
als Tradition

In ihrem Hunger nach Sex sind die Saudis unersättlich. Nach der Eröffnung des Krankenhauses wurden wir von einer Welle von Saudis überschwemmt, die über »Impotenz« klagten. Dieser Zustand konnte nicht auf fortgeschrittenes Alter zurückgeführt werden, da die meisten von ihnen zwischen dreißig und fünfzig Jahren alt waren und sich ansonsten bester Gesundheit zu erfreuen schienen. Als die Beschwerden begannen, sich zu einer Epidemie auszuwachsen, wertete die Urogenitalklinik alle ihre Unterlagen aus und fand heraus, daß die Saudis sich für impotent hielten, wenn sie nicht öfter als zwei- oder dreimal täglich Geschlechtsverkehr haben konnten. Danach wurden alle Einweisungen in die Klinik aufgrund von »Impotenz« stark eingeschränkt.

»Ich hoffe, daß ich mit fünfzig auch dermaßen ›impotent‹ bin«, sagte der Urologe voll Inbrunst. Er war Amerikaner.

Bald sollten wir erfahren, daß man sich in Saudi-Arabien in jedem Alter der Sexualität hingibt. Das ist ein Teil der saudischen Tradition. König Abdul-Aziz, der Begründer des modernen Saudi-Arabien, heiratete mit fünfzehn Jahren das erste Mal, und aus verläßlicher Quelle ist bekannt, daß er im Lauf seines Lebens annähernd dreihundert Frauen ehelichte – doch nie mehr als vier zu gleicher Zeit. In dieser Zahl sind die unzähligen Konkubinen und Sklavinnen nicht berücksichtigt, mit denen er verkehrte. Schriftlichen Aufzeichnungen zufolge hat

König Abdul-Aziz im Jahre 1930 dem englischen Forscher Harry St. John Philby anvertraut, daß er mit 135 Jungfrauen und über hundert anderen Frauen verheiratet gewesen sei, jedoch beschlossen habe, sich in Zukunft auf zwei neue Frauen pro Jahr zu beschränken. Er lebte noch weitere fünfundzwanzig Jahre, womit die Gesamtanzahl sich auf fast dreihundert belaufen würde, vorausgesetzt, er konnte sich auch an diejenigen erinnern, mit denen er nur wenige Tage verheiratet war und bei denen er sich nicht die Mühe gemacht hatte, ihnen den Schleier vom Gesicht zu ziehen.

Im Lauf der Zeit wurde mir klar, daß viele saudische Männer geradezu sexbesessen waren. Ein General, der Probleme mit dem Alkohol hatte, versuchte, mir das zu erklären. Er war ein gutaussehender Mann von etwas über vierzig Jahren, der in England eine Militärakademie besucht und später eine Saudi geheiratet hatte. Sie war seine einzige Ehefrau. Sie hatten vier Kinder. Der General wurde mit Krämpfen ins Krankenhaus eingewiesen, die durch den abrupten Entzug von Alkohol nach seiner Rückkehr von einer Englandreise hervorgerufen worden waren. Während er sich langsam davon erholte, sprach er ausführlich über seine Probleme – nämlich Sex und Alkohol. Er führte die meisten seiner Schwierigkeiten auf seine übertriebene Beschäftigung mit Sex zurück.

»Wie erklären Sie sich das?« fragte ich.

»Die Trennung der Geschlechter in diesem Land, das Verschleiern der Frauen und der sehr eingeschränkte Kontakt zwischen Männern und Frauen während meiner Kindheit und Jugend hat Sex zu einem unwiderstehlichen Drang werden lassen«, sagte er. »Da Sex, soweit ich mich zurückerinnern kann, immer tabu war, hat dies geradezu zu einer Fixierung auf dieses Thema geführt.«

»Und wie steht es mit den Frauen? Welche Rolle spielen sie im Rahmen dieser Sexualmoral?« fragte ich.

Der General sagte zu mir, daß die Trennung der Geschlechter auf der Vorstellung gründe, daß die saudischen Frauen sexuellen Versuchungen nicht widerstehen können und automatisch dem Werben jedes x-beliebigen, sinnlich gestimmten saudischen Mannes erliegen. »Wir sind alle äußerst sinnlich«, sagte er, »aber die Lust einer Frau ist größer als die eines Mannes.«

Das war eine typisch saudische Behauptung, die ich schon öfter gehört hatte. »Es wird als selbstverständlich angenommen«, fügte er hinzu, »daß eine Frau ein Sexsymbol ist und daß ein Saudi und eine Saudi, die miteinander allein sind, Geschlechtsverkehr haben werden, auch wenn sie einander nicht kennen. Schon der Anblick einer Frau wird einen Mann sexuell erregen.«

»Sie glauben also, daß diese unbezähmbare Sexualität der Grund für die Trennung der Geschlechter in diesem Land ist?« fragte ich, um mich zu vergewissern, ob ich recht gehört hatte. »Gerade eben sagten Sie, daß die Trennung der Geschlechter zu dieser Fixierung geführt hat.«

»Ja«, sagte der General und nickte bedeutungsvoll, »aber die Heilung ist wahrscheinlich schlimmer als die Krankheit.«

»Wie meinen Sie das?« fragte ich.

Der General sagte mir, daß er seinen sexuellen Trieb nur dadurch befriedigen konnte, daß er mit Ausländerinnen, die in Saudi-Arabien arbeiteten, Sex hatte, wie zum Beispiel mit Stewardessen oder Krankenschwestern und medizinisch-technischen Assistentinnen, vorzugsweise Nichtmohammedanerinnen.

»Echte Prostituierte gibt es bei uns nicht«, sagte er, »aber für gewöhnlich machen wir den Ausländerinnen teure Geschenke, und es kostet viel Zeit und Mühe, sie zu verführen. Ich ziehe es vor, nach England zu reisen. Das ist viel einfacher. Aber diesmal habe ich zuviel getrunken und bin hier im Krankenhaus gelandet.«

»Haben Sie je mit einer Saudi geschlafen – abgesehen von Ihrer Ehefrau?« fragte ich.

»Noch nie«, erwiderte er. »Das wäre zu gefährlich, weil ich

ein bekannter Mann bin und es Schande über ihre Familie bringen und sie selbst sogar das Leben kosten könnte, wenn man es herausfindet. Einige meiner Freunde aber gehen das Risiko ein und schlafen mit saudischen Frauen, für gewöhnlich mit geschiedenen.«

Ich versuchte, ihm einen hilfreichen Tip zu geben. »Da Sie so starke sexuelle Gelüste haben, warum heiraten Sie dann nicht noch zwei oder drei weitere Frauen?« schlug ich vor.

»Das ist zu teuer und bringt zu viele Unannehmlichkeiten mit sich«, sagte er. »Außerdem liebe ich meine Frau und meine Kinder.« Er zeigte mir Fotos von ihnen. »Ich stehe unter dem Zwang, mit vielen verschiedenen Frauen sexuell zu verkehren. Manchmal gehe ich nachts auf und ab und stelle es mir vor.«

Dann sagte er mir, daß der Islam zugibt, daß ein Mann polygam ist und daß lebenslange sexuelle Treue zu einer Frau gegen die menschliche Natur ist. Wenn ein Mann heiratet, erwartet man nicht, daß er seiner Frau treu ist. Selbst wenn er vier Ehefrauen hat, darf er immer noch sexuelle Beziehungen zu Konkubinen, Prostituierten oder unverheirateten Frauen unterhalten. »Ich habe meiner Frau gesagt, daß ich in England mit Frauen Sex hatte, daß ich aber nur sie liebe«, sagte er. »Sie war unglücklich darüber, versuchte jedoch, mich zu verstehen.«

»Aber Herr General«, sagte ich, »Sie haben mir doch gesagt, daß saudische Frauen noch sinnlicher sind als die Männer. Warum dürfen sie dann nicht auch Liebesaffären haben?«

»Eine Saudi«, antwortete der General gereizt, »muß bei ihrer Heirat Jungfrau sein und ihrem Ehemann treu bleiben. Die Ehre ihrer Familie steht auf dem Spiel. Die ärgste Sünde, die sie begehen kann, ist, einem anderen als ihrem Ehemann zu gestatten, sie sexuell zu besitzen. Im Fall der Frau ist Ehebruch ein Verbrechen. Wenn sie einen Liebhaber will, dann muß sie von ihrem Ehemann die Scheidung verlangen. Die christliche Welt versteht nicht, daß die mohammedanischen Gesetze Polygamie gestatten und Ehebruch streng bestrafen. Die mohammedanische Welt begreift weder eure gesetzlich erzwungene

Monogamie noch eure allzu freizügige Einstellung zum Ehebruch.«

»Ihr mögt vielleicht unsere liberale Einstellung zum Ehebruch nicht verstehen«, sagte ich, »aber ihr zieht zweifellos eure Vorteile daraus.«

Der General lachte. »Viele von uns werden mit der Zeit zu gespaltenen Persönlichkeiten«, sagte er. »Innerhalb der strengen Gesellschaft bei uns zu Hause führen wir ein vorbildliches und enthaltsames Leben, bis wir es nicht mehr aushalten. Dann reisen wir nach England und in die Vereinigten Staaten, wo wir uns betrinken und alle Frauen haben können, die wir wollen. Manchmal dauern die Orgien monatelang.«

»Ja, ich weiß«, sagte ich und erinnerte mich dabei an die bordellartige Szene, auf die ich zufällig während des Besuchs von König Saud in Boston vor einigen Jahren gestoßen war. »Und viele von euch enden im Krankenhaus und müssen sich davon erholen.«

Der General blickte versonnen aus dem Fenster in die Ferne. »Es hat sich gelohnt«, sagte er leise.

Es schien die saudischen Verwaltungsbeamten nicht sonderlich zu stören, wenn eine Nichtmohammedanerin in einen Ehebruch verwickelt war, aber wehe, wenn eine Mohammedanerin auch nur den geringsten Umgang mit einem Nichtmoslem pflegte. Eine junge ägyptische Sekretärin verliebte sich in einen Engländer, der sie heiraten wollte. Wie sie mir versicherte, war nichts Unrechtes an ihrer Beziehung, aber sie wurde von den saudischen Beamten warnend darauf aufmerksam gemacht, daß sie aus dem Krankenhaus entlassen und nach Ägypten zurückgeschickt werden würde, wenn sie den Engländer je wiedersah.

»Meine Familie ist sehr arm«, sagte sie. »Ich sende den Großteil meines Gehalts nach Hause, damit sie dafür Essen kaufen können. Ich kann es mir nicht leisten, diese Anstellung zu verlieren.«

Die saudischen Verwaltungsbeamten zeigten für ihre Lage

Verständnis, aber sie kündigten den Engländer und sandten ihn zwei Wochen später nach Hause. Soweit mir bekannt ist, hat sie nie wieder von ihm gehört.

Für die Saudis ist Sex der »allerhöchste Lebensgenuß«. Männer und Frauen haben gleichermaßen Vergnügen daran. Eine beduinische Braut gibt sich für gewöhnlich in der Hochzeitsnacht sehr sittsam und versucht, weder ihr Gesicht noch ihren Körper dem Bräutigam zu zeigen. Wenn ihr Ehemann versucht, sie zu entschleiern oder ihr diverse Kleidungsstücke vom Leib zu reißen, leistet sie mit aller Kraft Widerstand, wie es sich für eine sittsame Braut geziemt. Bei manchen Stämmen tragen die Frauen die *burga* oder Maske (aus grober Seide mit Sehschlitzen) und versuchen, sie aus Sittsamkeit zehn Tage lang aufzubehalten, aber normalerweise gelingt ihnen das nicht.

In manchen Gegenden wird es als schicklich angesehen, daß die Braut sich gegen ihren Bräutigam zur Wehr setzt und sich sträubt, im vergeblichen Bemühen, ihre Jungfräulichkeit zu retten. Sie schreit, beißt und kratzt ihren Ehemann, bis er sie dazu zwingt, sich zu ergeben. Je heftiger und länger dieser Kampf ist, desto glaubwürdiger ist die Sittsamkeit und Jungfräulichkeit der Braut. Am nächsten Tag stellt der Ehemann der Familie stolz seine Kampfeswunden zur Schau und zeigt ihnen das blutbefleckte Leintuch oder die blutbefleckte Unterwäsche seiner Braut, wobei er die Familie mit folgenden Worten lobt: »Gott mache eure Gesichter weiß; ihr habt eure Tochter wirklich in jungfräulichem Zustand erhalten.«

Daß Beweise für die Unschuld verlangt werden, kann unter Umständen für diejenigen ein Problem darstellen, die ihre »Jungfräulichkeit« auf ganz natürliche Weise verloren haben, ohne jemals mit jemandem Geschlechtsverkehr gehabt zu haben. Das Mädchen behilft sich dann manchmal damit, daß es sich eine kleine Wunde beibringt oder ein wenig Hühnerblut auf das Leintuch schmiert, um ihren Ehemann zufriedenzustellen. Die Männer sind auf der Hut vor solchen Schwindeleien, und wenn das Mädchen erwischt wird, kann sie weggebracht und von ihren männlichen Verwandten getötet werden, damit die Familienehre wiederhergestellt ist, auch wenn sie tatsächlich eine Jungfrau war.

Manchmal tun die Braut und der Bräutigam etwas zuviel des Guten, was ihren Genuß am Sex oder am Verführungszeremoniell betrifft, und feiern den nächsten Tag im Krankenhaus. Eine junge beduinische Braut wurde von ihrem stolzen Ehemann, dessen Gesicht über und über mit Kratzwunden bedeckt war, in die Ambulanz gebracht. Während sie in der Hochzeitsnacht versuchte, ihre Jungfräulichkeit zu schützen – oder während sie ihre Unterwerfung genoß –, hatte sie sich zwei Rippen gebrochen. Beide sahen jedoch sehr glücklich aus.

Später erzählte man mir, daß sowohl der Mann als auch die Frau gemäß den Geboten des Islam nach dem Geschlechtsverkehr ein Vollbad nehmen müssen. Es gibt ein ganz bestimmtes Gebet, das eine fromme Frau zu sprechen hat, während sie diese Waschung vornimmt. Während der Menstruationsperiode dürfen Frauen sieben Tage keinen sexuellen Verkehr haben und müssen ein gründliches Bad nehmen, bevor sie ihre sexuellen Beziehungen wiederaufnehmen. Die Beduinen nennen das »Haarewaschen«. Während des dreißigtägigen Ramadanfestes ist Geschlechtsverkehr bei Tage verboten, doch nicht bei Nacht.

Die sexuelle Potenz der älteren Saudis ist sprichwörtlich. Viele, die schon die Achtzig überschritten haben, heiraten weiterhin und zeugen Kinder. Als Prinz Ibrahim neunzig Jahre alt war, klagte er ständig über Impotenz, obwohl er angeblich nach seinem achtzigsten Lebensjahr noch drei Söhne gezeugt hatte.

Eines Nachmittags kam ein älterer Saudi mit seinem Sohn in die Ambulanz. Ich war von der äußeren Erscheinung des alten Mannes beeindruckt. Er war hochgewachsen und sehnig und hielt sich kerzengerade. Er hatte dichtes silbriges Haar und einen weißen Bart. Ein breites Lächeln lag auf seinem Gesicht.

Seinem Sohn zufolge war sein einziges Problem ein kleiner Knoten in seiner rechten Leiste, der jedoch nicht weh tat und vor etwa sechs Monaten entstanden war. Er hatte sich nicht vergrößert.

Bei der Untersuchung stellte sich heraus, daß er in ausgezeichneter gesundheitlicher Verfassung war – bis auf einen geringfügigen Leistenbruch. Er hatte nur etwa zweieinhalb Zentimeter Durchmesser und ließ sich leicht entfernen. Ich teilte ihnen mit, daß es nichts Ernstes sei und sich leicht beheben ließ.

»Wie alt sind Sie?« fragte ich.

»Fünfundsiebzig«, sagte er, immer noch lächelnd.

»Mindestens fünfundachtzig«, berichtigte sein Sohn. »Ich bin selbst schon fast sechzig.«

Der Sohn sah fast so alt aus wie sein Vater. Die Saudis geben ihr Alter für gewöhnlich um fünf bis zehn Jahre zu niedrig an.

»Arbeitet er noch?« fragte ich.

»O ja«, sagte sein Sohn. »Er hat ein kleines Geschäft.«

»Nun, der Leistenbruch sollte wahrscheinlich irgendwann einmal behoben werden«, sagte ich, »aber da es nicht weh tut und er sich während der letzten sechs Monate nicht verschlimmert hat, eilt es nicht damit.«

»O doch, es eilt«, sagte der alte Mann und grinste dabei. »Es muß sofort behoben werden. In zwei Wochen heirate ich nämlich!«

»Wer ist denn die Braut?« fragte ich neugierig.

»Ein achtzehnjähriges Mädchen«, sagte sein Sohn stolz. »Er mag junge Frauen.« Der fünfundachtzig Jahre alte Mann hatte schon zweiunddreißigmal geheiatet. Er hatte achtundzwanzig Söhne und sechzehn Töchter.

»Vielleicht beheben wir den Bruch doch schon jetzt«, sagte ich. »Womöglich verschlimmert er sich nach seiner Heirat.« Dr. Ghandours Worte fielen mir ein: »Es gibt keine alten Männer in Saudi-Arabien.«

Eine der Patientinnen in der Ambulanz, an die ich mich noch gut erinnere, war eine medizinisch-technische Assistentin, die seit der Eröffnung des Krankenhauses im Jahre 1975 dort arbeitete. Kashna war eine hochgewachsene, attraktive Frau um die Dreißig, die elegante, farbenprächtige lange Kleider trug. Sie hatte ein Herzgeräusch, das regelmäßig untersucht werden mußte. Das Besondere an ihr war, daß sie eine Mohammedanerin, aber eine Blondine war – in diesem Land eine seltene Mischung. Sie erzählte mir, daß sie keine Saudi sei, sondern russisch-irakischer Herkunft. Ihre Ahnen waren aus diesen Ländern gekommen, um die Pilgerfahrt nach Mekka und Medina zu unternehmen, und hatten sich schließlich in Saudi-Arabien niedergelassen. Es gab eine Reihe solcher kleiner ausländischer Minderheiten im Gebiet um Hejaz, die sich der saudischen Kultur nie ganz angeglichen hatten und niemals saudische Staatsbürger geworden waren.

»Wir werden als Außenseiter betrachtet«, sagte sie, »obwohl wir natürlich Moslems sind.«

Sie war die einzige mohammedanische Patientin, die mich je zu sich nach Hause einlud. »Sie müssen zum Tee zu uns kommen«, sagte sie.

Ich fühlte mich geschmeichelt, lehnte jedoch höflich ab. Ich hatte keine Lust, zu den Batha-Appartements zu fahren, wo sie wohnte (mit Blick auf die offenen Abwässerkanäle) und wo es unmöglich war, einen Parkplatz zu finden. Wie sie mir sagte, fuhr sie mit dem Krankenhausbus.

Einige Monate später lud sie mich wieder ein. »Sie müssen meine Eltern kennenlernen«, drängte sie. Ich lehnte ein zweites Mal ab.

Einen Tag, nachdem Dalal, Dr. Ghandours Sohn, aus Frankreich zurückgekehrt war, deutete er auf Kashna, als wir den Krankenhauskorridor hinuntergingen. »Sie ist eine Prostituierte«, sagte er. »Sie bekommt bis zu viertausend *Rial* (dreitausend Mark) die Nacht!«

»Das ist unglaublich«, sagte ich. Ich erzählte ihm, daß

Kashna mich in ihre Wohnung in Batha eingeladen hatte, damit ich ihre Eltern kennenlernte.

»Ihre Eltern sind in Mekka«, erwiderte er. »Dessen können Sie gewiß sein.«

»Meine Frau wird genauso überrascht sein wie ich«, sagte ich und schüttelte den Kopf.

12.
Ein Kopf
rollt auf dem
Richtplatz

Einer der befriedigendsten Aspekte meiner Arbeit im König-Faisal-Krankenhaus war die Möglichkeit, mit jungen saudiarabischen Medizinstudenten zusammenzuarbeiten. Damals begann der erste Jahrgang von an der Medizinischen Fakultät der Universität von Riad ausgebildeten Ärzten mit ihrer Tätigkeit als Assistenzärzte im Krankenhaus, und dies bot mir die einmalige Gelegenheit, die zukünftige Entwicklung der Ärzteschaft dieses Landes zu beeinflussen. Die saudischen Medizinstudenten waren intelligent und lernbegierig, und es bedeutete für mich eine enorme Herausforderung, sie zu unterrichten, denn sie studierten nicht nur Medizin in einer Fremdsprache – nämlich Englisch –, sondern ihnen fehlten auch die elementaren Kenntnisse, die in einer technisierten Gesellschaft als grundlegend vorausgesetzt werden. Beispielsweise hatten manche Studenten so wenig Erfahrung, daß sie, bevor sie zur Universität gingen, noch nie eine subkutane Spritze gesehen hatten. Wenn ich ihnen dabei zusah, wie sie sich abmühten, Jahrhunderte von Erfahrung nachzuholen, fiel mir oft Bill Thompsons Prophezeiung ein, daß es noch Jahre dauern würde, bis aus den Saudis fähige Ärzte würden. Irgendwie wurde diese Prophezeiung für mich zu einer persönlichen Herausforderung, und immer, wenn ich über das langsame Lerntempo enttäuscht war, dachte ich an Bill und erneuerte daraufhin meinen Entschluß, zu beweisen, daß er Unrecht hatte.

Einer der Studenten dieses ersten Ärztejahrgangs war ein Mann namens Abdul Talim. Er war hoch begabt, arbeitete sehr hart und sprach gut genug Englisch, so daß der Lernprozeß rasch und mühelos ablief. Abdul kam oft zu mir, wenn er Fragen hatte, und im Lauf des Jahres begann sich ein freundschaftliches Verhältnis zwischen uns zu entwickeln. Oft saßen wir in der Krankenhausmensa und plauderten bei einer Tasse Kaffee. Am Ende des Studienjahres veranlaßte ich stillschweigend, daß Abdul in den Sommerferien eine bezahlte Praktikantenstelle im Krankenhaus bekam.

Mit der Vertiefung meiner Freundschaft zu Abdul begannen unsere Gespräche immer mehr um die Erfahrungen und Eindrücke seines Lebens in Saudi-Arabien zu kreisen. Eines Tages ließ ich ihm gegenüber fallen, daß ich am Kauf eines *khandschar* interessiert war, eines der berühmten gekrümmten Dolche, wie sie charakteristisch für Arabien sind. Bei dieser Mitteilung leuchteten Abduls Augen auf, denn er war in Riad aufgewachsen und kannte jedes Geschäft in der Stadt.

»Ich weiß einen idealen Ort, wo man einen *khandschar* kaufen kann«, versicherte er mir. »Das ist der Antiquitäten-*suq* (Markt) in der Nähe des Richtplatzes. Dort gibt es viele kleine Geschäfte, und sie haben eine große Auswahl an Schwertern und Dolchen. Kommenden Freitag fahre ich mit Ihnen dorthin, damit Sie sicher sein können, daß die Händler Sie nicht übers Ohr hauen.«

»Aber nein, das ist doch gar nicht nötig«, sagte ich, als ob ich sein Angebot ablehnen wollte. In Wahrheit war ich über sein großzügiges Anerbieten hoch erfreut, aber in Übereinstimmung mit der arabischen Sitte gab ich mir den Anschein, als wolle ich seine Hilfe zurückweisen. Wir beide wußten, daß das eine reine Frage der Etikette war und daß ich sehr damit einverstanden war, daß er mich begleitete.

»Natürlich komme ich mit«, sagte Abdul lächelnd.

»Nein, nein, ich will Ihnen keine Umstände machen. Ich kann selbst mit ihnen feilschen.«

»So wie damals mit der Uhr?« fragte er schmunzelnd.

Ich lachte. Einen Monat zuvor war ich auf den *suq* gegangen, um eine Uhr zu kaufen, und ich hatte den Preis heruntergehandelt, bis ich ihn als angemessen empfand. Als ich Abdul die Uhr später zeigte und ihm den Preis verriet, war er entgeistert über meine Naivität. Ich wußte, daß Abdul sehr geschickt im Feilschen war und daß er den Preis wahrscheinlich bis auf einen Bruchteil dessen, was ich zahlen würde, herunterdrücken konnte.

»Okay«, sagte ich und gab schließlich nach, »ich sehe es als eine Ehre an, wenn Sie mich begleiten. Aber Sie müssen mich fahren lassen.«

»O nein«, sagte Abdul, »Sie sind Gast in meinem Land. Ich muß . . .«

Wir stritten uns noch eine Weile über dieses Thema, bis ich schließlich nachgab. In Amerika hätten wir zu diesem Entschluß fünf Sekunden gebraucht. Bei Abdul dauerte derselbe Entschluß fünf Minuten – aber schließlich machte es so auch viel mehr Spaß.

Am Freitagmorgen holte mich Abdul ab. Er fuhr einen alten Sportwagen, und anfänglich hatte ich Angst, er sei auch einer der selbstmörderischen arabischen Autofahrer, die ich fürchten gelernt hatte. Zu meiner Überraschung stellte sich Abdul jedoch als rücksichtsvoller Fahrer heraus.

»Sie sind ein sehr guter Fahrer«, schmeichelte ich ihm.

»Ach, das ist gar nichts«, erwiderte er. »Ich fahre langsam, weil ich gehört habe, wie Sie sich über die saudischen Autofahrer beschwert haben. Wenn Sie wollen, fahre ich mit normaler Geschwindigkeit.«

»Mit normaler Geschwindigkeit?« dachte ich mir insgeheim. Schon jetzt fuhren wir über fünfzig Stundenkilometer im Stadtgebiet.

»Ach . . . lieber nicht«, sagte ich. »Fahren Sie nicht mit normaler Geschwindigkeit. Fahren Sie langsam.«

Da es Freitag war, der mohammedanische Feiertag, war es

auf den Straßen von Riad verhältnismäßig ruhig – was soviel heißt, daß sie nur überfüllt und nicht völlig verstopft waren. Viele Geschäfte auf dem Markt waren heute geschlossen. Infolgedessen war der Verkehr nur schwach. Als Abdul und ich das Geschäftsviertel erreichten, fanden wir in einem Gäßchen einen Parkplatz, was an einem Wochentag ein Ding der Unmöglichkeit gewesen wäre. Beim Aussteigen bemerkte ich, daß Abdul das Auto nicht versperrte. Als ich ihn darauf aufmerksam machte, warf Abdul mir einen verwunderten Blick zu; kein Mensch versperrte in Saudi-Arabien sein Auto, weil Autos nie gestohlen wurden.

Wenn man in Saudi-Arabien Einkäufe macht, muß man seinen Einkaufsbummel immer nach den Gebetszeiten richten, da während der fünf täglichen Gebete alles zum Stillstand kommt. Die Gebetszeiten ändern sich täglich, je nachdem, wann die Sonne auf- und untergeht. Ich hatte der *Arab News,* der englischsprachigen Zeitung, entnommen, daß das Mittagsgebet an diesem Tag um zwölf Uhr zehn und das Nachmittagsgebet um drei Uhr sechsundzwanzig angesetzt war. Die Saudis nehmen es mit der Gebetszeit sehr genau. (Aus irgendeinem unerfindlichen Grund stand die Gebetsinformation immer direkt neben dem Kreuzworträtsel.) Da die Geschäfte freitags im allgemeinen zwischen dem Mittagsgebet und dem Nachmittagsgebet schlossen, mußten wir zu Mittag mit unseren Einkäufen fertig sein. Jetzt war es zirka zehn Uhr vormittags, also standen uns zwei Stunden zur Verfügung.

Abdul ging voran, und wir schlenderten durch das Labyrinth reizender kleiner Märkte und Geschäfte, wie sie so typisch sind für den saudiarabischen *suq.* Als wir uns der Hauptgeschäftsstraße, der *Sharah Wasir,* näherten, konnte ich die offenen Abwasserkanäle riechen, die die *Sharah Batha* einen Häuserblock weiter entlang rannen. Die Sharah Wasir war kürzlich in König-Faisal-Straße umbenannt worden, aber die Einheimischen verwendeten immer noch die alte Bezeichnung, und wenn man sich erkundigt hätte, wie man zur König-Faisal-Straße kommt, hätte man wahrscheinlich verständnislose Blicke auf sich gezogen. Während wir die Sharah Wasir/König-Faisal-Straße hinuntergingen, staunte ich über die kleinen Geschäfte, die alles, angefangen von Schmuck über Räucherwerk bis zu Haushaltswaren, verkauften. Obwohl die Geschäfte ziemlich schäbig waren, stellten sie ihre Waren in einer sehr eindrucksvollen Art und Weise zur Schau. Das war typisch für die arabische Welt, wo Zeitungswerbung immer noch eine neue und relativ unerprobte Methode ist und wo eine eindrucksvolle Zurschaustellung der Waren als wirkungsvollste Verkaufsmethode angesehen wird.

Während Abdul und ich zwischen den Geschäften herumschlenderten, nahm unsere Unterhaltung einen ebenso gemächlichen und ziellosen Verlauf. Unweigerlich aber kamen wir dabei auf die Rolle zu sprechen, die die Religion im saudiarabischen Leben spielt.

»Alle diese Geschäfte müssen für die Dauer des Mittagsgebetes schließen«, sagte Abdul. »Falls sie das nicht tun, kommt die *matawa* (Moralpolizei), hämmert an ihre Türen und zwingt sie dazu. Manchmal verabreichen sie einem säumigen Geschäftsinhaber auch ein paar Schläge mit ihren Stöcken.«

»Was halten Sie von der *matawa?*« fragte ich, wobei mir siedend heiß einfiel, daß dies wahrscheinlich eine der heikelsten Fragen war, die jemand aus dem Westen einem Araber stellen konnte. Abdul jedoch parierte sie glänzend.

»Ich finde, sie sind das, was ihr Amerikaner eine ›verdammt lästige Angelegenheit‹ nennt«, sagte er mit einem vorsichtigen Lächeln. »Es sind orthodoxe Moslems, die der militanten Wahhabiten-Sekte angehören, und sie bestehen darauf, daß die tausend Jahre alte Lebensweise ohne Ausnahme befolgt wird. Manchmal kämpfen sie für eine gute Sache, doch dann wieder stehen sie dem Fortschritt im Wege.«

»Glauben Sie, daß die meisten Menschen in Saudi-Arabien mit Ihrer Meinung übereinstimmen?«

Abdul wiegte den Kopf. »Die meisten jungen Leute sicher«,

erwiderte er. »Wir haben Verständnis für die *matawa,* und wir stehen ihnen wohlwollend gegenüber, aber sie wollen um jeden Preis durchsetzen, was sie für richtig halten. Voriges Jahr zum Beispiel haben mich zwei von ihnen auf der Straße gepackt und mir die Haare geschnitten, weil sie der Meinung waren, sie seien zu lang.«

»Das soll wohl ein Witz sein!« rief ich aus. »Haben Sie etwas dagegen unternommen?«

Er zuckte die Achseln. »Die *matawa* und die Wahhabiten stellen eine große Macht dar. Es sind nur einfache Leute – Bürger –, aber das Königshaus und die Polizei achten darauf, ihnen nicht in die Quere zu kommen. Wenn ich mich über den Angriff beschwert hätte, wäre mir von vornherein klar gewesen, daß man nichts unternommen hätte. Deshalb habe ich es sein lassen. Sie müssen Saudi-Arabien verstehen«, fuhr er fort, als ob er meine Gedanken lesen könnte. »Wir sind ein sehr religiöses Land. Kein anderes islamisches Land nimmt es mit den Gebeten so genau wie wir. Die Veränderungen, die die *matawa* kommen sieht – lange Haare, Bluejeans –, sind äußerst bedrohlich, und sie reagieren darauf mit Ignoranz und Angst. Ich bin oft nicht ihrer Meinung, aber ich verstehe sie auch. Was sie darstellen, ist auch ein Teil meiner selbst.«

Wie um das Thema zu wechseln, zeigte Abdul plötzlich die Straße hinunter. »Das ist die alte Musmak-Festung, wo König Ibn Saud die Schlacht um die Wiedereroberung Riads im Jahre 1902 gewonnen hat. Im Tor steckt noch die Spitze eines Speers, der angeblich von ihm selbst geschleudert wurde. Man hat sie durch all die Jahre dort steckenlassen. Das hier ist die Thumayristraße, benannt nach einem von Ibn Sauds Männern, der im Kampf um die Stadt fiel.«

Die alte Festung war aus Lehmziegeln erbaut, und in der näheren Umgebung standen ein paar Häuser aus dem gleichen Baumaterial. Auf der anderen Seite der Straße hatten einige kleine Geschäfte, wo Fotoapparate, Radios und Parfüms ausgestellt waren, geöffnet und machten ein gutes Geschäft.

Schließlich kamen wir zum Diraplatz, dem alten Zentrum von Riad. Der Platz bekam den Namen Dira, was soviel heißt wie Weideland, von den Beduinen. Wir alle nannten ihn den Richtplatz, weil dort die Enthauptungen stattfanden. Hier, um den großen Platz herum, standen einige große Regierungsgebäude, einschließlich des Justizpalastes und des Amtes des Gouverneurs von Riad.

Abgesehen von der offiziellen und ziemlich gruseligen Funktion, die der Richtplatz hat, ist er auch das Zentrum für die meisten *suqs* der Stadt Riad. Zum Beispiel liegt der *suq* der Geldwechsler direkt auf dem Richtplatz, und hier kann man den saudischen *Rial* gegen jede andere Währung eintauschen. Gleich um die Ecke ist der Gewürz-*suq*, wo man Weihrauch, aromatische Kräuter und Harze aller Arten kaufen kann. In der Nähe ist ein Basar, wo bunte Seidenstoffe aus Damaskus und dem Orient feilgeboten werden.

Für mich war der Gold-*suq* der interessanteste dieser Märkte. Winzige Geschäfte säumen hier mehrere lange Lehmpfade zu beiden Seiten, und in jedem Geschäft wird das Auge von einer Auswahl an Goldschmuck geblendet, der von der Decke und an den Wänden hängt. Auf jedem verfügbaren Quadratzentimeter liegt Gold in den verschiedensten Formen: Berge von Ringen, Ohrringen und kleinen Amuletten springen ins Auge, alles aus achtzehnkarätigem Gold. Es glitzert und funkelt, daß es dem Auge weh tut. Nie zuvor hatte ich ein solches Sortiment gesehen. Schwarzverhüllte Frauen wühlten in den Goldbergen und zankten sich mit den Geschäftsinhabern um den Preis. Zwar ging der Preis eines jeden Stücks nach Gewicht, und letzten Endes war es die Waage, die den Preis bestimmte. Der Wert von einem Gramm Gold wurde täglich von der Regierung genau bestimmt. Trotzdem handelten die Frauen mit den Kaufleuten, wenn auch nur aus lebenslanger Gewohnheit. Es bestand immer die Möglichkeit eines Preisnachlasses.

Das Auffallendste am Gold-*suq* war der Mangel an Sicherheitsvorkehrungen. Das ganze Gold lag völlig offen da, ohne daß Polizei oder Wächter ein wachsames Auge auf die Kunden warfen. Die Gegebenheiten waren geradezu einladend für einen Diebstahl – und doch fühlten sich die Geschäftsinhaber völlig sicher. Es war hier im Gold-*suq*, daß ich wirklich begriff, was die Saudis damit meinten, wenn sie sagten, daß es bei ihnen kein Verbrechen gäbe: Es war verstandes- und gefühlsmäßig ein beeindruckendes Erlebnis, unter seinen Mitmenschen ein solches Gefühl der Sicherheit und des Vertrauens zu spüren.

Abdul und ich gingen auf der anderen Seite des Platzes an der Großen Moschee vorüber, einem gewaltigen religiösen Heiligtum, das vor verhältnismäßig kurzer Zeit aus Beton an derselben Stelle errichtet wurde, an der eine kleinere Moschee aus Lehmziegeln bis zum Jahre 1850 gestanden hatte. Nicht weit entfernt von der Großen Moschee war der Versteigerungsmarkt, wo Sklaven bis vor etwa fünfzehn Jahren gekauft und verkauft worden waren. Das, so dachte ich, war die andere Seite der saudiarabischen Kultur, denn eben diese Gesellschaft, in der kaum Verbrechen vorkamen, hatte bis vor kurzem den Besitz von Menschen toleriert.

In der Nähe der Großen Moschee stießen wir auf den Antiquitäten-*suq*, ein großes, magazinähnliches Gebäude, das zahllose Geschäfte beherbergte. Unter seinem weiträumigen Dach feilschten Käufer und Verkäufer nach arabischer Tradition um den Preis, einer Tradition, die älter war als der älteste Gegenstand im Gebäude. Abdul und ich folgten dem Gewirr harter Lehmwege und begannen, auf der Suche nach einem angemessenen alten Dolch die Geschäfte zu durchstöbern.

Oft blieben wir stehen, um mit einem Geschäftsinhaber zu reden, und wir kramten in staubigen Kästen herum, die voll von Dolchen, alten Speeren, verrosteten Schwertern und antiken Feuerwaffen waren. An den Wänden hingen reichverzierte alte Dolche in ledernen, silbernen, goldenen oder edelsteinbesetzten Scheiden, deren Glanz durch das Alter schon lange getrübt war. Auf dem Boden lagen große Messing- oder Teakholzkästchen mit Messingbeschlägen herum, oft mit Blumenmustern und vom Staub vieler Jahre bedeckt. Abdul sagte, die meisten Antiquitäten kämen aus Jemen, aus Syrien, Ägypten, dem Libanon und Persien. Die Kamelmilchschüsseln, aus Holz geschnitzt und mit dekorativem Messing oder Silber beschlagen, waren allerdings aus Saudi-Arabien. Im Halbdunkel sah man undeutlich alte Gefäße jeder Größe: Messing- und Silberkannen, Krüge und Kaffeetöpfe, die allesamt stumpf waren vom Schmutz, der sich im Lauf der Zeit angesammelt hatte.

Nachdem wir in etwa einem Dutzend Geschäften gewesen waren, fand ich einen gekrümmten Dolch, der mir gefiel: Er war zirka achtzehn Zentimeter lang, hatte einen sehr schönen Griff mit einer Einlegearbeit aus Silber und Gold und eine dazu passende Scheide. Der Griff war mit Silberfäden geschmückt, die schichtweise zu geometrischen Mustern geformt und deren Zwischenräume mit Gold ausgefüllt waren. Das Silber war im Lauf der Zeit matt geworden, und die Klinge war stumpf, aber das Messer war vorzüglich gearbeitet.

Obwohl ich über das Messer entzückt war, hatte Abdul mir aufgetragen, kein Interesse zu zeigen. Vielmehr, so hatte er gesagt, sollte ich ihm das Messer geben und meinen Wunsch, es zu kaufen, dadurch ausdrücken, daß ich es an der Spitze hielt. Als ich das tat, besah sich Abdul schnell das Messer und zog dann eine Grimasse, als hätte ich ihm ein wahrhaft unansehnliches Stück in die Hand gedrückt. Abdul hielt das Messer mit geringschätziger Gebärde in der Hand und begann, mit dem Geschäftseigentümer darüber zu verhandeln.

Bald feilschten die beiden rasch und erregt um den *khandschar*. Obwohl sie auf arabisch verhandelten, konnte ich der Diskussion anhand der Gesten und des Geschreis folgen. Abdul hielt den Dolch in die Höhe und zeigte mit dem Finger auf das stumpfe Silber. Darauf hob der Eigentümer die Goldfüllung und die schöne Arbeit hervor. Einmal packte mich Abdul am Arm und begann, mich aus dem Geschäft zu zerren. Der Besitzer packte mich am anderen Arm und zog mich wieder zurück. Schließlich, nach vielem Hin und Her, einigten sich Abdul und der Geschäftsinhaber auf einen Preis von zweihundertfünfzig *Rial*. Um den Geschäftsabschluß gebührend zu feiern, bewirtete er uns dann mit Tee und beglückwünschte uns zu der ausgezeichneten Wahl, die wir getroffen hatten.

»Der war ganz schön zäh«, sagte Abdul, nachdem wir das Geschäft verlassen hatten. »Er ließ sich kein bißchen ins Bockshorn jagen – er wußte, daß wir das Messer wollten und daß wir seinen Preis zahlen würden.«

»Na ja, selbst wenn wir nicht das beste Geschäft gemacht haben, ist es immer noch ein guter Kauf.«

Abdul sah mich mit gequältem Gesichtsausdruck an. Für einen Saudi ist es oft wichtiger, ein gutes Geschäft zu machen, als den Gegenstand zu bekommen, den man kaufen will. In einer sehr bedeutsamen Weise ist das Handeln ein Beweis für Geschick und Fertigkeit: Abdul hatte das deutliche Gefühl, er hätte seine Sache besser machen können, als er sie gemacht hatte.

Als wir zur Großen Moschee zurückgingen, begannen die Geschäfte, wegen der bevorstehenden Mittagsgebete ihre Pforten zu schließen. Saudis in weißen *thoben* eilten an uns vorüber zur Moschee, und die *matawa* hämmerten mit ihren Knüppeln an die Geschäftstüren und verkündeten mit dem »*Salaat! Salaat!*«, daß es Zeit zum Gebet war. Die Straßen waren voll von Autos, und die Fahrer suchten verzweifelt nach Parkplätzen, von denen aus die Moschee zu Fuß leicht zu erreichen war.

Abdul und ich schlenderten durch die Menge und ließen die optischen und akustischen Eindrücke auf uns wirken. Vor dem *suq* der Geldwechsler hockten zwei Falkner mit ihren Falken, die ihre Hauben auf den Köpfen hatten, und hielten Ausschau nach Kunden. Es schien mir nicht gerade die passende Zeit für das Verkaufen von Falken, aber vielleicht spielte dabei irgend etwas typisch Saudisches mit, das mir nicht begreiflich war. Als ich Abdul auf sie aufmerksam machte, lachte er und erzählte mir eine Geschichte über einen Amerikaner, der einen Falken gekauft und ihn in sein Haus in Riad mitgenommen hatte. Nach ein oder zwei Wochen nahm der Amerikaner den Falken mit in die Wüste hinaus, um zu sehen, ob er einen Wildhasen fangen oder einen allein umherstreifenden Vogel erlegen würde. Als er die Haube abnahm, flog der Falke weg und ward nie wieder gesehen, vermutlich weil er darauf abgerichtet war, zum ursprünglichen Besitzer zurückzukehren. »Der Vogel brachte nicht einmal einen mickrigen Hasen zurück«, scherzte Abdul. »Er brachte dreihundert *Rial* nach Hause.«

Die nächste Stunde lang wanderten Abdul und ich ziellos durch die verlassenen Straßen und unterhielten uns miteinander, während wir unseren Rundgang durch die leeren Märkte machten. Obwohl jedermann zum Gebet in die Große Moschee gegangen war, machte sich niemand die Mühe, zuzusperren oder sein Eigentum sonst irgendwie zu schützen. Ich war äußerst erstaunt darüber, daß wertvolle Waren völlig unbewacht auf den offenen Märkten zurückgelassen werden konnten. Offenbar dachte niemand daran, etwas zu stehlen, außer er wollte, daß ihm dafür die Hand abgehackt wurde.

Als die Gebetszeit vorbei war, gingen Abdul und ich zum Richtplatz zurück, um zuzusehen, wie die Menschen scharenweise aus der Moschee kamen. Alle trugen ihr Feiertagsgewand, und die saubere, helle Kleidung trug dazu bei, daß eine festliche Atmosphäre entstand. Während wir mitten im fröhlichen Treiben standen, schien die Stimmung auf dem Platz sich plötzlich zu ändern. Soldaten tauchten auf, riegelten den Verkehr ab und drängten die Leute zu Gruppen zusammen. Erregtes Gemurmel lag in der Luft.

»Jetzt ist hier eine Enthauptung«, flüsterte Abdul aufgeregt.

»Enthauptungen finden immer freitags nach den Mittagsgebeten statt«, erklärte er und drängte sich in der Menge nach vorn. »Einen Tag vorher wird es in den Zeitungen angekündigt, damit mehr Menschen angelockt werden. Sie haben Glück, denn die meisten Ausländer dürfen nicht bei einer Enthauptung zusehen.«

»Wenn das so ist, dann sehen wir zu, daß wir wegkommen«, sagte ich, dankbar, eine Ausrede zu haben, um den Schauplatz verlassen zu können.

»Unmöglich«, sagte Abdul. »Wir stecken hier fest, und wenn wir versuchen, uns davonzumachen, erregen wir nur Aufsehen. Bleiben Sie einfach ruhig stehen, und machen Sie um Gottes willen keine Fotos. Das ist strengstens verboten.«

Widerstrebend begann ich zu begreifen, daß ich drauf und dran war, eine öffentliche Hinrichtung zu sehen. Der Gedanke war mir scheußlich; Abdul jedoch schien der Enthauptung mit Spannung und Vorfreude entgegenzusehen.

»Wie viele Hinrichtungen haben Sie schon gesehen?« fragte ich ihn schaudernd.

»Vielleicht sechs oder sieben. Die erste habe ich gesehen, als ich noch sehr klein war. Es war ein Mann, der ein junges Mädchen vergewaltigen wollte. Die letzte war vor einem Monat – sie köpften einen Jemeniten, weil er seinen Freund im Streit umgebracht hatte.«

Während ich Abdul zuhörte, spürte ich eine Erregung in seiner Stimme, die ich merkwürdig und bestürzend fand. Er sprach über die Angelegenheit, als ob eine Hinrichtung ein sportliches Ereignis wäre wie ein Fußballspiel. Ich sagte mir jedoch, daß dies ein Einfluß der saudischen Kultur sei, und ich versuchte, es mir unvoreingenommen anzusehen. Da ich ja im Prinzip für die Todesstrafe als Abschreckungsmittel war, war es meine Pflicht, zumindest einmal im Leben Augenzeuge dessen zu sein, was ich befürwortete.

Ich entsann mich in diesen Augenblicken eines festlichen Essens im Krankenhaus, bei dem ich neben dem Gouverneur von Riad gesessen hatte. Wir hatten über Verbrechensverhütung gesprochen, und er hatte mir erzählt, daß Riad die niedrigste Verbrechensrate der Welt habe. »Die Todesstrafe«, hatte er in perfektem Englisch gesagt, »ist ein Abschreckungsmittel – darüber besteht kein Zweifel.«

Ein Raunen ging durch die Menge, als ein Polizeiauto erschien und durch die Menschenmenge hindurch langsam zur Mitte des Platzes fuhr. Dort angelangt, hielt es, und der Scharfrichter entstieg dem Fond. Er war ein riesenhafter und imposanter Mann, über einsachtzig groß, und trug eine schneeweiße *thobe* mit einem schwarzen Gurt quer über die Brust und einer Schärpe um die Taille. Seine kohlrabenschwarze Haut glänzte in der Mittagssonne.

»Die Scharfrichter kommen alle aus einer einzigen äthiopischen Familie«, flüsterte Abdul, als hätte er meine Überraschung vorhergesehen. »Viele Jahre lang waren sie Sklaven des Königs. Jetzt sind sie natürlich frei.«

Dann ging ein noch lauteres Raunen durch die Menge. »Sie bringen den Verurteilten«, sagte Abdul aufgeregt.

Alles war totenstill, als der Verurteilte aus einem weiteren Polizeiauto stieg und in die Mitte des Platzes geführt wurde. Der Gefangene war ein junger Mann. Er trug ein einfaches weißes Gewand und eine schwarze Augenbinde. Seine Hände waren auf dem Rücken gefesselt. Während er zum Scharfrichter hingeführt wurde, legte man ein gewöhnliches, rechteckiges Stück Karton auf den Boden, und dann wurde der Verurteilte gezwungen, sich darauf zu knien. Zu meiner Überraschung gab es kein Podest. In seinem letzten Lebensaugenblick schien der Gefangene alle Hoffnung fahrenzulassen, denn er kniete sich widerspruchslos nieder.

Während die Menge zusah und zuhörte, leitete eine Stimme über die Lautsprecheranlage die Hinrichtungszeremonie ein. »*Es gibt keinen Gott außer Allah, und Mohammed ist sein Prophet*«, rezitierte die Stimme, die vom Justizpalast herüberdrang. Darauf beschrieb sie kurz den Mord, den der Verurteilte begangen hatte, und die Strafe, die das Gesetz verlangte. Monoton wurde das Urteil verkündet, hallte über den Platz wie die Stimme des Jüngsten Gerichts und schien die Menge trotz der Mittagshitze erschauern zu lassen.

Langsam rollte der Scharfrichter die Ärmel seines Gewandes hinauf und entblößte dabei einen kräftigen, muskulösen rechten Arm. Dann zog er mit eleganter Gebärde das Schwert, wobei man das schabende Geräusch, mit dem die Klinge aus der Scheide gezogen wurde, deutlich hören konnte. Das Schwert war eine gekrümmte, zweischneidige arabische Klinge, etwa einen Meter lang, und funkelte hell in der Mittagssonne. Einen Augenblick lang stand der Scharfrichter völlig unbeweglich da, dann nickte er seinem Gehilfen zu, der neben dem Gefangenen stand. Auf dieses Zeichen hob der Gehilfe schnell den spitzen Stock, den er in seinen Händen hielt, und stieß ihn dem Verurteilten in die Seite. Als sich das Genick des Gefangenen daraufhin in einer Reflexbewegung versteifte, war der Scharfrichter bereits in Bewegung. Er machte ein paar tänzelnde Schritte – fast wie in einem Ballett –, hob mit einem langen Schritt das Schwert hoch über den Kopf und ließ es dann mit aller Kraft niedersausen, wobei der Kopf mit einem mächtigen Schwertstreich abgetrennt wurde.

Leuchtend rotes arterielles Blut schoß über einen Meter in die Höhe, und der Kopf kollerte in die Menge. Der Körper ohne Kopf krümmte sich und fiel dann nach hinten. Einen Augenblick lag Totenstille über dem Platz, und dann erhob sich ein einziger Beifallsschrei aus der Menge. Überrascht wandte ich mich um, um die Gesichter um mich herum zu mustern. Man empfand weder Mitleid noch Schmerz für den Gefangenen: Er war ein Mörder und hatte seine gerechte Strafe nach dem koranischen Gesetz erhalten.

Ich sah zu, wie der Gehilfe des Scharfrichters den abgetrennten Kopf aufhob, ihn sich kurz ansah und dann auf eine danebenstehende Tragbahre legte. Nach ein Paar Minuten hoben zwei uniformierte Männer den Körper aus der Blutlache und legten ihn zum Kopf auf der Tragbahre. Dann wurde der Körper zu einem wartenden Rettungswagen getragen, während die Menge sich still und leise zu verlaufen begann.

Ich stand auf dem Platz, der sich rasch leerte, und versuchte, meine Gefühle unter Kontrolle zu bekommen und zu einer nüchternen Beurteilung des überwältigenden Dramas zu gelangen, das sich eben vor meinen Augen abgespielt hatte. Im Grunde war es etwas Entsetzliches, ein Menschenleben zu vernichten. Meine erste Reaktion darauf war eine des Ekels: Ich hatte eine Achtung vor der erstaunlichen und wunderbaren Komplexität des menschlichen Körpers, wie sie nur ein Arzt empfindet, und ihn vorsätzlich zu vernichten schien ein Frevel. Mir fiel Albert Schweitzers Forderung nach »Achtung vor dem Leben« ein. Und doch war dies das Gesetz Saudi-Arabiens, ein Gesetz, das mehr als tausend Jahre alt war. Ich versuchte, angesichts des Körpers ohne Kopf, das Leben, das der Hingerichtete hatte, und das Leid, das er verursacht hatte, gegeneinander abzuwägen.

Während sich auf dem Platz schnell wieder alles normalisierte, starrte ich auf die Blutlache, die langsam in die Straße einsickerte. Was noch vor wenigen kostbaren Minuten Teil eines atmenden menschlichen Wesens gewesen war, versickerte nun in den Erdboden und wurde bereits dunkel und klebrig in der heißen Sonne.

Abdul schien von dem Schauspiel weniger betroffen – vielleicht weil es für ihn so selbstverständlich war –, aber er war rücksichtsvoll genug, zu warten. »Es ist so seltsam, wenn man sieht, wie ein Mensch getötet wird«, sagte ich im Weggehen, »und unter Menschen zu sein, die seinen Tod wollen und ihn zulassen. Ich bin dazu da, um Leben zu erhalten.«

Abdul ging still neben mir durch die geschäftigen Straßen des *suq*. »Für mich ist es etwas Normales«, sagte er schließlich. »So leben wir eben in Saudi-Arabien. Es sind alte Wertmaßstäbe, aber wir richten uns immer noch danach und glauben immer noch daran. Wir ändern uns nur langsam – heutzutage bekommt ein Dieb manchmal vierzig Peitschenhiebe, statt daß man ihm die Hand abhackt. Das ist in Saudi-Arabien schon ein Fortschritt.«

»Machen Sie sich je Gedanken über die harten Strafen?« fragte ich.

»Sicher. Aber machen Sie sich denn keine, wenn jemand in

Ihrem Land ein schweres Verbrechen begeht und ungeschoren davonkommt?«

»Natürlich tue ich das.«

Abdul zuckte die Achseln. »Ich bin für Bestrafung. So leben wir, und wir akzeptieren es als gerecht. Selbst der Verurteilte sieht ein, daß es seine Strafe ist, durch das Schwert zu sterben.«

Wir verfielen in eine Melancholie, und während wir auf dem Weg zum Auto den Marktplatz überquerten, fiel mein Blick auf die Marktstände voller wertvoller Waren, die seit einer Stunde unbewacht waren. Auf der Straße war man bei Tag und bei Nacht sicher; auch im eigenen Heim war man sicher. Sie hatten tatsächlich eine Gesellschaft, in der sich sehr wenig an Verbrechen ereignete. Und die Verbrechen, die vorkamen, wurden üblicherweise von Nichtsaudis begangen. Man kann über Wert und Unwert der Todesstrafe und des menschlichen Lebens geteilter Meinung sein und zu verschiedenen Schlußfolgerungen gelangen, aber alle werden sich über eins einig sein – über die Art und das Ausmaß der Tragik.

Ich werde nie vergessen, wie der Kopf des jungen Mannes durch die Luft flog. Mit tat er leid. Mir taten aber auch die vergewaltigte Frau und die Mordopfer leid . . . und die ganze Menschheit.

Egal, wie man zur Moral steht, egal, wie man zum Problem von Recht und Unrecht steht; letzten Endes bleibt nur der dunkler werdende Fleck auf dem Erdboden. Letzten Endes bleibt nur dieser Fleck, die Spur unseres kurzen Lebens.

13.
Frauenfeste

Obwohl ich mehr als elftausend Kilometer nach Saudi-Arabien gereist und in einen Kulturkreis eingetreten war, der völlig anders war als mein amerikanischer, änderten sich für mich einige wesentliche Dinge nicht: Immer noch gehörte ich zum Personal eines gut ausgerüsteten Krankenhauses, wo ich fast meine ganze Arbeitszeit zubrachte. Immer noch trug ich westliche Kleidung, nämlich die Ärztemäntel des Krankenhauses oder Anzüge oder für die Wüste geeignete Kleidung an meinem freien Tag. Und immer noch hatte ich wie in den Vereinigten Staaten die Freiheit, mich frei zu bewegen, jede Stadt oder jedes Dorf in Saudi-Arabien zu besuchen und mich sicher und geschützt zu fühlen. Für Ruth jedoch, meine Frau, war die Ankunft in Saudi-Arabien wie der Eintritt in eine völlig andere Welt, in ein völlig anderes Jahrhundert.

Bevor wir die Vereinigten Staaten verließen, hatten wir einige Tage zu unserer Orientierung in Nashville, Tennessee, verbracht, wo die Firmengesellschaft, die die Geschäftsleitung und das Personal für das König-Faisal-Krankenhaus bereitstellte, ihr Hauptquartier hatte. Wir besuchten Vorträge, die uns über die Sitten und Gebräuche Saudi-Arabiens informierten. Ein Psychologe half uns dabei, uns gefühlsmäßig auf Probleme einzustellen, mit denen wir vielleicht konfrontiert werden würden.

Man sagte Ruth, daß Frauen sich in puncto Kleidung anpassen müßten. Zum Beispiel würde sie in der Öffentlichkeit bei allen Gelegenheiten vom Hals bis zu den Knöcheln bedeckt sein und ihre Arme unter langen Ärmeln verbergen müssen. Zufällig traf es sich, daß Ruth es gewohnt war, zu Hause in Boston lange Hauskleider zu tragen. Sie fand sie bequem für den Abend, billig und nicht ohne Reiz. Nun legte sie sich einen zusätzlichen Vorrat an neuen, leichten, langen Kleidern zu.

Nur wenige der Ärztefrauen hatten mit einem Kleidungsproblem gerechnet und versuchten, es mit Hilfe von Kleidern zu lösen, die von Schneidern aus Riad mehr schlecht als recht genäht wurden. Sie waren nicht sehr »schick« und verdrückten sich leicht. Einige Frauen trugen geschneiderte *thoben,* die lang und gerade geschnitten waren und sich bis zum kleinen, runden Kragen zuknöpfen ließen. Nach einiger Zeit jedoch war diese Art von Kleidung verpönt, weil sie im Grunde eine Nachahmung der Nationaltracht der saudischen Männer war und sich für Frauen nicht schickte.

Visa waren für die Einreise nach Saudi-Arabien unumgänglich und wurden nur widerstrebend an Frauen ausgestellt. Besucherinnen wurden Hindernisse in den Weg gelegt. Es wurde Ruth nur deshalb gestattet, mich zu begleiten, weil ich einen definitiven Vertrag über einen längeren Zeitraum mit dem König-Faisal-Krankenhaus abgeschlossen hatte. Allerdings mußte sie eine scheinbar unendlich lange Zeit in London darauf warten, daß ihr Visum endlich genehmigt wurde. Nur zwei Flüge pro Woche gehen nach Saudi-Arabien, die alle ausgebucht sind, und wir hatten schon jegliche Hoffnung aufgegeben, daß sie je eine Flugkarte ergattern würde. Aber schließlich traf ein Telegramm mit der Nachricht ein, daß sie unterwegs sei.

Nachdem wir den Zoll passiert hatten, warteten wir inmitten des Flughafenlärms und des Geschreis der Träger verschiedenster Größen und Altersgruppen, die sich darum stritten, wer ihre Reisetaschen tragen sollte, auf ihr Gepäck. Sie war diese heillose Verwirrung nicht gewohnt und froh, sich schließlich und endlich in den Sitz eines bequemen amerikanischen Wagens fallen lassen zu können. Wir fuhren zum Al Sharq, unserer Behausung für die nächsten sechs Monate.

Als Ruth sich darüber beklagte, daß die Matratze hart wie ein Brett sei, »der Traum eines jeden Orthopäden«, erzählte ich ihr von der stillschweigenden Abmachung, die ich um ihretwillen mit dem früheren Bewohner getroffen hatte. »Wenn du das Zimmer im Al Yamama sehen könntest, würdest du das nächste Flugzeug nach London nehmen. Im Vergleich dazu ist das hier ein Viersternehotel.«

Ich wies auf verschiedene »Luxusgegenstände« hin, die im Al Yamama nicht zur Verfügung gestanden waren, zum Beispiel auf den winzigen Kühlschrank und auf einen zwar geräuschvollen, aber höchst willkommenen Ventilator. »Wenn hier der Strom ausfällt«, sagte ich und versuchte dabei, optimistisch zu klingen, »dann dauert das üblicherweise nur drei oder vier Stunden.« Später erfuhr ich jedoch, daß die Stromausfälle in manchen Stadtteilen tagelang dauerten.

Ruth fragte, wer die alten Männer seien, die vor der Tür saßen. Ich sagte ihr, daß sie für die Zimmerreinigung und das Wechseln der Bettwäsche zuständig seien. Bald sollte sie merken, daß ihre Vorstellung von Reinemachen darin bestand, mit einer Dose Insektenvertilgungsmittel ins Zimmer zu kommen, damit im ganzen Zimmer so lange umherzusprühen, bis der Gestank beinahe uns und nicht die Kakerlaken umgebracht hätte, und wieder zu verschwinden. Die Bettwäsche wurde nur selten gewechselt, außer man gab den Aufsehern ein Trinkgeld. Darin bestand also das Reinemachen.

In Saudi-Arabien werden alle Dienstleistungen allgemeiner Art, wie zum Beispiel Servieren, Reinemachen oder Portierdienst, von Männern erbracht, oft von Ägyptern oder Sudanesen. Als ein japanisches Restaurant in unserer Nähe öffnete, waren wir erfreut und überrascht, attraktive Japanerinnen als Kellnerinnen zu sehen. Die *matawa* griff jedoch alsbald ein, und innerhalb weniger Tage wurde das Restaurant ohne viel Aufhebens geschlossen.

Freitag war der Wochentag, dem wir mit besonderer Freude entgegensahen, weil es ein Feiertag und für die meisten von uns ein arbeitsfreier Tag war. Oft organisierten wir Ausflugsfahrten in die Umgebung, und da der Himmel fast immer wolkenlos war, fielen unsere Pläne nie einem Regen zum Opfer.

Auf einem unserer Ausflüge hatten wir den idealen Picknickplatz entdeckt. Wir besaßen nun einen komfortablen grünen Pontiac mit Klimaanlage, und jeden Freitagmorgen füllten wir einen Picknickkorb; Ruth packte ein Brathähnchen und dicke Thunfischsemmeln ein. Weil wir viel Flüssigkeit benötigten, nahmen wir auch einen Kanister mit Wasser, eine Thermosflasche mit heißem Kaffee und eine zweite mit eisgekühltem Tee mit. Der Korb wurde in den Kofferraum des Autos gestellt, und schon waren wir unterwegs. Ruths Kleidung bestand normalerweise aus einem langen Kleid, einem riesigen Strohhut, der von einem farbenfroh flatternden Schal festgehalten wurde, und den bequemsten, ausgetretensten Schuhen, die sie besaß.

Auf dem Weg durch die Außenbezirke von Riad bot sich uns manch unliebsamer Anblick. Da waren Autofriedhöfe mit verrottenden Autowracks, Dutzende von Ziegen, die sich am Abfall gütlich taten, und schäbige zweistöckige Wohnhäuser, von deren Balkons man wegen all der zum Trocknen aufgehängten, zerlumpten Wäsche fast nichts sehen konnte. Etwas weiter draußen trafen wir auf zahlreiche Elendsquartiere, die notdürftig aus Wellblech, Holz und Pappe zusammengezimmert worden waren und nur wenig Schutz vor der Witterung boten. Manchmal sprang ein winziger, von einem Blechverschlag umgebener Hof von einer baufälligen Behausung vor, wo Ziegen herumspazierten und weinerlich blökten.

Dann erstreckte sich die Wüste vor uns, fast ohne jegliches Anzeichen menschlicher Besiedlung. Ab und zu fuhren wir an einer kleinen Ansammlung von Zelten mit einem in der Nähe geparkten Lastwagen vorbei oder an ein paar grasenden Kamelen. Die Straße verlief kilometerweit durch die Einsamkeit. Über uns, hoch in den sengend heißen Lüften, kreisten Habichte.

Nach einer Fahrt über weite Sandstrecken wurden wir plötzlich überwältigt vom Anblick einer prachtvollen Bergkette, die in der Sonne gleißte und deren Rücken so flach war, als wären die Spitzen mit einem Messer abgetrennt worden. Parallele Furchen, die im tiefen Schatten lagen, zogen sich die Hänge hinunter wie Wasserrinnsale. Bald darauf, nach einer Straßenbiegung, türmten sich die Berge zu allen Seiten über uns auf. Wir parkten unseren Wagen im Schatten und gingen zu einer Stelle, von wo wir tief in ein breites Tal hinunterblicken konnten, das von den umgebenden Hügeln gebildet worden war. Das war einer unserer Lieblingsplätze. Obwohl wir es bei jedem Ausflug von neuem sahen, erfüllte uns der Anblick dieser majestätischen Berge, die aus einem so flachen und einförmigen Land aufragten, immer wieder mit Erregung und Ehrfurcht.

Die Sonne stand hoch über uns, und wir begannen, nagenden Hunger zu verspüren. Wir beschlossen, daß es Zeit sei, zu unserem privaten Lieblingspicknickplatz zu fahren. Wir bogen von der Hauptstraße ab und waren wiederum bald von ebener Wüste umgeben. Ab und zu fuhren wir an einem Luzernenfeld vorüber, das am Rande einer kleinen Oase gelegen war, oder an den Überresten eines verlassenen Hauses aus Lehmziegeln, das neben einem alten, schon lange nicht mehr benutzten Brunnen stand. Nachdem wir an einer Reihe von kleinen Bauernhöfen vorbeigefahren waren, kamen wir schließlich zu einer altbekannten Staubstraße, die zu unserem verborgenen Picknickplätzchen führte. Als wir diesen geheimen Platz entdeckt hatten, waren wir mit Hangen und Bangen auf dieser Privatstraße gefahren, uns bewußt, daß wir widerrechtlich das Land eines Fremden befuhren. Es war ein wunderschöner abgeschiedener Ort. Wir stellten unseren Wagen im Schatten eines Dattelpalmenhains ab und trugen unseren Proviant zu einer schattigen Stelle neben einem klaren, schäumenden Bach. (Später entdeckten wir, daß es ein Bewässerungskanal war.) Bald darauf erschien eine Frau mit zwei kleinen Kindern. Sie war über die Straße gekommen, die vom Bauernhof herführte, der auf der anderen Seite der Hauptstraße lag. Zu meiner großen Überraschung trug sie keinen Schleier. Sie strahlte uns an, während ihre zwei Kinder schüchtern hinter ihrem langen Baumwollrock hervorlugten. Wir spürten, daß sie sich darüber freute, uns ihr Land zur Verfügung stellen zu können, obwohl unsere Kommunikation sich in ein paar Höflichkeitsfloskeln erschöpfte. Wir erfuhren, daß ihr Ehemann, ein Bauer, im Haus beschäftigt war. Sie gab uns das Gefühl, willkommen zu sein.

Wir breiteten eine große Decke auf dem Boden aus, stellten unser Essen, Pappbecher und -teller in die Mitte und streckten uns am Rand aus. Es war eine wunderbare, träge Tageszeit, und wir genossen einen jeden Augenblick. Nach dem Essen wuschen wir uns im Bach die Hände und hörten dem besänftigenden Geräusch der Wasserpumpen in der Ferne zu. Dann sammelten wir die Überreste des Mahles auf und verstauten alles in Papiersäcke, die wir zu Hause wegwerfen wollten.

Nachdem wir unseren Picknickplatz aufgeräumt hatten, gingen wir auf dem Fußweg, der den Bauernhof entlang führte, bis zu den großen Stahlpumpen. Dank der ununterbrochenen Tätigkeit dieser knarrenden Ungeheuer wurde das kostbarste Gut des Landes, kostbarer noch als Öl, zutage gefördert. Das kühle Naß schoß in einem kräftigen Strahl in die Höhe, der dann in ein Labyrinth langer Gräben rann.

Auf der anderen Seite des Wasserlaufs lieferte ein riesiges tiefgrünes Luzernenfeld Futter für die Tiere, in der Hauptsache Esel, Schafe und Ziegen. Etwas weiter weg lag ein großes Salatfeld, das unserer Umgebung etwas mehr Farbe verlieh. Erst als ich nach Saudi-Arabien kam, erkannte ich, von welch großer Bedeutung in unserem Leben die Farbe ist. Ich fand es schwierig, mich an die Eintönigkeit der braunen Wüste zu gewöhnen, und daran, daß es keine anderen Farben gab. Selbst die Häuser waren zum größten Teil sandfarben. Ständig fühlte ich mich vom Anblick von etwas Grünem angezogen – auch wenn es nur ein Unkraut war.

Eines Tages sah ich nach einem heftigen Regen aus dem Hotelfenster und erblickte etwas Grünes. Ich rannte hinaus und betrachtete es hingerissen. Es war ein grünes Unkraut! Ich merkte, daß ich unseren Reichtum an Bäumen, endlosen grünen Feldern und meilenweitem grünen Ackerland zu Hause als selbstverständlich angenommen hatte. Bei der Farblosigkeit, die uns umgab, wurde Grün zu der Farbe, über die wir uns am meisten freuten, und dieser Picknickplatz war eine ungeheure Wohltat für unsere Augen.

Vom ersten Tag an kamen stets entweder der Mann oder die Frau, um uns zu begrüßen, und gaben uns zu verstehen, daß der Platz zu unserem Belieben bereitstand. Als wir einmal ankamen, sahen wir, wie unser Gastgeber mit zwei Männern in eine Auseinandersetzung verwickelt war, die ihren Wagen genau an unserem Platz geparkt hatten und sich anschickten, ein Picknick zu veranstalten. Nach viel Gestikulieren und Geschrei gelang es ihm, sie zu vertreiben, und wir fürchteten, daß wir nun als nächste an die Reihe kamen. Aber er lächelte und machte eine einladende Geste auf den geräumten Platz hin. Er wollte einfach nicht, daß irgend jemand uns störte. Mehrere Male schickte seine Frau ihren Jungen auf die Felder, um riesige Salatköpfe abzuschneiden, die als Geschenk zum Mitnehmen für uns gedacht waren. Wir waren von ihrer Freundlichkeit tief gerührt.

Begierig darauf, zu erfahren, warum die Hausfrau keinen Schleier trug, bat ich Abdul, zu einem unserer Picknicks mitzukommen. Er sprach des langen und breiten mit ihr und erzählte uns später, daß sie keinen Schleier trug, weil sie keine Saudi war. Sie und ihr Ehemann waren beide Ägypter. Sie bearbeiteten den Bauernhof für einen ägyptischen Vetter, der eine Saudiaraberin geheiratet hatte und später saudischer Staatsbürger geworden war. Das berechtigte ihn dazu, sich von der Regierung Geld zu beschaffen, um den Bauerhof zu kaufen.

Als wir einige Wochen später zu unserem allwöchentlichen Picknick erschienen und begonnen hatten, uns bei unseren neuen Freunden wie zu Hause zu fühlen, führte ich eine begrenzte Unterhaltung mit der Bauersfrau, hauptsächlich in der Zeichensprache. Sie war eine beleibte Frau und tat sich beim Gehen sehr schwer. Ich setzte ihr auseinander, daß ich ein Arzt, *tabib*, sei. Daraufhin zeigte sie unter Ächzen und Stöhnen auf ihre Knöchel, die sichtlich geschwollen waren und ihr ständige Schmerzen verursachten. Ich versuchte, sie dazu zu überreden, sich ins Krankenhaus zu begeben, aber sie schüttelte den Kopf. Wahrscheinlich hatte sie sich noch nie weit von zu Hause fort gewagt. Die weit entfernte Stadt Riad überstieg ihr Fassungsvermögen und stellte für sie eine erschreckende, unbekannte Welt dar.

Obwohl ich es lieber gesehen hätte, wenn sie ins Krankenhaus gegangen wäre, sah ich ein, daß das ein Ding der Unmöglichkeit war. Sie hätte ihre Probleme mir gegenüber gar nicht erwähnt, wenn Ruth sie nicht dazu ermutigt hätte. Ich versprach, ihr Medikamente zu besorgen, und gab ihr in der folgenden Woche einige Pillen, Diuretika, damit die Schwellung ihrer Knöchel zurückging. – Als wir am nächsten Freitag wiederkamen, lächelte sie und dankte uns, wobei sie auf ihre Knöchel zeigte, um anzudeuten, daß es viel besser geworden war.

Das Einkaufen in den Märkten von Riad erwies sich für die Frauen als entnervendes und zeitaufwendiges Unternehmen. Anfangs pflegte mir Ruth lachend zu erzählen, was für ein komisches Gefühl sie dabei hatte, wenn sie ihren langen Rock hinter sich durch die staubigen *suqs*, die einheimischen offenen Märkte, nachzog und sich fragte, ob die Säume wohl unseren ganzen Aufenthalt überstehen würden. Aber nach einer Weile wurden die langen Kleider für sie zu etwas ganz Natürlichem, und wenn wir einen Blick von »Ausländern« erhaschten, die auf Besuch waren und in einem Hotelfoyer herumspazierten, kamen uns ihre kurzen Röcke fast exzentrisch und anstößig vor.

Im allgemeinen gab es in den Geschäften Nahrungsmittel in

Hülle und Fülle, und sie waren nicht allzu teuer. Es gab ein ausreichendes Angebot an tiefgefrorenem Fleisch aus Dänemark, Australien und Neuseeland. Lamm- und Rindfleisch, das hierorts geschlachtet worden war, war nicht abgelegen genug und entsprach nicht unserem westlichen Geschmack. Konserven, Getreideflocken, Brot und Milchprodukte kamen per Schiff aus den Vereinigten Staaten. Kekse, Marmeladen und Süßigkeiten kamen aus England und Deutschland. Frische Fische und Krabben waren in den Fisch-*suqs* erhältlich. Frisches Obst und Gemüse aus dem Libanon gab es im Überfluß und zu recht vernünftigen Preisen auf den hiesigen offenen Märkten. Auch tiefgefrorenes Gemüse war erhältlich, aber es war teuer. Käse kam aus Europa, Butter aus Frankreich und Milch in verschiedenen Formen aus den Vereinigten Staaten und England.

Manchmal verschwanden bestimmte Nahrungsmittel für unterschiedlich lange Zeiten aus den Regalen, und zwar wegen des Andrangs im Hafen Dschidda, wo nur eine begrenzte Anzahl von Anlegeplätzen vorhanden war. Manche Schiffe warteten bis zu vier Monaten, bis sie einen Anlegeplatz bekamen und entladen konnten. Leichtverderbliche Nahrungsmittel wurden einfach über Bord geworfen. Ruth lernte, sich schließlich mit dem zu behelfen, was letztlich seinen Weg auf die Märkte fand. Trotz der Frachtkosten, die beträchtlich hoch gewesen sein müssen, kosteten die meisten Waren nicht viel mehr als in Amerika.

Wenn Ruth nicht da war, kaufte ich am liebsten in der »Hühnchenstraße« ein. Hier konnte ich Grillhuhn am Spieß bekommen und gleich essen; in der Nähe war ein offener Markt, wo es frisches Obst und Gemüse gab – die ideale Zusammenstellung für eine Junggesellenmahlzeit –, nicht gerade nobel, aber durchaus zureichend.

Das Einkaufen war – trotz aller Schwierigkeiten – der Lieblingszeitvertreib der ausländischen Frauen. Zwar war die Jagd nach Lebensmitteln eine Plage, doch andere Einkäufe machten Ruth und ihre Freundinnen sehr gern; sie empfanden es als völlig neue Erfahrung, oft als eine Herausforderung und immer als eine Attraktion. Krankenhausbusse holten die Frauen an geeigneten Standorten in der Nähe ihrer Wohnungen ab, fuhren sie in die Stadt und holten sie später wieder ab. Die Frauen fuhren immer in Gruppen.

Was wirklich faszinierend war, waren die Basare. Derjenige, den Ruth am reizvollsten fand, befand sich auf einer riesigen Fläche voller gewundener Gäßchen, Geschäfte und Stände – alles unter einem Dach. Die offenen Stände waren winzig, standen dicht nebeneinander und waren vollgestopft mit ihren Spezialerzeugnissen. Zum Beispiel gab es Dutzende von Geschäften, die nichts als Stoffe jeder Farbe, jedes Materials und jedes Musters führten. Nicht nur waren die Stoffe auf Regalen ausgestellt, auch der Fußboden war knietief mit den bunten Stoffballen bedeckt, weil die Inhaber eine Länge nach der anderen abwickelten, um genau den richtigen zu finden.

Als Ruth einige Monate in Saudi-Arabien war und ihr Tagesablauf sich eingespielt hatte, merkten wir, daß sie ein Leben führte, das dem einer Saudi-Frau sehr ähnlich war, ja ihm fast haargenau glich, nur mit der Ausnahme, daß sie keinen Schleier trug.

Üblicherweise waren wir am Freitag zusammen und besuchten gemeinsam die Krankenhauspartys, aber zum Großteil verbrachten wir unser Leben getrennt voneinander. Das lag in erster Linie an meiner Arbeit, ein weiterer Grund dafür waren aber auch die von Saudis ausgesprochenen Einladungen zu geselligen Abenden, die ich nicht gut ablehnen konnte (sei es aus Höflichkeit, sei es aus purer Neugierde) und die ich allein oder in Gesellschaft meiner Ärztekollegen besuchte. Ruth zeigte sehr viel Verständnis für diese Gegebenheiten und verabredete sich üblicherweise mit den anderen Ehefrauen – so wie die Saudi-Frauen. Gelegentlich wurden wir beide von Saudis zu ihnen nach Hause eingeladen und nahmen mit Vergnügen an, aber das war die Ausnahme von der Regel.

Manchmal sagte Ruth, das Hotel erscheine ihr wie ein Harem. Der Gedanke kam ihr, daß der Harem – weit davon entfernt, ein unmoralischer Ort voller Eifersüchteleien und kleinlicher Intrigen zu sein – für die Frauen und Konkubinen, die darin lebten, wahrscheinlich eine wichtige Quelle der Freundschaft und des Trostes gewesen war. Genau wie auch heute noch waren die Frauen aus der Gesellschaft aller Männer ausgeschlossen, die nicht mit ihnen verwandt waren, bekamen ihre Männer kaum je zu Gesicht und speisten nur selten mit ihnen. Deshalb muß es ein willkommenes Ereignis gewesen sein, wenn eine weitere Ehefrau zu einem nur aus Frauen bestehenden Haushalt hinzukam, jemand, mit dem man plaudern oder Kleider und Schmuck austauschen oder die Freuden und Leiden der Mutterschaft teilen konnte. Jedenfalls bereiteten Ruth die Gesellschaft der anderen Ärztefrauen und die Aktivitäten, die sie miteinander ausübten, große Freude, und sie schloß viele Freundschaften, die von Dauer waren.

Die saudiarabische Regierung sieht jede Ansammlung einer größeren Menschenmenge mit Mißfallen. Die Versammlungsfreiheit ist ein Recht, das die Saudis noch nicht genießen. Diese Einschränkung gilt erst recht für die sich im Land befindlichen Ausländer. Als deren Ehefrauen den Beschluß faßten, eine Reihe von monatlichen Zusammentreffen zu organisieren, stießen sie daher auch wegen ihrer großen Zahl und vor allem deswegen, weil sie Frauen waren, auf beträchtlichen Widerstand. Unbeirrbar jedoch vereinbarten die Frauen, ihre Zusammenkünfte im Speisesaal des Intercontinental abzuhalten, um damit zu zeigen, daß nichts Geheimes an ihren Aktivitäten war.

Mehrere hundert Frauen trafen sich somit jeden ersten Montag im Monat. Sie kamen aus aller Herren Länder: den Vereinigten Staaten, Frankreich, Deutschland, Korea, Skandinavien, Japan, Italien, Indien, dem Libanon und Ägypten, um nur einige zu erwähnen. Jeden Monat war ein anderes Land für ein Programm verantwortlich. Saudi-Frauen waren willkommen, aber nach Aussage von Ruth beteiligten sich nur sehr wenige, wenn überhaupt welche, daran. Sie betrachtete diese Zusammenkünfte als etwas wirklich Besonderes und berichtete mir ausführlich darüber.

Am späten Vormittag trafen die Ärztefrauen mit dem Krankenhausbus ein und plauderten miteinander beim Kaffee, bevor das Programm begann. Die Programme unterschieden sich völlig voneinander. Es gab Modenschauen, wobei Mitglieder als Mannequins fungierten. Eine britische Meeresbiologin und Fotografin, die bei der Erforschung des Unterwasserlebens im Roten Meer mitarbeitete, zeigte prachtvolle Farbdias von exotischen Korallenfischen und anderen farbenprächtigen Tiefseelebewesen. Einmal unterhielt sie eine Konzertpianistin aus Deutschland. Ein anderes Mal bekamen sie eine Kostprobe der indischen Kochkunst. Das Programm, das Ruth am besten gefiel, so sagte sie mir, wurde von einer Gruppe aus Japan dargeboten, die ihre wunderschönen Nationaltrachten trugen und eine Vorführung der Teezeremonie und des Blumenarrangierens gaben. Ruth war bezaubert von diesen zierlichen, anmutigen Frauen in ihren bunten Seidengewändern, obwohl sie in Saudi-Arabien fehl am Platz schienen.

Nach dem Ende des Programms hielten die Frauen eine kurze Vereinssitzung ab, legten verschiedene Berichte vor und führten neue Mitglieder ein. Dann setzten sie sich alle zu einem gemütlichen Mittagessen, bevor jede von ihnen wieder nach Hause fuhr.

Eines der Erlebnisse, die Ruth am meisten forderten, war ein Rundgang durch den Königlichen Gästepalast für einige Frauen, die aus verschiedenen Teilen des Landes mit ihren Ehemännern nach Riad kamen, um an einer Ärztetagung teilzunehmen. Ich war für die Organisation des medizinischen Programms verantwortlich und Ruth für die gesellschaftlichen Aktivitäten. Der Gästepalast war der Wohnsitz des verstorbenen Königs Saud gewesen, der wegen seiner verschwenderischen Regierungsführung gezwungen worden war, ins Exil zu gehen. Nach seinem Tod war der Groll gegen ihn so tief, daß sein ehemaliger Palast dem Verfall preisgegeben wurde. Vor kurzem aber war er restauriert worden, um als Gästepalast für Staatsbesuche zu dienen. Algernon Asprey, der exklusivste Innenarchitekt Englands, wurde für diese Aufgabe ausgewählt, deren Fertigstellung drei Jahre brauchte. Man hatte Ruth erzählt, daß das Innere des Palastes einfach grandios sei, daß Frauen jedoch sein Betreten nie gestattet worden war. Sie war jedoch dazu entschlossen, den Ehefrauen, die zu Gast waren, die Gelegenheit zu verschaffen, eine Rundgang durch den Palast und durch die umliegenden Gartenanlagen zu machen.

Zunächst schien die Sache hoffnungslos. Man teilte Ruth mit, daß Frauen nicht erwünscht seien und daß die Führung im letzten Augenblick abgesagt werden könnte, entweder aufgrund einer Laune der Regierung oder aufgrund eines bedeutenden Staatsbesuchers. Ruth bestand jedoch hartnäckig darauf, und schließlich wurde ihr die Erlaubnis erteilt. Sie kam dann in den Genuß einer Privatführung durch den ganzen Palast, bis auf die Wohnräume im ersten Stock.

Bei der Schilderung des großen Hauses geriet sie in Verzükkung: Die Decke des Hauptsaales war mindestens drei Stockwerke hoch und mit einem wunderschönen Balkon und mindestens einem Dutzend funkelnder Kristalleuchter geschmückt. Jeder Raum hatte so eindrucksvolle Ausmaße, daß die Ausstattung, wie prunkvoll auch immer, nicht unpassend aussah. Zahlreiche Salons gingen vom Hauptgang aus, mit Satinvorhängen vor den hohen, imposanten Fenstern. Zahllose französische, mit Seidenbrokat überzogene Sofas standen herum, daneben elegante Tischchen mit Einlegearbeiten und wunderschöne alte, aus seltenen Hölzern geschnitzte Kommoden.

Im Speisezimmer war Platz für Hunderte von Gästen. Geschnitzte Stühle mit hohen Lehnen standen um Dutzende langer Tische herum, und elegante farbenprächtige Buketts aus frischen Blumen schmückten die Tische. Jeden Tag trafen ganze Flugzeugladungen von Blumen ein für die prachtvollen Blumenarrangements, die in jedem Raum zu finden waren.

Die geräumigen Büros der diversen leitenden Beamten der saudischen Regierung waren nach dem Geschmack derer, die darin residierten, ausgestattet, von ultramodern bis sehr traditionell. »Es war eine Traumwelt«, sagte Ruth abschließend.

Am Nachmittag nach ihrer Privatführung fand das große Ereignis statt. Als die Busse ankamen, stand sie vor dem Eingang des Palastes, um die Gäste zu begrüßen, und führte sie dann hinein. Schweigend gingen sie von Zimmer zu Zimmer, ein Schweigen, das nur von Ausrufen der Überraschung über die verschwenderische Ausstattung und die kostbaren Antiquitäten unterbrochen wurde, die von dem Londoner Innenarchitekten ausgewählt worden waren. Wegen der ungeheuren Größe des Palastes und der ehrfurchteinflößenden Umgebung dauerte die ganze Führung zwei Stunden. Am Schluß wurden die Frauen in einen in Blaßrosa gehaltenen französischen Salon komplimentiert, wo ihnen Tee und feines Gebäck angeboten wurde. Dann wurde jede Besucherin zu ihrem Entzücken und zu ihrer Überraschung mit einem Päckchen bezaubernder Souvenirs bedacht, das aus hübsch verpackten Parfüms, Seifen, Notizblocks und Kugelschreibern bestand, die alle mit dem Wappen Saudi-Arabiens versehen waren. Die Worte »Königlicher Gästepalast« waren in Grün daraufgedruckt.

Als ich Ruth eines Tages fragte, welches Ereignis ihr von ihrem Aufenthalt in Saudi-Arabien am deutlichsten in Erinnerung geblieben war, antwortete sie, ohne zu zögern: »Der Abend im ›Verein Saudischer Frauen‹ war eines der außergewöhnlichsten Erlebnisse meines Lebens«, sagte sie begeistert. »Es war ein unvergeßlicher Abend.«

Der »Verein Saudischer Frauen« war der erste dieser Art in Saudi-Arabien und wurde von der unerschrockenen Königin Iffat gegründet. Diese mutige Frau mußte unzählige Hindernisse überwinden, bevor sie ihn ins Leben rufen konnte. Vereine waren in Saudi-Arabien allgemein verboten, und eine Versammlung von Frauen war einfach unvorstellbar. Aber Iffats

Ehemann war König Faisal, und ihr Einfluß auf ihn war beträchtlich. Hätte er länger gelebt, so hätte Iffat sicher viel an der Lage der Frauen in Saudi-Arabien geändert. Die Einwände der streng korangläubigen Moslems entkräftete sie dadurch, daß der Klub sowohl der Religion, der Mildtätigkeit und der Krankenfürsorge als auch erzieherischen, sozialen und kulturellen Aktivitäten gewidmet war. Die Gründung eines Frauenvereins war ein gewagter Schritt nach vorn, ein völliger Bruch mit der Tradition und eine ganz neue Idee. Die Frauen liebten ihn heiß.

Das Vereinshaus bestand aus zwei Gebäuden auf einem großen, mit einer Mauer umgebenen Grundstück. Die Mitglieder trafen sich in verschiedenen Räumen, um ihre soziale Tätigkeit auszuüben, oder versammelten sich in einem großen Vortragszimmer zu Vorträgen, Unterhaltungs- oder anderen Programmen. Höhepunkt und Abschluß der Aktivitäten war der bunte Abend zur Feier der letzten Versammlung im Jahr. Es war das erste Mal, daß Frauen aus dem Westen zu einer Abendveranstaltung des Vereins gebeten worden waren; einige hundert folgten der Einladung.

Schon der Beginn des Festes war effektvoll, als die Gäste, natürlich nur Frauen, durch die Eingangstore komplimentiert wurden. Einige der saudischen Frauen waren elegant gekleidet, andere wieder trugen schlichtere Kleider mit langen Ärmeln, wie auch Ruth.

Der Boden war zur Gänze mit farbenprächtigen orientalischen Teppichen ausgelegt. Ein riesiges halbes Zelt war am oberen Ende des Saales errichtet worden. Es war von einer Gruppe von Beduinenfrauen aus feiner schwarzer Wolle gewebt worden, eine Aufgabe, deren Fertigstellung ein ganzes Jahr benötigte. Auf einem kleinen Bereich vor dem Zelt konnte man bei dieser mühevollen Arbeit zusehen: Einige Beduinenfrauen saßen am Spinnrocken und drehten die feine Kamelwolle mit den Fingern.

Das hohe Zelt hatte die Form eines Halbkreises, um dessen Peripherie eine Reihe von großen Kissen plaziert worden war, hauptsächlich aus Samt, auf denen etwa zwölf saudische Frauen saßen. Das waren die Gastgeberinnen. Einige trugen Landestrachten, darunter auch Hochzeitskleider aus den verschiedenen Landesregionen. Die Hochzeitskleider, nur selten weiß, leuchteten in einer ganzen Skala von intensiven Farben und ergänzten damit die kunstvollen goldenen Kopfbedeckungen. Selbst die Hände waren mit feinen goldenen Geweben bedeckt, die mit Bändern über den Fingern befestigt waren. Die wohlhabenderen saudischen Gastgeberinnen waren nicht in Tracht, sondern in herrliche Pariser Kreationen, Schöpfungen der großen Couturiers, gekleidet. Eine von ihnen war eine wunderhübsche Prinzessin, die um den Hals einen kostbaren zarten Schmetterling aus Diamanten trug, der an einem dünnen Goldkettchen hing. Ruth sagte, daß die Gastgeberinnen insgesamt jung und auffallend schön waren. Groß, schlank und anmutig standen sie da, mit edlen Gesichtszügen und rabenschwarzen Haaren. Wie schade, dachte sie, daß sie immer verschleiert sein müssen, außer im Familienkreis, in Anwesenheit anderer Frauen und der Diener.

Zwei lammfromm aussehende Kamele standen vor dem Zelt. Daneben saß eine Gruppe von Dienern, die die Flammen eines Holzfeuers mit großen Blasebälgen anfachten. Über dem Feuer hingen riesige Kaffeetöpfe aus Messing, deren Dampf nach Kardamom und starkem Kaffee duftete. Schwarze Dienerinnen, einige davon ehemalige Sklavinnen, gossen den gewürzten Kaffee in winzige, zerbrechliche Porzellantassen und reichten Silbertabletts mit köstlichen gefüllten Datteln herum, während die Trachten den Eingeladenen zwanglos vorgeführt wurden.

Während sie sich anmutig unter ihren Gästen bewegten, versuchten fast alle dieser saudischen Frauen, Englisch zu sprechen, gelegentlich sogar recht gut. Ruth und ihre englische Freundin Joan Dann machten mit ihnen einfache Konversation. Nach der Modenschau begrüßte die Präsidentin des Vereins, eine vornehme junge Prinzessin, ihr Publikum mit einer Rede, die sie ohne Schwierigkeiten über ein Mikrophon vorlas. Sie war gekonnt verfaßt und erläuterte den Zweck ihrer Organisation.

Nachdem sie diese beendet hatte, wurden die Gäste in eins der zwei Gebäude geführt, wo mehrere Räume mit runden Eßtischen ausgefüllt waren. In einem großen Zimmer standen Männer, riesige Servierbretter mit dampfendem Lamm und Hühnchen vor sich, bereit, es zu tranchieren und aufzutragen. Zehn oder zwölf Vorschneider waren alle paar Meter entlang der Tische postiert, die an drei Seiten des Zimmers in einer ununterbrochenen Reihe aufgestellt waren.

Mit einiger Belustigung sahen die Besucherinnen, wie die Prinzessinnen und noch prominenteren Gastgeberinnen in ihren prachtvollen Kleidern und bezaubernden Frisuren halfen. Ruth sagte, sie sei sich gewiß, daß nicht eine von ihnen je auch nur einen Teller vorher in die Hand genommen hatte. Zu Hause waren sie von zahllosen Dienern umgeben, so daß jegliche auch nur entfernt an Haushaltsarbeit gemahnende Tätigkeit eindeutig unter ihrer Würde war. Ihre Bemühungen, ihre Gäste auf diesem wunderbaren Fest zu bedienen, sollten wahrscheinlich Freundschaft und Achtung zum Ausdruck bringen.

Nach dem Essen wurden die Frauen in ein zweites Gebäude geleitet, wo der Vortragssaal gelegen war. Joan und Ruth saßen ziemlich nahe an der Bühne, waren jedoch kaum auf das erstaunliche Unterhaltungsprogramm gefaßt, das nun folgte.

Eine Gruppe von acht jungen saudischen Frauen, die im Hintergrund der Bühne in einem Halbkreis auf dem Boden saßen, spielten verschiedene Musikinstrumente, von Streichinstrumenten bis zu primitiven Trommeln. Bald stand eine der Musikerinnen auf, um zu singen. Ihr Auftritt war heiter, und das Lied, aus dem Begeisterung sprach, wurde von lautem rhythmischem Klatschen untermalt. Für westliche Ohren war die Dissonanz irritierend.

Während der nächsten Stunde erschienen junge Frauen in der Landestracht oder in züchtigen langen Abendkleidern auf der Bühne, um zu tanzen. Für gewöhnlich tanzten je zwei gleichzeitig, indem sie einander mit exotischen Bewegungen umkreisten und gelegentlich sogar einen Knöchel herzeigten! Während eines Tanzes lösten die Frauen ihr langes Haar und schwenkten ihre Köpfe herum, so daß ihre Haare wild hin und her flogen. Das Finale bestand aus Bauchtanz. Sie vollführten diesen Tanz mit einer solchen Eleganz und Anmut, daß Ruth das Gefühl hatte, er verdiene eine würdevollere Bezeichnung.

Das Fest endete um Mitternacht mit der Ankunft der Busse und Autos. Ruth und Joan verabschiedeten sich von ihren neuen saudischen Freundinnen, dankbar für die Gelegenheit, daß sie an der Persönlichkeit und Herzlichkeit der Welt der Frauen in Saudi-Arabien teilnehmen durften. Vor dem Tor fiel Ruth eine Reihe von Rolls Royces mit Chauffeuren auf, die vor dem Zelt Schlange standen. Das war nicht das Märchen von Aschenbrödel, schoß es ihr durch den Kopf: Diese Limousinen würden sich nicht in Kürbisse verwandeln!

14.
Die Probleme
mit »meinem Freund«

Im April bekam ich den ersten Niederschlag seit fünf Monaten zu Gesicht. Kurz andauernde, sintflutartige Regenfälle überfluteten die Staubstraßen und trockenen Flußbetten, und dann versickerte der Regen in den durstigen Erdboden. Die durchschnittliche jährliche Regenmenge in diesem Gebiet beträgt nur fünfzig Millimeter. Die Tage wurden langsam wärmer, das Thermometer kletterte auf fast fünfzig Grad Celsius im Schatten. Die Gehsteige, die Blasen aufwarfen, und die Sprünge im Mörtel neuer Gebäude in Riad zeugten von den verheerenden Auswirkungen der Hitze und Trockenheit.

Bald nach unserer Ankunft wurde der bedenkliche Mangel an Wohnungen für die Ärzte bei den Personalversammlungen im Krankenhaus zu einem akuten Problem. Schließlich wurde beschlossen, die besten Wohnungen nach einem Punktesystem zu vergeben: ein Punkt für jeden Monat Aufenthalt in Riad und ein halber Punkt für jedes Kind unter achtzehn Jahren. Die größten Villen wurden denen zugewiesen, die am längsten im Krankenhaus waren und die kleinsten Kinder hatten. Da wir keine kleinen Kinder hatten, bekamen wir erst nach einem Jahr das Anrecht auf eine Villa.

Nach sechs Monaten hatten wir uns endlich das Anrecht auf eine der Wohnungen in der Petromin-Siedlung erworben. Sie bestand aus einem ziemlich großen Wohnzimmer, zwei Schlafzimmern, einer Küche und einem Bad. Als wir sie zum ersten

Mal in Augenschein nahmen, war Ruth begeistert von den vielen Schrankräumen, traute jedoch ihre Augen kaum, als sie den Zustand sah, in dem die Badewanne war. Einer der jemenitischen Arbeiter hatte darin Farben gemischt, und wir brauchten Wochen, bis wir sie sauber genug geschrubbt hatten, um ein Bad darin zu nehmen. Erwartungsvoll blickten wir dem Tag entgegen, an dem wir in die geräumigeren Villen auf dem Krankenhausgelände und später in die eleganten Prinzessin-Sara-Villen, den Gipfelpunkt allen Wohnens, ziehen würden, die sich noch im Bau befanden.

Bald nachdem wir in die Petromin-Siedlung gezogen waren, hatte ich mein erstes Erlebnis mit einem *schamal*. Ruths Rückkehr von einer kurzen Londonreise stand bevor, und ich war damit beschäftigt, die Wohnung vor ihrer Ankunft in Ordnung zu bringen. Um einen besonders guten Eindruck zu machen, saugte ich den Staub auf allen Teppichen und ging dann daran, die Möbel abzustauben, aber das schien eine Sisyphusarbeit zu werden. Je mehr ich abstaubte, um so mehr Staub tauchte auf. Die Staubschicht wurde so dick, daß ich meinen Namen hineinschreiben konnte. Dann spürte ich, wie mich etwas leicht im Nacken stach. Ich blickte auf und sah, wie ein dünner Sandstrahl aus einem Gitter in der Decke rieselte und alles in Sichtweite bedeckte. Ich hörte, wie der Wind heulte und den Sand gegen die Fenster peitschte. Die Sonne verschwand, und alles wurde von einer dichten Sandwolke verfinstert.

Nun rann er in ununterbrochenem Strahl aus dem Gitter. Die Bauherren aus Jemen hatten merkwürdige Apparaturen installiert, die sich »Wüstenkühler« nannten und Luft von außen nach innen transportieren sollten. Die Kühler erzeugten keine Kälte auf elektrischem Wege, sondern setzten einfach die »gekühlte« Wüstenluft in der ganzen Wohnung in Bewegung. Sie standen einladend offen und boten so dem *schamal* ungehinderten Zugang in die Wohnung. Sand wehte weiterhin von überall herein, einschließlich der winzigsten Öffnungen in den Fenstersimsen.

Es dauerte Wochen, bis alles wieder sauber war. Alles war von einer dünnen Sandschicht bedeckt, sogar zwischen Buchseiten fand ich Sand. Als Ruth am nächsten Tag ankam, verlieh sie ihrer Enttäuschung Ausdruck. »Für normal machst du das besser«, sagte sie. »Es ist Sand im Speiseschrank, und sogar im Tee habe ich Sand gefunden.«

Sie hatte noch nie von einem *schamal* gehört.

Ich erklärte ihr, daß ein *schamal* riesige Ausmaße annehmen kann, besonders in der östlichen Provinz, wo erbarmungslose Sandstürme tagelang wüten, den Anstrich der Gebäude wegblasen, Bäume umwehen und Flugzeuge dazu zwingen, in einer Höhe von fünftausend Metern zu fliegen, um dem Sand und dem Staub zu entkommen, der einem die Sicht nimmt.

»Ich hätte in London bleiben sollen«, sagte sie, »da muß ich nach einem dichten Nebel wenigstens nicht aufräumen.«

Es war ein unvergeßliches Erlebnis, in Petromin zu wohnen. Damals war das Wohnhaus noch am Rande Riads gelegen, und in der Nacht konnten wir oft wegen des Geheuls ganzer Rudel von wilden *saluki*-Hunden nicht schlafen, die in dieser Gegend herumstrichen. Am Abend nach Hause zu fahren war immer ein abenteuerliches Unterfangen. Aufgrund des Baubooms tauchten die Staubstraßen, die zur Wohnung hinführten, ganz plötzlich auf und verschwanden innerhalb von Stunden wieder, da die Planierraupen riesige Erdhügel verschoben und dabei die Zugänge zu Gebäuden oft völlig blockierten.

Während unserer ersten sechs Monate in Riad gab es wenig – wenn überhaupt – gesellschaftlichen Kontakt mit den Saudis, und die Ausländerkolonie blieb im großen und ganzen unter sich. Die Engländer hatten ihre eigene Clique und nahmen jeden ankommenden Landsmann freundlich auf. Die Amerikaner waren keine ganz so eingeschworene Gemeinschaft, zeigten aber doch auch die Neigung, eher mit Landsleuten zu verkehren. Die Ägypter und Libanesen blieben völlig unter sich.

Im Lauf der Zeit jedoch rissen Freundschaften von Mensch

zu Mensch die nationalen Schranken nieder. Jede Gruppe akzeptierte allmählich die andere, und so wurden Dinnerpartys immer häufiger. Die Unterhaltungen wurden ungezwungener und heiterer.

Da Freitag Feiertag war, fanden Krankenhausfestivitäten im allgemeinen am Abend zuvor statt. Üblicherweise begannen sie um neun Uhr und endeten um zwei Uhr morgens. Das einzige alkoholische Getränk, das zur Verfügung stand, war *sadiki*, »mein Freund«, der in einem Obstpunsch oder mit Tonicwasser serviert wurde. Uns allen fehlte unser Scotch, unser Gin und unser Wodka.

Da es auch keinen Wein gab, lernten wir, unseren eigenen herzustellen, und oft kamen uns beim Betreten der Wohnung eines Amerikaners oder Engländers die gurgelnden Geräusche und die Gerüche gärenden Weins entgegen. Als wir eines Abends zum Essen eingeladen waren, machte ich meinem Gastgeber ein Kompliment über seinen Wein. Er erhob das Glas und erwiderte: »Ach ja, der September war ein guter Monat.« Immer wenn ich in irgendeinem feinen französischen Restaurant einen guten Jahrgang aussuche, fällt mir diese Bemerkung ein.

Zu unserem ersten Weihnachtsfest kam ein Prinz, ein ehemaliger Patient, ins Al Sharq und brachte Wein, Scotch und Wodka, getarnt in einer Einkaufstasche, die mit alten Zeitungen angefüllt war. Ohne ein Wort zu sagen, stellte er die Tasche auf den Tisch und ging wieder. Es ist gesetzlich verboten, Alkohol zu importieren, in Besitz zu haben oder zu konsumieren. Deshalb neigen viele Saudis zur Überkompensation und trinken viel, wenn sie im Ausland sind. Wenn sie im Lande trinken, nennt man das *munkar*, moralische Verworfenheit. Das Komitee zur Unterstützung der Tugend und Ausrottung des Lasters versucht, das Alkoholproblem in den Griff zu bekommen, dringt aber glücklicherweise nie in die Privatsphäre der Bürger ein.

15.

Im Leeren Viertel

Einen Monat später befand ich mich auf dem Wege nach Khamis Mushayt, einer kleinen Stadt in der Provinz Asir, einer gebirgigen Region an der Südküste des Roten Meeres nahe der jemenitischen Grenze. Es lag etwa achthundert Kilometer südwestlich von Riad und grenzte an die riesige Wüste, die man das »Leere Viertel« nennt. Ich flog auf Einladung von Dr. Stewart Randall dorthin, eines amerikanischen Arztes, der in einem Militärkrankenhaus in dieser entlegenen Gegend arbeitete. Da keine Telefonverbindung zwischen Khamis Mushayt und Riad bestand, hatte Stewart mich einige Wochen vorher über Funk wegen einer amerikanischen Krankenschwester kontaktiert, die an starken Schmerzen im Unterleib litt. Er wollte, daß man sie zur Diagnose und Behandlung zu unserem Krankenhaus in Riad flog. Wir trafen die notwendigen Vorkehrungen für ihren Krankenhausaufenthalt, und in der Folge ergaben unsere Tests, daß eines der kleinen Blutgefäße, die in den Darmkanal münden, blockiert war. Wir konnten sie mit Erfolg behandeln, und sie kehrte nach Khamis Mushayt zurück. Nun befand ich mich auf dem Weg, ihr Krankenhaus zu besichtigen und meine Patientin zu untersuchen. Es freute mich, diesen malerischen Teil des Landes kennenzulernen.

Moussa aus der Transportabteilung hatte eine Flugkarte erster Klasse für mich organisiert und sich dies schriftlich bestätigen lassen. Zehn Minuten, nachdem ich mich am Flughafenschalter angemeldet hatte, wurde ich über den Lautsprecher ausgerufen, und der Agent, ein Saudi, verlangte, ich solle meine Flugkarte erster Klasse zurückgeben und zweiter Klasse fliegen. In der Vermutung, daß mein Platz von einem Mitglied der Königsfamilie beansprucht wurde, weigerte ich mich und zeigte ihm Moussas schriftliche Bestätigung.

Als der Abflug ausgerufen wurde, bestieg ich das Flugzeug und ging vor zum Abteil erster Klasse, wo sich vier leere Sitze befanden. Bald kam der Saudi-Agent in Begleitung eines untersetzten beduinischen Gardisten in einer Khakiuniform an Bord, der ein Gewehr in der Hand hielt und sich offensichtlich höchst unbehaglich fühlte. Ich war mir sicher, daß das Gewehr nicht geladen war. Der Gardist machte einen ängstlicheren Eindruck als ich, während er von einem Fuß auf den anderen trat. Der Agent bestand darauf, daß ich mich in die zweite Klasse begab. Ich weigerte mich und sagte ihm, er müsse einen zweiten Gardisten holen und mich wegtragen lassen, weil ich mich nicht vom Fleck rühren würde.

»Es werden zwei Gardisten nötig sein«, sagte ich, »weil ich achtzig Kilo wiege und dieser Gardist ziemlich klein und schmächtig ist.« Während wir miteinander sprachen, bestieg ein Mitglied der Königsfamilie mit einer Ehefrau und zwei Kindern das Flugzeug. Er schätzte die Situation augenblicklich richtig ein und verfrachtete seine Kinder in die zweite Klasse.

Auf dem eineinhalbstündigen Flug überquerten wir einen Teil des riesigen und abweisenden Leeren Viertels, der größten Sandwüste der Welt. Dieses Meer hoher, sich immer wieder verändernder Sanddünen, das fast dreimal so groß ist wie die gesamte Bundesrepublik Deutschland, erstreckt sich vom Bergland von Jemen an der Südwestküste Saudi-Arabiens bis zum Vorgebirge von Oman fast fünfzehnhundert Kilometer weiter östlich und reicht über achthundert Kilometer von Jemen im Süden bis zum Arabischen oder Persischen Golf im Nordosten. Diese »Wüste in der Wüste« ist so ungeheuer groß, daß sie mehr als ein Jahrtausend unerforscht blieb, bis Bertram Thomas und später Harry St. John Philby – beides Engländer – sie auf Kamelen durchquerten. Thomas war der erste, der im Jahr 1930 die *Rub Al Khali,* das Leere Viertel, durchquerte, und Philby folgte zwei Jahre später. In einem Brief an den Generalfeldmarschall der Königlich Britischen Luftwaffe aus dem Jahr 1926 machte der legendäre T. E. Lawrence den Vorschlag, die RAF solle die Wüste überfliegen und damit eine »Ära der Entdeckung einleiten«. »Nur ein Luftschiff kann es schaffen«, schrieb er, »und ich möchte, daß es eines von unseren ist, das sich diese Lorbeeren holt.«

Mein erster Anblick des Leeren Viertels entsprach ganz meinen Vorstellungen von einer großen Wüste. Die Sanddünen sahen aus wie gewaltige Wogen oder wie eine riesige ozeanische Düne aus feinem Sand, eineinhalb Kilometer lang, manchmal bis zu einer Höhe von sechshundert Metern aus der flachen Ebene aufragend. Die vorherrschenden Nordwinde verwandelten die Windseite der Dünen in steile, gewölbte Abhänge, zu steil, als daß ein Kamel sie erklimmen könnte. Andere Dünen wieder hatten die Form von Kuppeln und Sicheln oder bildeten langgezogene, spektakulär aussehende, tiefrote oder rostbraune, parallel zueinander verlaufende Abhänge, die von den Beduinen *urug* (Adern) genannt werden. An manchen Stellen erschienen die Dünen cremefarben, weiß oder rot in jeder nur vorstellbaren Schattierung. Einige Hügelspitzen leuchteten grüngolden. In den flachen Zonen sah der Sand gerippt oder spiralförmig aus wie riesengroße Fingerabdrücke irgendeines himmlischen Giganten oder wie der von Furchen durchzogene Grund eines Ozeans. Doch die einzigen Spuren organischen Lebens waren Austernfossilien aus Kalk aus irgendeinem Meer, das vor urdenklichen Zeiten hier existierte.

Beim Anflug auf Khamis Mushayt überquerten wir einen breiten Canyon, dessen steile Wände aus parallel zueinander verlaufenden Gesteinsschichten bestanden, ähnlich dem Grand Canyon in Arizona. Der feine Sand, der die Sohle des Canyons und die Felswände bedeckte, glitzerte weiß wie Schnee. Unmittelbar bevor wir einen Bogen machten, um zu landen, konnte ich einen Blick auf die über dreitausend Meter hohen, gezackten Berge der Provinz Asir werfen, die entlang der Südwestküste Saudi-Arabiens am Roten Meer verlaufen und eine Wasserscheide für das ganze Plateau der Arabischen Halbinsel bilden. In diesem Gebiet im Süden liegt die Küstenebene, die *Tihama* genannt wird. Sie steigt gleichmäßig vom Meer bis zu den Bergen auf. Mit einer jährlichen Regenmenge von über sechstausend Millimetern Höhe ist genug Wasser vorhanden, um das Land ohne zusätzliche Bewässerung zu bebauen.

Die wasserreichen Abhänge der *Tihama*-Ebene sind das fruchtbarste Gebiet Saudi-Arabiens. Die Abhänge und die dahinterliegenden Berge sind zum Großteil terrassenförmig angelegt, um das Land möglichst gut zu nützen. Auf den Terrassen an der Westseite der dem Roten Meer zugewandten Berge werden in einer Höhe von hundertfünfzig Metern über dem Meeresspiegel Kaffee, Getreide, Obst und Gemüse angebaut. Der sanfte Ostabhang läuft in eine Hochebene aus, die allmählich zur *Rub Al Khali* abfällt. Eine Reihe von Lavabetten und riesigen Kratern an der Oberfläche der Hochebene im Osten legt Zeugnis davon ab, daß hier noch vor relativ kurzer Zeit Vulkane tätig waren. Es ist dies zweifellos ein Land der Gegensätze – sowohl topographisch als auch sozial gesehen: das Rote Meer und eine fruchtbare Hochebene auf der einen Seite der Berge, Lavabetten und eine furchterregende Wüste auf der anderen.

Stewart Randall holte mich am kleinen Flughafen in Abha ab und fuhr mit mir zu seinem Haus in der Nähe des Militärkrankenhauses in Khamis Mushayt. Die aus Zement und Mörtel erbauten Häuser sahen alle gleich aus und standen aufgereiht wie Pillenschachteln. Im Inneren waren sie komfortabel, nur fehlten Klimaanlagen.

Edwina Parnell, meine Patientin, war wieder völlig gesund. Sie lud uns zum Essen in ihre Wohnung ein und verkündete, daß sie zu Ehren meines Besuches einige Tage Urlaub vom

Krankenhaus genommen hatte, um mir alles zu zeigen. Natürlich gab es keine Restaurants, und alle Geselligkeit fand im Hause statt. Nachdem ich am nächsten Tag das Krankenhaus besucht und Edwina kurz untersucht hatte, brachen die Randalls, Edwina und ich in einem Lieferwagen, den ein Freund Edwinas names Hisham lenkte, zu einem Picknick auf.

Als wir in Richtung Westen aus der Stadt hinausfuhren, fielen mir weite Flächen aufeinandergetürmter schwarzer Steine aller Größen und Formen auf, ähnlich dem vulkanischen Gestein, das ich einst in Israel gesehen hatte. Bald fanden wir eine Stelle für unser Picknick, die mit üppiger Vegetation bewachsen war und von der aus man über einen riesigen Canyon mit dem Asirgebirge im Hintergrund blickte. Nach dem Essen gingen wir auf Entdeckungsreise und stießen auf eine große, verfallene Ruine eines einstmals prunkvollen Palastes, der nun in Trümmern lag. Stewart erzählte uns, daß der Palast von König Saud und seinen Ehefrauen und Konkubinen als verstecktes Feriendomizil benutzt worden war, daß er aber unbewohnt war, seitdem Prinz Saud 1964 das Land verlassen hatte.

»Haben Sie gewußt«, fragte Randall und zeigte in die Ferne, »daß Jemen nur wenige Kilometer entfernt ist? Wir befinden uns praktisch an der Grenze.« Er sagte, daß viele Jemeniten an parasitären Erkrankungen leiden. In manchen Gegenden glaubt man, daß die Knaben menstruieren, weil so viele von ihnen Blut im Urin haben, was durch den Pärchenegel verursacht wird, einen Parasiten, der den Harntrakt oder den Darmtrakt und die Leber befällt. Die Krankheit verbreitet sich durch die Entleerung verseuchter menschlicher Ausscheidungen in seichte, langsam fließende Wasserläufe, wo Schnecken sich vermehren. Der Parasit wird im Inneren der Schnecke in seine infektiöse Form umgewandelt und später ins Wasser ausgeschieden, wo er die Haut der Menschen durchdringt, die im verseuchten Gebiet arbeiten oder baden. Schließlich befällt der parasitäre Wurm die Blutgefäße und Organe der menschlichen Wirte.

Nach Randalls Aussagen arbeiten mehr als eine halbe Million Jemeniten in Saudi-Arabien, viele davon in einem schlechten Gesundheitszustand und mit einer Lebenserwartung von vierzig Jahren. Weil sie ihre Ehefrauen nicht nach Saudi-Arabien mitbringen dürfen, müssen sie über einen langen Zeitraum sexuell enthaltsam leben. Infolgedessen ist Homosexualität unter ihnen an der Tagesordnung, und eine ganze Reihe von ihnen ist wegen Vergewaltigung hingerichtet worden.

»Erst vor kurzem wurden drei Jemeniten an einem einzigen Tag in Riad deswegen enthauptet«, fügte er hinzu.

Am nächsten Tag setzten wir unsere Entdeckungsreise fort und fuhren von Khamis Mushayt etwa fünfzehn Kilometer nach Westen zu einigen auf Terrassen gelegenen Bauernhöfen an den Abhängen des Asirgebirges. Sie wurden durch Wasserkanäle künstlich bewässert, die von einer Terrasse zur anderen herunterrannen. Männer, Frauen und Kinder arbeiteten Seite an Seite auf den Feldern. Die Frauen waren in der Mehrzahl, unverschleiert im vertrauten Kreis ihrer Familie. Alle trugen die breitkrempigen Hüte, wie sie für dieses Gebiet charakteristisch sind.

Die aus Lehm errichteten Häuser waren zwei oder drei Stockwerke hoch. Jeweils fünf bis zehn von ihnen standen zusammen, je nach der Größe der Familie, die sie bewohnte. In Abständen von fünfzehn bis zwanzig Zentimetern waren Holzschindeln in den Lehm eingebettet, die einander überlappten und von den Hauswänden vorsprangen, ihnen so ein geripptes Aussehen verleihend. Sie verliefen schräg nach unten, um den Lehm vor dem Einfluß der Witterung zu schützen. Das Malerischste daran waren die leuchtenden Farben der Häuser: grüne, braune, rote, gelbe, orange und blaue Pastelltöne. Die zinnengekrönten Dachfirste waren blendendweiß umrandet, und die kleinen, viereckigen Fenster waren rot, rosa oder gelb ummalt. Es erinnerte mich an die erste Zeichnung von Häusern, die ein Kind mit Wasserfarben anfertigt.

Als wir herumschlenderten und das Dorf bewunderten, trat

ein etwa vierzigjähriger Mann auf uns zu. Er war mit der traditionellen *thobe* und mit Sandalen bekleidet, aber anstelle der rot-weiß karierten *ghutra* und des *agal* trug er einen großen Strohhut. Ein kunstvoll gearbeiteter Ledergürtel lag um seine Taille, und darin steckte ein verzierter Silberdolch. Edwinas Freund Hisham fungierte als unser Dolmetscher und sagte zu ihm, daß uns die Häuser gefielen und daß wir Amerikaner seien. Der Mann sagte, er sei ein Bauer, sei niemals über die Provinz Asir hinausgekommen und habe noch nie Ausländer gesehen. Er hieß Rashad. Wir gaben uns alle die Hand, nickten einander zu und lächelten. Hisham teilte uns mit, daß Rashad uns in sein Heim einladen wollte. Hocherfreut folgten wir ihm in ein Haus in Rosa und Grün mit weißen Umrahmungen. Er zog seine Sandalen aus und legte sie auf einen Stoß ähnlicher Sandalen vor seiner buntverzierten Tür. Wir folgten seinem Beispiel.

Das Wohnzimmer war ein großer, rechteckiger Raum, und der Boden war mit farbenprächtigen türkischen Teppichen ausgelegt. Es gab keine Stühle, aber entlang der Wände lagen große, mit Quasten versehene Kissen. In die Holzdecke waren etwa einen Zentimeter dünne Balken eingelassen, die in vielen Pastellfarben gestrichen waren. Die Wände waren mit fünfzig Zentimeter breiten, rosa, blauen, grünen und gelben Streifen bemalt, die farblich zu den Deckenbalken paßten. Rashad sagte, sie hätten Strom, aber er sei *mahfi* (ausgefallen). Knapp unter der Decke, an der Außenwand, waren zwei kleine, viereckige, weißumrandete Fenster.

Drei Frauen mit schwarzen Schleiern und schwarzen *abeyyas* betraten das Zimmer. Sie waren barfuß. Rashad stellte sie uns vor, und zu meiner Überraschung gaben wir einander alle die Hand. Hisham sagte, es handle sich um zwei von Rashads Ehefrauen und um eine seiner Schwestern. Sie verschwanden so leise und schnell, wie sie gekommen waren, und wir sahen sie nicht wieder.

Die Männer saßen auf der einen Seite des Zimmers und

Mary und Edwina auf der anderen, mit untergeschlagenen Beinen, wie es die Sitte vorschreibt. Ich entsann mich, daß bei den Partys, die die Ägypter oder Libanesen gaben, die Frauen gleichfalls auf einer Seite des Zimmers in einer Reihe saßen und die Männer auf der anderen. Erst wenn das Essen aufgetragen wurde, mischten sie sich.

Mit der Hilfe eines seiner Söhne setzte uns Rashad den üblichen Kaffee vor. Dicke Klumpen Kardamom schwammen darin, weil er nicht genug Zeit gehabt hatte, ihn richtig zu filtern. In den Häusern der Königsfamilie ist ein Diener allein dafür zuständig, Kaffee zuzubereiten, zu filtern und zu servieren. Offenbar braucht man Zeit und Geschick dazu, und Rashad hatte den Kaffee innerhalb kürzester Zeit zubereitet. Aus Höflichkeit trank ich eine zweite Tasse. Nach saudischer Sitte sind drei Tassen das Äußerste. Wenn der Gast genug hat, gibt er es dadurch zu verstehen, daß er die leere Tasse mit schnellen kleinen Bewegungen aus dem Handgelenk schüttelt.

Rashad erzählte uns, daß er eine Weizenfarm gepachtet habe und daß Weizen zu den wichtigsten Nutzpflanzen in der Provinz Asir gehöre. Gelegentlich baue er auch Obst und Reis an. Er sagte, daß es während der Sommermonate, von Juni bis September, reichlich Regen gäbe und daß sie sich über zweitausend Meter über dem Meeresspiegel befänden. Stewart fragte Rashad, ob er qat anbaue, eine grüne Fettpflanze, die in mehr als zwölfhundert Metern Höhe in der Provinz Asir angepflanzt wurde. Ihre Blätter haben narkotische Wirkung. Rashad sagte, daß die Regierung die Produktion von qat kontrolliere und daß er keine Lizenz habe, es anzubauen.

Nachdem Rashads Sohn den Tee serviert hatte, beglückwünschten wir unseren Gastgeber zu seinem Heim und bedankten uns für seine Gastfreundschaft. Ich glaube, er hätte uns zu gerne noch viele Fragen gestellt, war aber zu schüchtern dazu. Wir alle schüttelten ihm und seinem Sohn die Hand und gingen wieder.

Am Donnerstag, dem Markttag, kamen Leute von weither

nach Khamis Mushayt, um in den offenen *suqs* Obst, Gemüse, Nüsse und Gewürze zu kaufen. Manche waren aus einer Entfernung von hundertzwanzig Kilometern angereist, um an der geselligen Stimmung des Marktplatzes teilhaben zu können, wo Strohhüte, Töpfereiwaren, Wasserbeutel aus Ziegenhaut und wunderschöne ziselierte Silbermesser und -armbänder feilgeboten wurden. Wir erregten großes Aufsehen, weil die meisten Leute noch nie zuvor Ausländer in westlicher Kleidung gesehen hatten. Wo wir auch hingingen, scharten sie sich in kleinen Gruppen rund um uns und starrten die glattrasierten, hellhaarigen Männer in Hosen und Hemden und die unverschleierten, weißhäutigen Frauen an.

Einige der Männer hatten Gewehre; andere wieder trugen kunstvoll geprägte Gürtel mit verzierten Silberdolchen. Als ich mich dazu entschloß, einen Dolch zu kaufen, versammelten sich die Männer um mich, eifrig darauf bedacht, mir dabei zu helfen, den besten zu finden. All das vollzog sich in Zeichensprache, da ich Hisham und Stewart mittlerweile in der Menge aus den Augen verloren hatte. Die Männer waren in Feiertagsstimmung. Als ich schließlich meine Wahl getroffen hatte, halfen sie mir, den Gürtel umzuschnallen und den Silberdolch daran zu befestigen. Dann klatschten sie Beifall. Sie taten es aus Spaß, in ausgelassenster Stimmung.

16.
Blutgeld

Als ich eines Morgens in mein Büro kam, fand ich ein ungewöhnliches Schriftstück vor. Es war maschinengeschrieben und sah aus wie eine offizielle Verlautbarung.

Über die Gegensprechanlage rief ich meine Sekretärin an: »Ich bin heute morgen mit meinem Arabisch nicht ganz auf der Höhe. Haben Sie eine Übersetzung davon?«

»Ich komme sofort«, erwiderte sie. Ihr Tonfall war nicht so heiter wie sonst.

Manda trat ins Büro. Sie sah besorgt aus. »Ich wollte Ihnen die Nachricht schonend beibringen«, sagte sie und reichte mir dabei ein weiteres Schriftstück. »Diese Übersetzung war dem arabischen Telex auf Ihrem Schreibtisch beigeheftet.«

Es begann mit den Worten: »Im Namen Allahs, des Gnädigsten, des Barmherzigsten«, und dann wurde mitgeteilt, daß eine unserer Patientinnen vor kurzem im Krankenhaus verstorben war und daß ihr Ehemann vier Ärzte beschuldigte, »ihren Tod verursacht zu haben«. Er verlangte, »die Ärzte sollten ihm Blutgeld zahlen«.

Das Telex erteilte ihnen die Anweisung, in der Gerichtsmedizinischen Abteilung im Gesundheitsministerium vor Gericht zu erscheinen. Zwei der Ärzte, die namentlich genannt waren, wurden für einen Sonntagabend um sieben Uhr dreißig und zwei für einen Montagabend hinbestellt. Es war vom Direktor der Gerichtsmedizinischen Abteilung unterzeichnet.

Bei den Ärzten, die in der Anklageschrift genannt waren, handelte es sich um Dr. George Rogers, einen Internisten, und um drei andere Ärzte: den Arzt in der Ambulanz, den Aufnahmearzt und den diensthabenden Arzt.

Manda steckte sich eine Zigarette an und lehnte sich in ihren Sessel zurück. Sie war unserer Abteilung treu ergeben und schien bestürzt über das Telex. »Was soll der ganze Quatsch mit dem Blutgeld?« fragte sie. »Davon habe ich noch nie gehört.«

Ich erklärte, daß beim Tod einer Person durch einen unglücklichen Zufall oder durch Absicht dessen nächste Verwandten das gesetzliche Recht haben, Blutgeld – das ist eine fixe Entschädigungssumme – zu verlangen. Gemäß dem alten *Sharia*-Gesetz kann die Familie des Opfers gegen den Beschuldigten Klage einbringen und »es ihm mit gleicher Münze zurückzahlen«, indem sie ihn töten. Diese Form der Vergeltung wird jedoch vom islamischen Gesetz nicht mehr gebilligt, und man zieht es vor, von der Familie des Verstorbenen Blutgeld anzunehmen. Wenn jemand zum Beispiel bei einem Autounfall ums Leben kommt, was in Saudi-Arabien sehr häufig vorkommt, zahlt der Schuldige Blutgeld an die Familie des Opfers und wandert überdies noch oft ins Gefängnis.

In früherer Zeit, als die Stämme einander bekämpften und umbrachten, war es üblich, daß ein unparteiischer Stamm intervenierte und den Frieden dadurch wiederherstellte, daß er den Stamm, der weniger Männer in der Schlacht verloren hatte, dazu zwang, der anderen Partei Blutgeld zu zahlen, weil diese mehr Männer verloren hatte. Dadurch wurde verhindert, daß die Fehde zum Zweck der immerwährenden Vergeltung weiterging.

1936 hatte das Blutgeld für das Leben eines gewöhnlichen Menschen etwa zwölfhundert *Rial* (etwa tausend Mark) betragen, aber der Wert eines Lebens war nun angesichts der Inflation und der höheren Lebenshaltungskosten auf mehr als das Dreißigfache gestiegen. In manchen mohammedanischen Ländern erhöht sich die Summe mit dem sozialen Status des Verstorbenen, aber nicht in Saudi-Arabien.

»Sie sind doch nicht in diesen Prozeß verwickelt«, sagte Manda und stieß dabei eine Rauchwolke aus. »Warum haben sie denn auch Ihnen eine Kopie des Telex geschickt?«

»Weil die Patientin bei ihrem Tod in der Medizinischen Abteilung in Behandlung war und ich der Vorsitzende der Abteilung bin«, sagte ich. »Wir werden eine gründliche Untersuchung des Falles einleiten müssen, um festzustellen, ob es sich um Fahrlässigkeit oder um ein strafbares Vergehen handelte. Dr. Compton hat mir das wahrscheinlich schicken lassen, um mich auf die Hiobsbotschaft vorzubereiten. Wir werden bald von ihm hören, darauf können Sie Gift nehmen.«

Zwei Stunden später rief Hugh Compton an. »Haben Sie eine Kopie dieses Telex vom Gesundheitsministerium erhalten?« fragte er, doch noch bevor ich antworten konnte, fuhr er fort: »Der gute Ruf des Krankenhauses steht auf dem Spiel. Das Blutgeld an sich ist dabei nicht das Problem. Das wird von der Versicherung des Krankenhauses gedeckt. Es geht darum, ob ihr Tod hätte verhindert werden können. Ich möchte, daß es als sicher feststeht, daß wir alles, was in unserer Macht stand, für diese Frau getan haben. Mindestens vierzehn Leute waren während der acht Stunden, die sie im Krankenhaus war, an ihrer Betreuung beteiligt. Ich habe vor, von jedem Beteiligten eine schriftliche Zeugenaussage einzuholen; von den Ärzten, den Krankenschwestern, dem Wiederbelebungsteam und so weiter. Ich möchte, daß Sie ein aus Kollegen bestehendes Untersuchungskomitee ernennen, das feststellt, ob es sich auf seiten irgendeiner Person, die an der Behandlung dieser Patientin beteiligt war, um Fahrlässigkeit gehandelt hat. Wir haben weniger als eine Woche Zeit, um das zu erledigen. Dann berufen wir eine Sitzung ein und ziehen das Resümee daraus.«

Das Komitee, das sich gebildet hatte, fand heraus, daß die Patientin, Tadra Zaki Shibat Hashin, eine fünfundvierzigjährige Frau, um etwa drei Uhr nachmittags mit ihrem Ehemann zum

Aufnahmetisch des Krankenhauses gekommen war und um Einweisung in die Klinik gebeten hatte. Sie hatte ein Schreiben ihres Arztes bei sich, in dem festgestellt wurde, daß sie im linken unteren Lungenlappen eine Entzündung hatte. Dr. Zabbar, der Aufnahmearzt, überwies sie an den erstbehandelnden Arzt im Familiengesundheitszentrum, der entscheiden mußte, ob sie ins Krankenhaus aufgenommen werden sollte. Dies stand in Einklang mit einem Ausleseverfahren, das sich eingebürgert hatte und dem alle Patienten vor der Aufnahme unterzogen wurden, weil das Krankenhaus normalerweise voll belegt war.

Um halb vier Uhr nachmittags sprach Dr. Tabil mit der Patientin im Gesundheitszentrum. Sie klagte über Halsschmerzen und Husten, wozu sich später Atemnot und Schmerzen in der Brust gesellt hatten. Sie hustete kein Blut, wie sie sagte, aber ihr Husten sei trotz des Medikaments schlimmer geworden. Dr. Tabil untersuchte sie und bemerkte eine leichte Verfärbung ihrer Haut, was auf einen Sauerstoffmangel hinwies. Sie war extrem fettleibig und wog bei einer Größe von weniger als einem Meter fünfzig siebenundneunzig Kilogramm. Das Ergebnis der Untersuchung deutete auf Lungenentzündung hin, aber ihre abnorm niedrige Körpertemperatur, ihr sehr niedriger Blutdruck und ihr sehr schneller Puls gaben ihm zu denken.

Dr. Tabil ordnete die nötigen Röntgenuntersuchungen und Bluttests an und zog dann Dr. Rogers, den Internisten, hinzu. Sie überprüften die Röntgenaufnahmen, die eine schwere Lungenentzündung auf beiden Lungenflügeln enthüllten. Das Elektrokardiogramm war bis auf den schnellen Puls normal.

Obwohl die Patientin sagte, sie wolle lieber wieder nach Hause fahren, beharrte Dr. Rogers darauf, sie sofort ins Krankenhaus einzuweisen. Er verordnete eine Sauerstoff-Inhalierungstherapie, ein alle sechs Stunden oral zu verabreichendes Antibiotikum und veranlaßte eine Reihe von Bluttests. Um halb fünf Uhr nachmittags traf sie auf Station B-3 ein und verstarb etwa acht Stunden später kurz nach Mitternacht.

Rückblickend war das Ärztekomitee der Meinung, daß

Dr. Rogers zu diesem Zeitpunkt den Ernst des Gesundheitszustandes der Patientin nicht erkannt und keine richtige Behandlung verordnet hatte. Der niedrige Blutdruck, die niedrige Körpertemperatur, der schnelle Puls und die Atemnot deuteten darauf hin, daß sie neben ihrer Lungenentzündung eine schwere Blutstrominfektion hatte und vor ihrer Einlieferung ins Krankenhaus an einem septischen Schock litt.

Das Komitee war der Ansicht, daß Dr. Rogers sich keine Fahrlässigkeit hatte zuschulden kommen lassen, daß ihm jedoch ein schwerer Beurteilungsfehler unterlaufen war. Darüber, ob starke Dosen intravenös verabreichter Antibiotika und eine intensivere stützende Therapie ihr das Leben gerettet hätten, ließ sich streiten, vor allem in Anbetracht ihrer krankhaften Fettleibigkeit und der Schwere ihrer Infektion.

Während unserer Nachforschungen kamen noch ein paar andere Punkte ans Licht. Dr. Rogers hatte die ägyptische Krankenschwester, die für die Patientin verantwortlich war, beauftragt, Dr. Saban, den diensthabenden Arzt, zu holen, falls sich der Zustand der Patientin verschlechtern sollte, und dann, wenn nötig, Rücksprache mit ihm zu halten. Aufgrund von Sprachschwierigkeiten jedoch verstand die Krankenschwester ihn nicht und holte Dr. Saban nicht, der die ganze Nacht im Krankenhaus verfügbar war und die Station B-3 auf seiner Visite sogar besucht hatte. Als der Blutdruck der Patientin dann später rapid sank, rief die Oberschwester selbst Dr. Saban. Kurz nach Mitternacht begann er mit einer intravenösen Infusion, doch binnen einer halben Stunde verlor die Patientin das Bewußtsein. Unverzüglich eingeleitete Wiederbelebungsversuche des Anästhesistenteams waren erfolglos.

Einige Stunden vorher war der Ehemann der Patientin angerufen und vom kritischen Gesundheitszustand seiner Ehefrau unterrichtet worden. Als er im Krankenhaus eintraf und über ihren Tod informiert wurde, geriet er in äußersten Zorn, bezichtigte das Personal der Fahrlässigkeit und drohte mit einem Blutgeldprozeß.

Dr. Rogers, der zu Hause war, wurde weder von der Schwester noch von Dr. Saban hinzugezogen und nahm an, daß mit seiner Patientin alles in Ordnung war.

Die endgültige Ansicht war, daß die Krankheit dieser Patientin in all ihrer akuten Plötzlichkeit nicht rechtzeitig erkannt worden war und daß man ihr nicht die entsprechende Behandlung hatte angedeihen lassen. Das wurde auf eine tragische Verkettung von Fehlurteilen und unglücklichen Zufällen zurückgeführt, und es wäre nicht gerecht gewesen, dies der Fahrlässigkeit einer einzigen Person zuzuschreiben. Der arabische Arzt, der den Bericht verfaßte, schloß mit den Worten: »Auch gelangte das Komitee nach reiflicher Überlegung zur Ansicht, daß das Schicksal dieser Patientin letzten Endes wahrscheinlich vorherbestimmt war, ungeachtet der verabreichten Behandlung.«

Ich muß zugeben, daß auch ich tief im Inneren das Gefühl hatte, daß diese Patientin auf keinen Fall überlebt hätte, aber ich hatte nicht im mohammedanischen Sinn daran gedacht – nämlich daß das Endresultat »vorherbestimmt war«.

Wenige Tage vor dem Prozeß berief Hugh Compton eine Sondersitzung des Medizinischen Beratungsausschusses ein. Er legte den Bericht des Ärzterevisionskomitees und die ausführlichen Zeugenaussagen eines jeden, der an der Behandlung der Verstorbenen beteiligt gewesen war, vor. Hugh betonte die Vertraulichkeit dieser Berichte und aller Angelegenheiten, die bei dieser Sitzung besprochen wurden. Nach einigem Hin und Her akzeptierte der Ausschuß die Beschlüsse, zu denen das Ärzterevisionskomitee gelangt war, nämlich daß es sich nicht um Fahrlässigkeit handelte, sondern daß der Patientin aufgrund einer falschen Beurteilung von seiten Dr. Rogers' keine zureichende und angemessene Behandlung zuteil geworden war.

Dann rief Dr. Compton Galal Abu Nassera, den Rechtsberater des Krankenhauses. Galal war ein hochbegabter junger Mann, ein Ägypter. Er erklärte uns, daß falsche Behandlung oder Fahrlässigkeit, die zum Tod oder zur dauernden Invalidität eines Patienten führten, als zivile Vergehen angesehen wurden. Für den Fall des Todes war die Entschädigung, die Blutgeld genannt wurde, durch höchsten königlichen Beschluß auf vierzigtausend *Rial* festgesetzt. Kleinere Summen wurden im Fall dauernder Invalidität oder des Verlusts einer Extremität bezahlt.

»Fahrlässigkeit oder falsche Behandlung auf seiten des Arztes wird immer als unabsichtliches Vergehen betrachtet, das auf einen Mangel an Vorsichtsmaßregeln, auf Unterlassung oder falsche Beurteilung zurückgeht«, sagte er. »Wenn der Arzt einen Patienten nach Methoden behandelt, die von seiner Zunft nicht allgemein akzeptiert werden, oder wenn er bestimmte Pflichten, die zur Aufrechterhaltung des Niveaus seiner Zunft und deren islamischen Charakters unbedingt nötig sind, unterläßt, ist er gleichfalls strafbar. Falls er schuldig gesprochen wird, kann das Urteil, das für ein ziviles Vergehen verhängt wird, in der Bezahlung von Blutgeld, in einem Verweis oder einer Rüge, in Landesverweis oder in allen drei Dringen bestehen.«

Da es in Saudi-Arabien ein durchaus übliches Verfahren war, Ausländer des Landes zu verweisen, sagte Galal, daß es im Interesse des Krankenhauses liege, daß der Arzt das Land nicht verlassen darf, bevor er vor einer Körperschaft zuständiger Untersuchungsbehörden eine Zeugenaussage abgibt. »Das Verlassen des Landes sollte jedoch nicht als Eingeständnis der Schuld gedeutet werden«, fügte er hinzu.

Nachdem die Sitzung beendet worden war, rief ich George Rogers an und bat ihn, ins Büro zu kommen. Ich war mit ihm befreundet und fühlte mich verpflichtet, ihn auf das Schlimmste vorzubereiten. Er kam aus Leeds, war ein fähiger Arzt und hatte in Krankenhäusern in Nigeria und Uganda und im Iran gearbeitet, bevor er nach Riad kam. Er war etwa fünfzig Jahre alt, groß, schlaksig, mit einer beginnenden Glatze, haselnußbraunen Augen und grauen Haaren.

Ich teilte ihm mit, daß es möglich war, daß er aus dem Krankenhausdienst entlassen werden und sich gezwungen sehen könnte, das Land innerhalb einer Woche nach dem Prozeß zu verlassen.

»Damit würde dir nicht sehr viel Zeit bleiben«, sagte ich. »Du solltest vielleicht jetzt schon daran denken, dein Auto zu verkaufen und deine Wertsachen per Schiff nach Hause zu verfrachten. Aber es gibt auch eine gute Nachricht«, fügte ich hinzu. »Falls du schuldig gesprochen wirst, wird das Krankenhaus das Blutgeld zahlen.« Ich erzählte ihm von Galals Darstellung der Sachlage vor dem Medizinischen Beratungsausschuß.

»Ich dachte schon, sie würden es mir vom Gehalt abziehen«, sagte George. Er sah erleichtert aus.

»Rückblickend betrachtet«, sagte er, »hat mich die Patientin irregeführt, als sie sagte, sie wolle nach Hause. Zu diesem Zeitpunkt hatte ich keine Ahnung, daß sie eine so schwere Infektion hatte.«

Vielleicht wollte sie nach Hause, um in Ruhe zu sterben, dachte ich. So scheint es hier der Brauch zu sein.

»Galal, Hugh Compton und ich werden dich wahrscheinlich zwecks moralischer Unterstützung zum Prozeß begleiten«, sagte ich. »Galal versteht eine ganze Menge von der Jurisprudenz. Vielleicht sprichst du vor dem Prozeß mit ihm. Für morgen habe ich für dich einen Termin mit ihm vereinbart.«

Er dankte mir und ging. Ich war traurig über die Lage, in der er sich befand, und er tat mir leid. Es stand jedoch außer Frage, daß er bei der Einschätzung des Gesundheitszustandes der Patientin sowie auch damit, daß er sie so aufs Geratewohl behandelt hatte, einen Fehler begangen hatte. Irren ist vielleicht menschlich, dachte ich, aber vergeben würde nicht göttlich sein – nicht nach dem Koran.

Im Grunde sind die Saudis sanfte, feinfühlige und friedliche Menschen. Einen Saudi zu beschimpfen stellt ein strafbares Vergehen dar und kann mit einer Geldstrafe geahndet werden. Ein kräftiges Schulterklopfen kann als tätliche Beleidigung ausgelegt werden. Einen Saudi zu schlagen, selbst in Notwehr, ist verboten und kann zu Gefängnisstrafen, Geldstrafen oder Landesverweis führen. Der Gebrauch von Schimpfwörtern in der Öffentlichkeit kann durch Gefängnis bestraft werden. Im Fall eines Autounfalls werden beide Lenker bis zur Gerichtsverhandlung eingesperrt. Jeder, der in aller Öffentlichkeit betrunken angetroffen wird, kommt ins Gefängnis und wird des Landes verwiesen, wenn er Ausländer ist. Moslems, die beim Genuß von Alkohol erwischt werden, werden ausgepeitscht.

In Riad gab es jedoch nur sehr wenige Zivilpolizisten, um dem Gesetz Geltung zu verschaffen. Nur selten sah man einen Saudi in Militäruniform, der den Verkehr regelte. Aber die *matawa*, die Moralpolizei, war allgegenwärtig und hielt sich nicht nur genau an den Buchstaben des Gesetzes, sondern überschritt zeitweilig sogar ihre Rechtsbefugnisse.

Am nächsten Tag fuhren George und ich zu Galals Büro. Er teilte uns mit, daß George nach dem *Sharia*-Gesetz abgeurteilt werden würde, dem islamischen Rechtskodex, dessen Rechtsentscheide sowohl weltlich als auch geistlich waren. Es urteilt Eigentumsdelikte ab, schützt Privateigentum, regelt Erbschaftsangelegenheiten und legt ganz allgemein die Rechte und Pflichten der Bürger fest.

Die Auslegung des Gesetzes obliegt der *Ulema*, einer Versammlung von Religionsgelehrten, die die höchste Autorität über Gesetzesfragen darstellen. Oberrichter ist der *Große Mufti*, der Vorsitzende der Ulema, ein Nachfahre des Gründers der streng korangläubigen Wahhabiten-Bewegung. Diese ultrakonservative Körperschaft geizt mit Neuerungen bei der Auslegung des Korans, vor allem, was Ethik, Moral und Religionsfragen angeht.

Galal sagte, daß ein *qadi*, ein vom Großen Mufti ernannter islamischer Richter, den Vorsitz bei Gericht führen würde. Die *qadis* sind islamische Rechtsgelehrte, die ein Studium an einer *Sharia*-Universität und am Obersten Rechtsinstitut in Riad abgeschlossen haben.

»Wie werden die Geschworenen ausgewählt?« fragte George.

»Nach islamischem Recht gibt es kein Geschworenengericht«, sagte Galal. »Der *qadi* ist sowohl Richter als auch Geschworener. Seine Funktion besteht darin, die Fakten zu ermitteln. Der Verteidiger und der Staatsanwalt sind keine Gegenspieler. Sie sind dazu da, dem *qadi* zu helfen. Der Beklagte kann auf Wunsch einen Rechtsbeistand hinzuziehen, aber es ist der *qadi*, der bei der Klärung des Falles die Initiative ergreift. Er ist es, der die Fragen stellt und die Zeugen ins Kreuzverhör nimmt.«

»In gewisser Weise ist der *qadi* dann sowohl Richter als auch Anwalt«, sagte ich.

»Wir suchen nach der Wahrheit«, sagte Galal, »nicht nach der Ausschmückung der Wahrheit durch irgendeinen Juristen. Im Westen werden die Geschworenen oft durch die rhetorischen Fähigkeiten der Anwälte beeinflußt, und die Urteilssprüche gründen sich auf Emotionen und nicht auf Tatsachen.«

»Befassen sich die *Sharia*-Gerichtshöfe mit allen Streitsachen?« fragte ich.

»Nein«, sagte Galal, »es gibt Sondergerichtshöfe für verschiedene Bereiche. Zum Beispiel gibt es einen Gerichtshof für die Beilegung von Handelsstreitigkeiten. Aber das Gewerberecht muß mit dem *Sharia*-Gesetz übereinstimmen, und wenn es dazu im Widerspruch steht, hat das *Sharia*-Gesetz Priorität. Arbeitsstreitigkeiten obliegen dem Arbeitsministerium, wo es spezielle Arbeitsgerichte für Wirtschaftsstreitigkeiten gibt. Dem Gesundheitsministerium obliegt die Rechtsprechung über Klagen, die mit der Gerichtsmedizin zu tun haben, so wie die unsere.«

»Wie steht es mit Mordprozessen?« fragte ich.

»Nach islamischem Recht«, sagte Galal, »wird Mord nicht als Verbrechen gegen die Gesellschaft betrachtet, wobei der Staat gegen den Verbrecher einschreitet. Vielmehr stellt es ein Verbrechen gegen die Familie des Opfers dar. Das *Sharia*-Gesetz erkennt das Recht der Familie des Opfers an, eine Anklage gegen den Beschuldigten zu erheben. Der Beklagte muß eines vorsätzlichen Aktes für schuldig befunden werden, um des Mordes überführt werden zu können. Mindestens drei *qadis* verhandeln den Fall gemeinsam. Falls der Mörder überführt wird, muß er Blutgeld zahlen und eine Gefängnisstrafe absitzen, oder er kann enthauptet werden, wenn die Verwandten des Opfers dies verlangen. Dadurch werden lang andauernde Fehden zwischen den Familien vermieden.«

»Sie sind uns eine große Hilfe gewesen«, bemerkte ich, als wir uns zum Gehen anschickten. »Treffen wir uns Montag abend, und fahren wir gemeinsam zum Gesundheitsministerium.«

»Gute Idee«, sagte Galal. »Am Sonntag abend begleite ich Zabbar und Saban, aber diese Verhandlung ist erst die Vorverhandlung zum Hauptereignis am Montag. Schließlich tragen Dr. Zabbar, der Arzt in der Aufnahme, und der diensthabende Arzt Dr. Saban nur wenig direkte Verantwortung, wenn überhaupt welche.«

George nickte wortlos, als wir gingen.

Am Montag abend trafen wir uns um sieben Uhr beim Tisch am Eingang. Ich stellte mich freiwillig als Fahrer zur Verfügung. Galal saß vorne neben mir, und Hugh Compton, George Rogers und Tabil, der erstbehandelnde Arzt, saßen im Fond. Alle waren niedergeschlagen, bis auf Galal, der ununterbrochen redete.

Er erzählte uns, daß der Prozeß abends zuvor erst um neun Uhr begonnen hatte. »Die Eile ist des Teufels«, sagte er. »Wir sind nie pünktlich.« Es war eine Maxime, die ich schon gehört hatte. »Außer dem *qadi*«, fuhr Galal fort, »waren ein Ausschuß, bestehend aus drei Ärzten von der Medizinischen Fakultät der Universität Riad, sowie der Stellvertretende Minister für Gerichtsmedizin zugegen. Zunächst befragte der *qadi* den Kläger, den Ehemann der Verstorbenen, und dann Zabbar und Saban. Er konzentrierte sich auf Saban, den diensthabenden Arzt, um herauszufinden, warum dieser sich nicht schon früher um die Patientin gekümmert hatte. Saban setzte ihm auseinander, daß es mit der ägyptischen Krankenschwester Sprachschwierigkeiten gegeben hatte und daß er den ganzen Abend verfügbar gewesen, aber nicht gerufen worden war. Dann stellten ihm die Ärzte einige Fragen über das Notrufsystem im Krankenhaus. Da Zabbar und Saban als Moslems unter Eid aussagten, ging die Verhandlung glatt vonstatten. Sie wurde um elf Uhr geschlossen.«

In zwanzig Minuten waren wir beim Gesundheitsministerium angelangt. Es lag an der Straße, die zum Flughafen führte, dem Al-Sharq-Hotel gegenüber. Galal führte uns in ein Zimmer im dritten Stock in der Abteilung für Gerichtsmedizin. Es war ein schlecht beleuchteter Raum von mittlerer Größe. Der weiße Verputz begann abzublättern; ja, in den Wänden waren Risse, und überall zeigten sich Anzeichen des Verfalls, obwohl das Gebäude relativ neu war. Ich entsann mich, daß die Saudis nicht viel von der Wartung von Gebäuden halten. Sie ziehen es vor, neue Häuser zu bauen.

Das Zimmer war spartanisch eingerichtet. Bis auf eine arabische Inschrift an der Wand waren die weißen Wände leer. Unter der Inschrift stand eine Art Schreibtisch, auf dem sich Bücher und Schriftstücke türmten. Das war offenbar der Tisch des *qadi;* etwa zwei Meter davon entfernt stand auf gleicher Ebene ein rechteckiger Tisch, senkrecht zu dem des *qadi.* Um diesen Tisch herum standen Stühle mit geraden Lehnen, die so angeordnet waren, daß sie dem des *qadi* zugewandt waren. Im Hintergrund standen ein paar vereinzelte hölzerne Bänke und Stühle für die Schaulustigen. Sonst war das Zimmer kahl und nüchtern.

Es war halb acht Uhr, der für den Prozeß festgesetzte Termin. Bis auf uns war noch niemand da.

»Der Prozeß beginnt nicht vor einer Stunde, erst nach den Abendgebeten«, sagte Galal, während wir auf den harten Bänken Platz nahmen.

Ich fragte Galal, was die arabische Inschrift an der Wand bedeute. Er sagte, sie laute: »Es soll gleiches Recht für alle Menschen gelten.«

»Das ist ein demokratisches Prinzip«, sagte ich. »Ich hoffe, daß gleiches Recht tatsächlich für alle Menschen gilt.«

»Das tut es«, versicherte mir Galal. »Manche *Sharia*-Gesetze sind den euren im Westen ähnlich, andere wieder ganz anders. Nach islamischem Recht ist man unschuldig, bis man für schuldig befunden wird. Das Habeaskorpusrecht wird jedoch nicht anerkannt. In Fällen, die den Tod oder schwere Verletzungen nach sich ziehen, wird der Beklagte üblicherweise ziemlich lange in Haft gehalten, oft bis zum Tag des Prozesses. Bei geringfügigeren Vergehen akzeptiert die Polizei eine Bürgschaft.«

Er wandte sich George zu und sagte mitfühlend: »In einem Rechtsstreit zwischen einem Ungläubigen und einem Moslem wird der Zeugenaussage des Moslems mehr Glauben geschenkt, weil er auf den Koran vereidigt wird, bevor er seine Zeugenaussage abgibt. In mohammedanischen Gerichtshöfen gibt es keine Bibeln. Der Eid wird sehr ernst genommen. Wenn ein Moslem sich weigert, auf den Koran zu schwören, gefährdet er seinen Fall. Geständnisse werden jedoch als Schuldbeweis gelten gelassen. Zwei Zeugen sind nötig, um einen Streitpunkt zu beweisen, außer im Falle des Ehebruchs, wo vier Augenzeugen benötigt werden.«

»Welche Rechte haben die Frauen in euren Gerichtshöfen?« fragte ich.

Galal blickte verlegen. »Ich wünschte, Sie hätten mich das nicht gefragt«, sagte er. »Als Zeugin zählt eine Frau nur als halber Mann.«

Während unserer Unterhaltung sah George ständig auf die Uhr. Es war nun schon halb neun, und noch immer war niemand gekommen. »Jetzt werden sie gleich dasein«, sagte Galal. »Ich bin mir sicher, daß wir vor neun anfangen.«

Zwanzig Minuten später betrat der Richter den Raum, begleitet von einem weiteren Mann, der einige Bücher trug, und von einem jungen Mann, von dem Galal sagte, er sei der Gerichtsschreiber. Der *qadi* war ganz in Weiß gekleidet und trug einen weißen, goldbesetzten Umhang, der auf sein hohes Amt wies. Er hatte einen grauen Bart und ein gütiges, sanftes Gesicht.

Er setzte sich an den Tisch und begann, einige der Schriftstücke zu lesen, die der junge Sekretär ihm vorgelegt hatte, vermutlich die gestrigen Zeugenaussagen. Ein paar Minuten später bequemten sich die anderen ins Zimmer und nahmen am rechteckigen Tisch gegenüber dem Richter Platz. George und Tabil gingen zu ihnen hin. Galal zeigte uns den Kläger, einen kleinen, untersetzten Mann mit einem schwarzen Bart und einer dunklen *thobe,* der neben Dr. Tabil saß. Eine besondere Sitzordnung war nicht nötig, da es keine Rechtsanwälte oder Anklagevertreter gab. Ich entsann mich, daß Galal uns gesagt hatte, daß die Beklagten und der Kläger nach dem *Sharia*-Gesetz keine Gegenspieler sind. Sie sind lediglich da, um die Tatsachen anzuführen und die Wahrheit zu sagen. Folglich saßen George, Tabil und der Kläger auf der einen Seite des Tisches und der Ausschuß der drei Ärzte, die gemeinsam hereingekommen waren, auf der anderen. Schließlich erschien der Stellvertretende Minister für Gerichtsmedizin und nahm am oberen Ende des rechteckigen Tisches Platz.

Der *qadi* stand auf und rief das Gericht zur Ordnung: »*Im Namen Allahs, des Gnädigsten, des Barmherzigsten.*« Dann forderte er den Kläger auf, er möge auf den Koran schwören, die Wahrheit zu sagen. Tabil, ein Libanese, wurde ebenso vereidigt. Der junge Sekretär, der neben dem *qadi* stand, bat Rogers, die Hand zu heben und zu schwören, die Wahrheit zu sagen, aber es gab keine Bibel, auf die er schwören konnte.

Der *qadi* fragte den Kläger, warum diese Ärzte ihm für den Tod seiner Frau Blutgeld zahlen sollten. Der Kläger sagte erregt, daß seine Frau fähig war, zu Fuß ins Krankenhaus zu gehen, und binnen acht Stunden tot war. Er sagte, daß Dr. Rogers sich innerhalb dieser Zeit nur ein einziges Mal um sie gekümmert hatte und daß auch kein anderer Arzt sie aufgesucht hatte, bis Dr. Saban kurz vor ihrem Tod gerufen wurde. Der *qadi* bat den Sekretär, die Zeugenaussage, die Dr. Saban gestern abend vor Gericht abgelegt hatte, auf Englisch vorzulesen. Durch den Dolmetscher ließ er George sagen, daß sie alle lediglich dazu da seien, die Wahrheit herauszufinden, und fragte ihn, ob er die Zeugenaussage des Anklägers oder Dr. Sabans bestätigen oder in Abrede stellen wolle. George erwiderte, daß er dazu noch nichts zu sagen habe.

Die nächsten zwei Stunden verwandte der Richter darauf, Rogers und Tabil über den Grad der Lungenentzündung der Verstorbenen und die von Dr. Rogers eingeleitete Behandlung zu befragen. Der *qadi* stellte alle Fragen, und der Sekretär fungierte als Dolmetscher. Obwohl der Gerichtsschreiber damit beschäftigt war, das Verfahren schriftlich festzuhalten, machten sich sowohl der *qadi* als auch der Stellvertretende Minister während der ganzen Verhandlung Notizen. Nachdem der Krankheitsgrad der Patientin festgestellt worden war, konzentrierten sich die nächsten Fragen auf ihre Behandlung und auf den Grund, weshalb Dr. Rogers sich die Verstorbene nur ein einziges Mal angesehen habe. Die drei Ärzte stellten abwechselnd sehr relevante Fragen, die feststellen sollten, ob Dr. Rogers' Behandlung angebracht gewesen war und warum er und seine Kollegen ihren Gesundheitszustand während der kurzen Periode ihres Krankenhausaufenthalts nicht nochmals überprüft hatten. Dr. Rogers gab zur Antwort, daß er die Akutheit ihrer Krankheit nicht richtig abgeschätzt hätte und, da er nichts von der Krankenschwester hörte, im Glauben gewesen wäre, ihr Zustand sei zufriedendstellend.

»War das eine falsche Beurteilung der Sachlage?« fragte einer der Ärzte. »Ja«, erwiderte Dr. Rogers leise. Schließlich fragte der *qadi* Dr. Rogers, ob er noch etwas zu sagen habe. Als dieser das verneinte, blickte ihm der *qadi* direkt in die Augen und fragte: »Glauben Sie, daß sie dem Willen Gottes gemäß auch ungeachtet der Behandlung gestorben wäre.«

»Ja«, antwortete Dr. Rogers. »In Anbetracht der Tatsache, daß sie enorm fettleibig war, daß ihre Lunge schon sehr angegriffen war und daß ihre Krankheit sehr rasch fortschritt, wäre sie wahrscheinlich in jedem Falle gestorben.«

Der *qadi* hörte der Antwort aufmerksam zu. Dann stand er auf und sagte: »*Maktub* (So steht es geschrieben). *La ilah illa'llah* (Es gibt keinen Gott außer Allah).«

Die Sitzung wurde aufgehoben.

Es war schon Mitternacht. Auf der Heimfahrt waren wir relativ schweigsam; jeder hing seinen eigenen Gedanken nach. Ich fragte George, ob er fand, daß der Prozeß fair war. Er sagte, in Anbetracht der sprachlichen Barrieren fände er ihn fair, aber die Ärzte hätten ihm einige knifflige Fragen gestellt.

Hugh Compton sagte, daß die *qadis* seiner Erfahrung nach und nach Meinung der ganzen Ausländerkolonie in Saudi-Arabien im Ruf standen, unbestechlich und gerecht zu sein. »Selbst auf seiten der Ausländer besteht beträchtliches Vertrauen in die grundsätzliche Unparteilichkeit der *Sharia*-Rechtsverfahren«, sagte er.

»Wann werden wir das Ergebnis erfahren?« fragte George.

Galal sagte, daß solche Fälle ziemlich prompt abgewickelt wurden. »Binnen zwei Wochen müßten wir das Urteil erfahren«, sagte er.

Nachdem der *qadi* Schuld oder Unschuld sowie das Recht auf Entschädigung ermittelt hat, versucht er, zu einer gerechten und für beide Teile akzeptablen Veranschlagung einer Entschädigung zu gelangen oder ein Urteil zu fällen. Dabei stehen ihm Nachschlagewerke über Präzedenzfälle zur Verfügung, in denen der Sachverhalt, die damit verbundenen Rechtsprinzipien und die Rechtsentscheide der *Sharia*-Gerichte schriftlich niedergelegt sind.

Der *qadi* würde auch die Ansicht berücksichtigen, zu dem der Ärzteausschuß gelangt war, der Dr. Rogers befragt hatte. Und schließlich und endlich würde er vor der Urteilsverkündung seinen Richtspruch noch mit dem Stellvertretenden Minister, der dem Prozeß beigewohnt hatte, und mit dem Direktor der Gerichtsmedizinischen Abteilung besprechen.

In ernsteren Fällen schlägt der *qadi* eine Strafe vor, fällt aber nicht für sich allein das Urteil. Alle den Fall betreffenden schriftlichen Unterlagen werden an den Distrikts-Emir oder an den Gouverneur der zuständigen Stadt oder Provinz gesandt, der oft ein Prinz ist. Mit Zustimmung und unter Einholung des Rats der ortsansässigen *Ulema* verkündet der Emir dann das Urteil.

»Gibt es ein Berufungsrecht?« fragte George.

»Die Berufungsgerichte überprüfen automatisch alle Rechtsfälle der *Sharia,* die schwere Strafen nach sich ziehen«, erwiderte Galal. »Als weitere Möglichkeit kann man dann beim Obersten Gerichtshof, dem höchsten Gericht im Königreich, Berufung einlegen.«

Zwei Wochen später ließ Hugh Compton George Rogers und mich in sein Büro kommen. »Schlechte Nachrichten«, sagte er zu George. »Eben haben wir ein Telex vom Direktor für Gerichtsmedizin und vom Gesundheitsminister erhalten, in dem steht, daß Dr. George Rogers in der Rechtssache Tadra Zaki Shibat Hashin für schuldig befunden wurde. Sie verlangen, daß eine Summe von vierzigtausend *Rial* als Blutgeld gezahlt und daß Dr. Rogers innerhalb von vierzehn Tagen des Landes verwiesen wird. Das Telex wurde heute morgen an den Direktor des König-Faisal-Krankenhauses gesandt.«

»Das tut mir leid«, sagte Hugh. »Das Krankenhaus wird das Blutgeld bezahlen, und wir werden Ihnen das Ausreisevisum besorgen und Ihnen helfen, wo wir nur können.«

George reagierte gelassen: »Ich habe damit gerechnet. Ich habe schon mein Auto verkauft und einige Sachen nach England zurückgeschickt.«

17.
Begegnungen
in der Wüste

»Gott sei Dank ist es Donnerstag«, hallte es am Ende eines jeden Donnerstags in den Korridoren des Krankenhauses. In Saudi-Arabien ist Freitag der einzige Feiertag nach einer sechstägigen Arbeitswoche, und es dauert immer sehr lange, bis er da ist, und allzu schnell ist er wieder vorbei. Ich brauchte eine Weile, um mich daran zu gewöhnen, samstags und sonntags zu arbeiten, und oft verlor ich jegliches Zeitgefühl. Obwohl hier nicht so viele Zwänge auf einem lasteten wie in den Vereinigten Staaten, hatten wir alle das Gefühl, daß es eine lange Woche war, und nützten die vierundzwanzigstündige Arbeitspause, so gut wir konnten.

Die Saudis verbringen den Freitag, ihren religiösen Feiertag, ähnlich wie viele Christen den Sonntag. Die Männer besuchen in ihrem »Sonntagsstaat« – weißen *thoben* und weißen *ghutras* – am Sonntag morgens die Gottesdienste in den Moscheen und verbringen den Rest des Tages zu Hause bei ihren Familien und Freunden. Die Frauen beten für gewöhnlich zu Hause. Am Nachmittag unternehmen manche Männer mit ihren Frauen und Kindern Spazierfahrten. Bei diesen Ausflügen bleiben die Frauen verschleiert und sitzen üblicherweise im Fond des Wagens, damit sie niemand sehen kann.

Die amerikanische und die englische Kolonie verbrachten den Freitag entweder damit, sich von einer Party am vorhergehenden Abend zu erholen, oder damit, kurze Ausflüge in die

Wüste zu unternehmen, über der etwas Zeitloses liegt, das die Unterschiede unserer jeweiligen Kulturkreise nichtig erscheinen ließ.

An einem solchen Freitag waren Philip Westbrook und ich in unternehmungslustiger Stimmung. Unsere Frauen waren auf Urlaub in England, und so beschlossen wir, in Philips Landrover, der robust und für Wüstenfahrten gut ausgerüstet war, zu einer rauhen Tour aufzubrechen. Abdul Talim, der Medizinstudent, kam mit sowie auch ein beduinischer Wachtposten aus dem Krankenhaus namens Nizar, mit dem ich mich angefreundet hatte. Wir hatten genug Wasser und einen Picknickkorb mit und fuhren zunächst auf der Straße nach Mekka, Philip und ich vorne – wobei Philip wie üblich mit halsbrecherischer Geschwindigkeit fuhr – und Abdul und Nizar auf dem Rücksitz. Philip trug Handschuhe, um sich die Hände nicht am Lenkrad zu verbrennen, das die Sonnenhitze zu speichern schien.

»Diese Straße verläuft Richtung Südwesten nach Mekka«, erklärte uns Abdul, indem er sich nach vorn lehnte, »und dann nach Dschidda am Roten Meer, alles in allem fast tausend Kilometer.«

»Während der hadsch ist hier eine Menge Verkehr«, fügte Nizar hinzu. Dann setzte er uns auseinander, daß die hadsch eine fünftägige Wallfahrt ist, die von jedem Moslem mindestens einmal im Leben unternommen wird und eine der fünf Säulen des Islam darstellt. »Jedes Jahr kommen zwei Millionen Moslems aus allen Ecken und Enden der Welt zum Zwecke der jährlichen Wallfahrt zu den heiligen Stätten Mekka und Medina nach Saudi-Arabien. Sie kommen mit Bussen, Autos, Flugzeugen, Kamelen oder zu Fuß. Die Flughäfen sind verstopft, und diese Straße nach Mekka« – damit deutete er auf die leere Straße, die sich vor dem Landrover erstreckte – »ist überfüllt mit Pilgern und mit schwerbeladenen Autos und Lastwagen, deren Gepäck am Autodach festgebunden ist.«

Die hadsch, so erklärte uns Abdul, wird vom 11. bis zum 15. Dezember durchgeführt. Die offiziellen Staatsfeiertage dauern vom 8. bis einschließlich 19. Dezember. Aber die *hadsch* ist in diesem Land mehr als nur eine Wallfahrt. Sie ist ein historisches Schauspiel, ein Massenurlaub, ein politisches Symbol, eine Denkungsart. Die *hadsch* wird selbstverständlich auch im Fernsehen übertragen und erregt von Millionen in der islamischen Welt verfolgt. Für einen Saudi ist die Wallfahrt zudem ein Symbol für die Bedeutung seines Landes.

»Die Pilger sind ganz in Weiß gekleidet«, fuhr Abdul fort. »Die Männer tragen einen *ihram,* der aus zwei großen weißen Tüchern ohne Nähte besteht, wovon das eine um die Taille und das andere über eine Schulter geschlungen wird. Die Frauen tragen ein neues weißes Kleid, weiße Strümpfe und weiße Schuhe. Sie bedecken ihren Kopf mit zwei Kopftüchern – mit einem kleinen rechteckigen, in das ihr ganzes Haar eingebunden ist (denn nicht ein einziges Haar sollte zu sehen sein), und mit einem größeren Tuch, das um Kopf und Gesicht gelegt wird. Die einzigen Körperteile einer Frau, die sichtbar sein dürfen, sind Hände und Füße.«

»Die Regierung versucht, den Pilgern auf jede nur mögliche Art und Weise zu helfen«, fügte er hinzu. »Auf der Straße nach Dhahran außerhalb von Riad haben sie ein *hadsch*-Lager gebaut, eine Zeltstadt zur Unterbringung eines Teils der Pilger, die dort auf ihrer langen und beschwerlichen Reise nach Mekka vielleicht ein paar Tage Rast machen wollen. Um Geld für die Reise aufzubringen, nehmen viele von ihnen handgewebte Teppiche aus dem Iran, aus Afghanistan und aus anderen Ländern mit, die sie unterwegs zu verkaufen suchen.«

Als wir aber an diesem Tag unsere Entdeckungsreise auf der Straße nach Mekka fortsetzten, sahen wir fast keine anderen Autos. Nachdem wir von Riad auf der Asphaltstraße etwa acht Meilen in südwestlicher Richtung gefahren waren, kamen wir an einer alten, aus etwa fünfzehn Lehmziegelhäusern bestehenden Siedlung vorüber. Die meisten davon waren einstöckig, mit weiträumigen, vorspringenden Dächern, unter denen die Familien oft zu Abend aßen. Hoch angesetzte dreieckige oder runde Löcher dienten als Fenster für die Luftzufuhr. Wenige Minuten nach der Siedlung stießen wir auf eine Ansammlung von hier haargleich aussehenden Landhäusern, die zu unserer Rechten hoch auf einem Hügel lagen. Sie gleißten weiß in der Sonne, und die Säulen, das rote Dach und der gepflegte Garten glichen einander wie ein Ei dem anderen.

»Das sind die Landhäuser eines reichen Händlers«, sagte Abdul. »Wenn die Leute diese Landhäuser sehen, wissen sie, daß sie sich auf der Straße nach Mekka befinden. Schon seit vielen Jahren ist es ein markanter Wegpunkt.«

Dann überquerten wir eine Brücke über ein trockenes Flußbett und fuhren weiter entlang seines Nebenarms in Richtung Südwesten. Etwa fünfzehn Kilometer von der Peripherie Riads entfernt stießen wir auf die Tuwayq-Berge. Die Abbrüche erschienen als eine Reihe steiler Felswände, die vom Wüstenboden jäh bis zu einer Höhe von über dreihundert Metern aufragten und sich etwa über sechshundert Kilometer in annähernd nordsüdlicher Richtung von Riad erstreckten. Es war ein großartiger Anblick.

»Die Steilabbrüche der Tuwayq-Berge sind von einer Kalkschicht gekrönt, die von uralten Meeren abgelagert wurde, die einst dieses Gebiet bedeckten. Hier gibt es Muschelfossilien, die hundertfünfzig Millionen Jahre alt sind. Ich werde für Sie eines suchen«, sagte Abdul.

»Woher wissen Sie das alles?« fragte ich, indem ich mich erstaunt nach ihm umwandte.

»Ich habe an der Universität von Riad Geologie studiert«, sagte er geschmeichelt. »Lassen Sie mich meinen Vortrag beenden. Das Grundgestein der Steilabhänge fällt schräg in Richtung Osten ab, wodurch das Regenwasser abfließt und *wadis* gebildet werden, die nach Riad fließen. Dasselbe Grundgestein erstreckt sich bis in die Ostprovinz und zum Arabischen Golf, wobei es immer breiter und tiefer wird, je weiter es sich dem Golf nähert. Die unteren Schichten, die sich Hunderte von Metern unter der Erde befinden, enthalten das aufgefangene Öl.«

Nun übernahm Nizar die Führung. Er erzählte uns von einer tiefen, auf natürliche Weise entstandenen Höhle etwas südlich von Riad mit einem unterirdischen Fluß auf ihrem Grund.

»Der Fluß unterhöhlte vor vielen Jahrhunderten den Kalksteinabbruch, so lange, bis eine Höhle entstand«, sagte er. »Jetzt wird er durch Regenwasser gespeist, das die Ausläufer der Tuwayq-Berge vor uns hinunterläuft.« Dieses natürlich entstandene Wasserloch wurde von den Beduinen »Ayn Heet« genannt, und später erfuhr ich, daß es in gewisser Weise zur Entdeckung des Öls durch die amerikanischen Geologen beitrug.

Da wir keinen feststehenden Tagesplan und keine fixe Reiseroute hatten, schien uns der Steilabhang ein guter Platz, mit unseren Erkundigungen zu beginnen. Philip bog von der Straße ab, fand eine Fahrrinne und fuhr in Richtung der Steilabbrüche, die hoch über der Wüste aufragten. Nach einer Weile parkten wir den Landrover und begannen, mit unseren mit Wasser gefüllten Feldflaschen auf der Suche nach Fossilien auf den Fuß der Felswände in etwa eineinhalb Kilometern Entfernung zuzugehen.

Sobald wir aus dem Auto gestiegen waren und jeder von uns sich in einer Hitze von fünfundfünfzig Grad Celsius schweigend vorwärtsbewegte, war ich beeindruckt von der ehrfurchtgebietenden Stille, einer Stille wie in einer Kirche. Eine absolute Lautlosigkeit umgab uns. Als wir weiter in die Wüste vordrangen, übermannte mich ein Gefühl unglaublicher Zeitlosigkeit, als ob ich in urdenkliche Zeiten zurückversetzt wäre. Der besondere Reiz lag in der Leere und Einsamkeit – in einer außergewöhnlichen Erhabenheit der Wüste, die dazu angetan ist, einen ins eigene Innere horchen zu lassen.

Wir trotteten etwa eine Stunde lang schweigend auf dem harten Sand dahin, Nizar und Abdul an der Spitze, Philip und ich hinterdrein. Der Himmel war wolkenlos, und die Sonne brannte erbarmungslos. Ich war an die schwülen Sommer von Boston gewöhnt, aber hier war die Hitze trocken wie in einem Ofen. Sobald der Schweiß aus den Poren drang, verdunstete er, und die Hitze schien von innen zu kommen. Das einzige Geräusch war das Scharren unserer festen Lederschuhe auf einem Teppich von Sand. In der Ferne flimmerte der Horizont, und jede Senke in der Landschaft schien wie eine kleine Wasserfläche zu glitzern.

»Eine Fata Morgana«, sagte Nizar.

Plötzlich hatte ich ein Gefühl drohenden Unheils. Ich mußte aus der Sonne gehen, oder ich würde sterben. Ich blieb stehen, um mich nach allen Richtungen nach irgendeinem Unterschlupf umzusehen, aber kein Schatten war in Sicht, und ich konnte kaum Philips Wagen sehen. Verzweifelt rief ich Nizar, der sich erschreckt umwandte. »Können Sie nicht irgendwo ein Fleckchen Schatten suchen?« bat ich flehentlich. »Die Sonne macht mir arg zu schaffen. Ich weiß nicht, ob ich weiterkann.«

Nizar kam eilends den Weg zu mir zurück, mit besorgtem Gesicht. Er schützte die Augen mit seiner *ghutra* vor der Sonne und blickte sich um. Trotz des grellen Lichts trug er keine Sonnenbrille. »Wir haben Glück«, sagte er und deutete mit seinem Stock in die Ferne. »Ich glaube, etwa einen Kilometer weiter sind ein paar Steine, die uns vielleicht ein wenig Schatten spenden. Unser Auto ist zu weit weg.«

Ich blickte in die Richtung, in die er zeigte, und sah nichts, außer Wüste, egal, ob mit oder ohne Sonnenbrille.

»Gehen wir weiter, bevor ich umkippe«, sagte ich, während ich zu ihm und Abdul aufholte. »Ich kann Ihre Steine nicht einmal sehen.« Neben mir atmete auch Philip schwer und nickte zustimmend.

»Sie brauchen einen Schuß Beduinenblut, Herr Doktor Gray«, sagte Nizar grinsend.

Wir folgten ihm und stießen tatsächlich auf einen kleinen, etwa einen halben Meter hohen, ungeordneten Steinhaufen. »Das ist nicht viel«, sagte er, »wahrscheinlich eine Art Grabstein – aber er wird Ihnen etwas Schatten spenden.«

Barmherzigerweise war gerade genug Schatten da, um zwei Köpfe vor der Sonne zu schützen. Ich sah, daß Philip für die

Rast genauso dankbar war wie ich. Wir streckten uns beide auf dem heißen Sand aus, die Köpfe an den Steinhaufen gelehnt, die Beine immer noch in der sengenden Sonne. Langsam kühlte der Sand unter unseren Körpern aus, und meine Panik legte sich. Wir alle tranken Wasser aus den Feldflaschen, und dabei wurden Erinnerungen an Wildwestfilme und an das Klischee der leeren Feldflasche in mir wach. Noch nie hatte Wasser so gut geschmeckt.

Dann sagten Nizar und Abdul, daß sie weitergehen und nach Fossilien suchen wollten; sie versprachen, innerhalb einer halben Stunde zurück zu sein.

»Und wenn der Schatten verschwindet?« fragte ich und versuchte dabei, den Winkel der Sonnenstrahlen abzuschätzen.

Nizar blickte mit zusammengekniffenen Augen zum Himmel und beruhigte mich. »Er wird noch da sein, wenn wir zurückkommen.«

Wir sahen zu, wie sie weggingen, gestikulierend und sich miteinander unterhaltend, wie wenn sie auf einer New Yorker Straße spazierten. Nachdem sie fort waren, gestand Philip, daß auch er drauf und dran gewesen war, in Panik zu geraten. »Gott sei Dank hast du etwas gesagt. Die Sonne ist heute wirklich heimtückisch.« Er fuhr sich mit dem Ärmel über die Stirn. »Ich habe schon öfter ohne Probleme Ausflüge in die Wüste unternommen, aber die Hitze war nie so wie heute. Wenn du länger hier bist, wirst du merken, daß die Leute in diesem Teil der Welt nicht braun werden. Sie verbrennen sich nur die Haut, wahrscheinlich wegen der intensiven Sonne in Verbindung mit der trockenen Luft.«

Während wir auf die Rückkehr unserer Freunde warteten, ging ein älterer Beduine mit einer kleinen Kamelherde in etwa hundert Metern Entfernung an uns vorüber. Er blieb stehen, um zu sehen, ob wir lebten und wohlauf waren. Beruhigt, als er sah, wie wir uns aufsetzten und ihm zuwinkten, setzte er dann seinen Weg fort.

Abdul und Nizar kamen bald zurück und streckten uns ein

paar Muschelfossilien entgegen. Sie waren grau und mit feder-
artigen Mustern von Skeletten uralter Organismen bedeckt.

Gestärkt von unserer Rast, kehrten wir zu unserem Landrover zurück und saßen in seinem ausgedehnten Schatten, während wir unsere Mahlzeit, bestehend aus Obst und Käse, zu
uns nahmen. Ein einsamer Araber ritt auf einem Esel vorbei,
seine Füße fast auf dem Boden. Abdul sagte, er sei wahrscheinlich auf dem Weg zurück in ein nahegelegenes Lager.

Auf dem Weg zurück zur Straße nach Mekka sahen wir einen kleinen, offenen Toyota-Transporter, der neben der Straße
geparkt hatte. Auf der Ladefläche des Transporters saßen zwei
Kamele auf ihren Hinterbacken und sahen sehr hochmütig aus,
wie sie so unter ihren langen Augenwimpern unverwandt auf
die Wüste hinausblickten. Ihr beduinischer Chauffeur war nirgends zu sehen. Ich werde den Anblick nie vergessen. Weit
hatten es die Kamele im zwanzigsten Jahrhundert gebracht!

Ein paar Minuten später verringerten wir die Geschwindigkeit, weil wir an einer Ansammlung von Häusern aus Lehmziegeln und Zelten vorüberfuhren. Fünfzehn oder zwanzig Kinder, deren *thoben* im Wind flatterten, liefen auf uns zu, um uns
zu begrüßen. Sie bedeuteten uns mit Handbewegungen, abzu-
biegen und in ihr Dorf zu kommen, lachten und plapperten
und sprangen aufgeregt um unser Auto herum. Einige streckten die Arme aus, wie um uns den Weg zu versperren, während sie uns flehentlich baten, doch stehenzubleiben und sie zu
besuchen.

»Wegen unserer Kleidung glauben sie, daß wir alle Ausländer sind«, sagte Abdul. Er und auch Nizar trugen Bluejeans,
hellbraune Baumwollhemden und festes Schuhwerk.

Die Mädchen verschwanden sofort, aber die Buben scharten
sich um uns, als wir aus dem Auto stiegen, und wiesen uns
den Weg zu einem großen Zelt. Auf dem Weg dorthin gingen
wir an einem Lastwagen vorbei. Neugierig geworden, gingen
wir zum rückwärtigen Ende, um hineinzuschauen. Sofort bildeten die Buben eine Verteidigungslinie vor dem mit einem Vor-

hang verhängten Zugang und riefen laut: »*La la* (Nein, nein).«
Nizar und Abdul sahen belustigt zu, wie die Buben uns klar-
machten, daß es mir verboten sei, hineinzuschauen, aber zuvor
noch erhaschte ich einen Blick von schwarzverschleierten
Frauen, die im Inneren des Lastwagens saßen, Erbsen enthül-
sten und Zwiebeln und Tomaten schnitten.

Im Zelt saß der Familienälteste mit überkreuzten Beinen auf
einem alten, verblichenen Teppich und rauchte eine Wasser-
pfeife. Ein junger Mann von etwa zweiundzwanzig Jahren ging
auf ihn zu. Bevor wir Gelegenheit hatten, ein Wort zu sagen,
sagte er zum alten Mann: »*Tabib, Mustashfa Malek Faisal* (Ein
Arzt aus dem König-Faisal-Krankenhaus).«

Ich war höchst erstaunt. Hier waren wir, mitten in der Wüste, in einem winzigen Beduinenlager, ohne daß wir uns auch
nur irgendwie zu erkennen gegeben hätten, und doch hatte
mich jemand erkannt.

In diesem Augenblick tauchte ein Mann mittleren Alters mit
graumeliertem Bart und strahlend weißer Robe und *ghutra* im
Eingang des Zeltes auf und kam auf mich zu, um mir die Hand
zu reichen. Sofort erkannte ich in ihm einen Patienten aus der
Ambulanz, den ich wegen hohen Blutdrucks behandelt hatte.
Er war gerade aus der Moschee gekommen und hatte dem jungen Mann, seinem Sohn, gesagt, wer wir waren. Der Name
meines Patienten war Hussein Latif.

Nachdem ich meine Freunde vorgestellt hatte, nahmen wir
alle auf einigen großen Kissen Platz. Wie üblich bereitete es
mir Schwierigkeiten, meine Beine auf dem Teppich unterzu-
schlagen. Hussein sagte zu Abdul und Nizar, er freue sich darüber, daß sie als Dolmetscher fungieren könnten, da er kein
Englisch spreche. Einige der älteren Knaben aus der Familie
servierten uns Kaffee und später süßen Tee. Dann brachten sie
uns Teller mit Datteln, die voller Fliegen, aber dennoch köstlich
waren. Ich hatte mich schon daran gewöhnt, die Fliegen mit der
Hand zu verscheuchen, bevor ich einen Bissen aß. Hussein lud
uns ein, doch zum Essen zu bleiben, aber wir lehnten ab.

»Wir haben gerade gegessen«, erklärte ich durch meinen Dolmetscher Nizar, »und wir möchten gern vor Einbruch der Dunkelheit wieder in Riad sein.«

»Dann müssen Sie und Ihre Freunde nächsten Freitag mit uns speisen«, sagte er, wobei sein Blick, Zustimmung heischend, auf mir lag.

Ich dankte ihm und sagte, wir würden gerne kommen. Nachdem er uns genötigt hatte, doch mehr von den Datteln zu essen, stand Hussein auf und bedeutete uns mit einer Handbewegung, ihm zu folgen. Wir verließen das Zelt und gingen zu einem etwa zwei Morgen großen Luzernenfeld, das von Dattelpalmen umgeben war und durch ein Netzwerk schmaler Kanäle bewässert wurde. Ein barfüßiger Beduine grub gerade einen neuen Nebenkanal. Er änderte die Richtung des Wassers einfach dadurch, daß er in einen der Kanäle Erde schaufelte und so einen neuen »Damm« beziehungsweise ein neues »Schleusentor« errichtete. Hussein erläuterte, daß die Luzernen das ganze Jahr hindurch angebaut und als Futter für die Tiere verwendet wurden.

Schließlich führte er uns zu einem großen artesischen Brunnen, den sein Vater vor Jahren gegraben hatte. Eine Benzinpumpe setzte das Wasser in Umlauf. Es gäbe mehrere solcher Brunnen in dieser Oase, teilte uns Hussein stolz mit, aber keinen, der größer sei als dieser. In der Nähe waren vor vielen Jahren einstöckige Häuser aus Lehmziegeln erbaut worden, und daran angebaut waren Schuppen für das Vieh. Ein Haus schloß sich ans andere, so daß die Außenwände zur Verteidigung gegen räuberische Beduinen verwendet werden konnten. In diesem Augenblick wurde mir auch klar, daß wir vor gar nicht allzu vielen Jahren nicht als Freunde willkommen geheißen, sondern vielmehr als unerwünschte Eindringlinge getötet worden wären.

Die Dorfbewohner waren zum Großteil Angehörige von Husseins Familie, halbnomadische Hirten, die die trockene Jahreszeit in dieser Oase verbrachten und dann im späten Winter und im Frühling mit ihren Herden auf der Suche nach Weideland auf die Hochebene zogen.

Wir sahen zu, wie ein junger Beduine kläglich aussehende, bucklige Rinder in einen der Schuppen trieb, wobei er die Hühner vor ihnen verscheuchte. Weiter entfernt streiften einige Kamele umher. In der Nähe weideten kleine Schaf- und Ziegenherden auf dem kümmerlichen Gras. Hussein sagte uns, daß die Schafe in Saudi-Arabien sowohl den Großteil des Fleisches als auch Milch, Käse und *Laban,* ein Joghurtprodukt, lieferten.

»Diese Schafe geben keine Wolle, sondern eher Haare«, sagte er, indem er einem von ihnen mit der Hand durch das verfilzte Fell fuhr. »Und wir verweben ihre Haare zu Decken und Kleidung.«

»Und die Ziegen?« fragte ich.

»Wir trinken ihre Milch und machen Zelte und Teppiche aus ihrem Haar. Das Zelt, in dem wir gesessen haben, ist aus Ziegenhaar.«

Im Wegfahren noch konnten wir das rhythmische Hämmern der Wasserpumpen vernehmen, den Herzschlag der Wüste.

Auf der Fahrt zurück nach Riad fuhren wir langsam, wie hypnotisiert von all der Schönheit rund um uns. Die Wüste zeigte sich blutrot und golden in der untergehenden Sonne. In der Ferne leuchteten die Steilabbrüche purpurrot und warfen wellenförmige Schatten in einer unendlich vielfältigen Farbenskala auf die Ebene, die zu ihren Füßen lag: orange, ziegelrot, rostbraun, rosa und grau.

Am darauffolgenden Freitag holte mich Philip wie verabredet mit seinem Landrover in meiner Wohnung in Petromin ab, und dann holten wir Abdul und Nizar. Ich hatte gerade eine schlaflose Nacht ohne Strom und natürlich auch ohne Klimaanlage verbracht. In diesem Augenblick hätte ich alles für einen Tag am Meeresstrand anstatt in der heißen Wüste gegeben, aber im Umkreis von Hunderten von Kilometern gab es kein Wasser. Zumindest entkam ich meiner stickigen Wohnung.

Philip, voller Schwung und Unternehmungslust, fuhr in seinem üblichen Wahnsinnstempo, bis wir in der Wüste angelangt waren, wo er das Tempo wieder verlangsamte, damit wir die Schönheit ringsumher in uns aufnehmen konnten.

»Jedesmal sieht die Wüste anders aus«, sagte Nizar. »Das hängt vom Licht und von der Tageszeit ab.«

Dank seines untrüglichen Orientierungssinns fand Philip das Dorf ohne Schwierigkeiten. Die Kinder begrüßten uns, indem sie mit lauten Rufen um unser Auto rannten, und Hussein, mein Patient, schloß uns wie alte Freunde in die Arme, legte uns die Hände auf die Schultern und zog uns an sich. »Willkommen«, sagte er auf arabisch, »ich freue mich, euch zu sehen.« Nizar und Abdul wechselten sich beim Übersetzen ab, während Hussein uns mit den Männern in seinem Dorf bekannt machte. Die meisten von ihnen waren Angehörige seiner Familie, und wie es der Brauch bei nomadischen Beduinen ist, traten sie als eine Einheit auf. Etwa zwanzig Männer waren um eine Schlange klappriger Lastwagen versammelt. Frauen waren keine zu sehen, aber ich entsann mich des Erlebnisses der letzten Woche und vermutete, daß die Frauen sich im Laderaum der Lastautos verbargen. Wie konnten sie nur, solcherart eingeschlossen, die Hitze ertragen?

Hussein teilte uns mit, er habe ein Picknick in der Wüste in ein paar Kilometern Entfernung geplant. Wir schlossen uns der Karawane von Lastwagen, Kamelen und Eseln an und fuhren fünfzehn Kilometer in die Wüste hinein, zu einer winzigen Oase mit Palmen und fahlem, struppigem Gras. Dann wurden die Lastwagen in einem Kreis aufgestellt, um uns vor der Sonne zu schützen. Zerschlissene Teppiche wurden ins Innere des Kreises gelegt. Die Kamele und die Esel, auf denen die Kinder geritten waren, streiften in der Nähe umher.

Die Vorbereitungen für das Essen begannen unverzüglich. Zwei Männer packten ein Lamm, schnitten ihm die Kehle durch und hängten es verkehrt am rückwärtigen Ende des Lastwagens auf. Sie schnitten das Fell an den Hinterfüßen auf, zogen es ihm über den Kopf und warfen es dann in die Wüste, um die Fliegen vom Tierkörper abzulenken. Schnell und geschickt weideten sie das Tier mit sehr scharfen Messern nach der Schlachtung aus, wobei sie es fachgerecht zerteilten und kochfertig tranchierten. Einige andere errichteten etwas außerhalb unseres Kreises Scheiterhaufen und steckten dann Teile des Lammes auf Spieße, um sie über dem offenen Feuer zu braten. Die älteren Knaben begannen inzwischen kleinere Feuer anzufachen, um darüber Wasser für den Tee zu erhitzen und einen Teil des Lammes in einem großen schwarzen Topf, der auf drei Steinen stand, zu kochen.

Unterdessen brachten uns die kleineren Buben Obst, Nüsse und Datteln, während wir mit überkreuzten Beinen auf den Teppichen saßen. Ich nahm meine übliche Stellung in solchen Situationen ein, indem ich mich seitlich aufstützte, so wie ich es bei Sultanas Hochzeitsmahl gelernt hatte. Abdul und Nizar schmunzelten über meine Ungeschicklichkeit.

»Wie Sie sehen, sind die Engländer viel gelenkiger als die Amerikaner«, bemerkte Philip.

»Und die Araber sind die gelenkigsten von allen«, sagte Abdul, indem er zusah, wie ein sehr alter Mann seine Beine ohne die geringsten Schwierigkeiten unterschlug.

Bald darauf brachten uns die Knaben Kardamomkaffee und später süßen Minzentee. Sie bereiteten den Kaffee zu, indem sie die Bohnen rösteten und sie zu einem Pulver zerstießen, das dann in kochendheißes Wasser geschüttet wurde. Ein paar zerdrückte Kardamomsamen wurden dem Gebräu beigefügt, das dann in eine kleinere Kanne gegossen wurde. Ein Stück Palmfaser, das in den Schnabel der Kanne gesteckt wurde, diente als Sieb. Heißer Kardamomkaffee wurde immer schwarz und ungesüßt in henkellosen Tassen serviert, selbst wenn die Temperatur in der Wüste auf sechzig Grad kletterte.

Die Datteln waren besonders köstlich. Ich erinnerte Nizar an den Tag, an dem wir uns zum ersten Mal getroffen hatten. Ich war erst kurz zuvor angekommen und von den Dattelpalmen fasziniert, die in der Nähe des Torhäuschens vor dem Krankenhaus standen, wo Nizar seinen Dienst versah. Nachdem Nizar mir verschiedene Fragen beantwortet hatte – wann die Datteln geerntet wurden, wie oft, und so weiter –, zog er seine Schuhe aus, nahm ein Papiersäckchen und lief auf allen vieren den Baum hinauf. Zehn Minuten später kam er mit einem Säckchen voller Datteln wieder herunter. Sie waren süß und saftig. Eine Woche lang hütete ich sie eifersüchtig im Kühlschrank. Von da an waren Nizar und ich Freunde.

Hussein fragte, ob wir nicht Kamelmilch kosten wollten, riet uns jedoch, nur ein wenig zu trinken, da sie sehr fett sei und uns vielleicht nicht bekommen könnte. Wir gingen hinüber zu den Kamelen, und Hussein molk eines davon, so daß die Milch in langen weißen Strahlen in eine Schüssel rann. Sie war warm und sehr sahnig und schäumte. Der hohe Fettgehalt trug wahrscheinlich zum eigenartigen Geschmack bei. Mit Todesverachtung würgte ich sie hinunter.

Als wir zurückkamen, trugen die Männer große Tabletts mit zerkleinerten Tomaten, Karotten und Zwiebeln aus dem Inneren der Lastwagen und fügten sie dem Lamm bei, das leise über dem Feuer kochte. Offensichtlich bereiteten die Frauen wie letzten Freitag das Essen in den Lastwagen zu, für uns unsichtbar.

Die Stunden vergingen wie im Flug. Während wir uns unterhielten und in der Oase herumspazierten, merkten Philip und ich, daß wir mit Argusaugen beobachtet wurden. Die Beduinen beäugten uns mit genausoviel Interesse wie wir sie. »Viele von ihnen haben noch nie einen Ausländer gesehen«, sagte Abdul belustigt. »Sie sind neugierig – wahrscheinlich sehen Sie für sie ungewöhnlicher aus als umgekehrt.«

Die rotkarïerten *ghutras* der Männer, ihre grauen *thoben* und die bunten Teppiche standen in scharfem Kontrast zum einfarbigen Wüstensand rund um uns. Selbst die Lastwagen verschmolzen harmonisch mit dem Landschaftsbild in der Ferne.

Schließlich machten wir es uns in einem großen Kreis auf

den Teppichen bequem. Die Männer zogen ihre Sandalen aus und saßen mit überkreuzten Beinen und untergeschlagenen Füßen da.

Als Hussein seine Sandalen auszog, fielen mir die Brandmale auf seinen Fersen auf. Er sagte mir, daß das Einbrennen von Malen in seine Fersen ihn von seinen Kopfschmerzen geheilt habe.

»Das muß Sie ja wahrhaftig von Ihren Kopfschmerzen abgelenkt haben«, sagte ich. »Auch die Chinesen stecken Nadeln in abgelegene Körperstellen, und manchmal wirkt es. Man nennt das Akupunktur.«

Mehrere Männer beteiligten sich am Gespräch. Nizar und Abdul dienten weiterhin als Dolmetscher. Jedesmal, wenn Philip oder ich etwas sagten, lehnten sich alle nach vorn, um die Übersetzung zu hören. Sie erzählten uns, daß das Brandmarken die beliebteste Behandlungsmethode sei. Brandzeichen auf dem Unterleib heilten Diarrhöe, auf der Brust Wehen und Husten, auf dem Rücken Rückenschmerzen, und so weiter. Auch ihre Kleinkinder brandmarkten sie gegen Koliken, und mit ihren kranken Kamelen verfuhren sie in gleicher Weise.

»Sie klagten über Kopfschmerzen, als Sie mich das erste Mal aufsuchten«, erinnerte ich Hussein. »Das Einbrennen von Malen in Ihre Fersen hat Sie nicht von Ihrem hohen Blutdruck geheilt, der der ursprüngliche Grund für Ihre Kopfschmerzen war.«

Hussein gab zu, er fühle sich besser, seitdem er die Medizin nahm.

»Hoher Blutdruck ist übrigens in Saudi-Arabien eine Seltenheit, vielleicht wegen des salzarmen Essens und des Verlustes von Salz durch die Hautatmung«, sagte ich.

»Sie leiden auch weniger unter Streß als wir«, fügte Philip hinzu.

Husseins Stammesleute verteidigten ihn lautstark und bestätigten, was für wunderbare Heilungen das Einbrennen von Malen in Menschen und Tiere bewirkt habe. Ich sagte ihnen, daß viele Patienten in der Ambulanz von diesen Brandmalen bedeckt seien.

»Die nächstbeste Behandlungsmethode ist es, Kamelurin zu trinken, insbesondere bei Magen- und Darmbeschwerden, Schmerzen im Unterleib und Verstopfung«, sagte Hussein in feierlichem Tone, als ob er uns sein kostbarstes Geheimnis anvertraue. »Es wirkt auch ausgezeichnet als Augenspülung und bei der Heilung von Wunden.«

Ich neigte mich zu Philip und sagte leise: »Damit hat es vielleicht etwas auf sich. Der Harnstoff im Urin hat einige desinfizierende Eigenschaften, aber Kamelurin ist wahrscheinlich um nichts wirksamer als menschlicher Urin, soviel ich weiß.«

Philip sah nicht sehr überzeugt aus, auch nicht, als Hussein hinzufügte, daß Kamelurin auch ein ausgezeichnetes Gesundheitstonikum und Haarwaschmittel sei und Kopfläuse auf der Stelle vernichte. Einer seiner Familienangehörigen beeilte sich, das zu bestätigen, indem er auf seinen Kopf deutete und lebhaft nickte.

Ich befragte sie als nächstes über die Beschneidung, da ich die Entdeckung gemacht hatte, daß einige ambulante Patienten mit bedauerlichen Ergebnissen beschnitten worden waren. Hussein sagte uns, daß die Beschneidung bei Knaben im Alter von dreieinhalb bis sieben Jahren durchgeführt wird. Der Tag wird als Familienfesttag gefeiert, und ein Festmahl wird veranstaltet zur Feier der Tatsache, daß der Knabe ein »richtiger Moslem« geworden ist.

»Üblicherweise findet sie im Juni statt, wenn ein trockener Nordwestwind weht und die Wunde dadurch schneller heilt«, sagte Hussein. In manchen Gegenden dauern die Festlichkeiten im Haus des Knaben eine Woche lang ununterbrochen fort. Am Abend dürfen die Frauen und Mädchen miteinander tanzen. Die Männer gehen natürlich woandershin, um zu feiern. Am achten Tag versammelt sich die Familie, und jemand, der darin Erfahrung hat, trennt die Vorhaut des Kindes mit einem Rasiermesser oder mit einem anderen scharfen Messer ab. Die

Wunde heilt in einem Zeitraum von einer Woche bis zu zehn Tagen, obwohl sie ab und zu wegen der Fliegen und der mangelnden Hygiene infiziert wird.

»Wie behandelt man die Infektion?« fragte ich entsetzt.

»Mit einem Gemisch aus Salz, Asche und Kameldung«, sagte Hussein. »Aber die reicheren Saudis in den Städten gehen heutzutage mit ihren Söhnen zur Beschneidung zu einem Arzt.« Ich konnte sehen, daß seine Stammesleute davon nicht viel hielten.

Abdul ergänzte, daß einige Stämme früher auch die Mädchen beschnitten hätten, um ihre sexuelle Stimulierung und Erregung zu verhindern. Die Frauen, die diesen Eingriff durchführten, durchstachen mit Nadel und Faden die Klitoris, die so am Faden ganz herausgezogen und dann direkt am Körper abgetrennt wurde.

Ich sagte zu Hussein, ich sei überrascht darüber, daß so viele Beduinen sich in unser Krankenhaus in ärztliche Behandlung begaben. »Glauben Sie, daß ein Arzt das Leben eines Menschen retten kann, der sehr krank ist?« fragte ich.

»Niemals«, erwiderte Hussein in heftigem Tonfall. »Nur Allah kann das Leben eines Menschen retten. Wenn die Zeit eines Menschen gekommen ist, muß er sterben, ›so wie es geschrieben steht‹.«

Philip fragte, ob irgendwelche anderen Angehörigen seines Stammes sich je ins Krankenhaus begeben hatten. Sobald Nizar die Frage übersetzt hatte, begannen sie nachdrücklich die Köpfe zu schütteln. Keiner von ihnen hatte je zuvor einen Arzt zu Gesicht bekommen, außer Hussein, der offensichtlich von den anderen Stammesmitgliedern als Nonkonformist angesehen wurde.

Abdul sagte, daß der Koran die Gläubigen dazu ermahne, sich ihre gute Gesundheit zu bewahren, und daß Ärzte, vom islamischen Standpunkt gesehen, durchaus vertretbar sind. »Bis vor ganz kurzer Zeit gab es in Saudi-Arabien einfach keine Ärzte, außer den wenigen, die aus Ägypten und dem Iran geholt worden waren, und diese waren nicht kompetent. Das ist der Grund, weshalb ich Medizin studiere«, sagte er.

»Aber alle Saudis, die wir behandelt haben, waren sehr kooperativ und dankbar«, sagte ich, »auch wenn sie die Ärzte für Ungläubige halten.« Philip nickte zustimmend.

»Es gibt Beduinen, so wie diese hier, die unter keinerlei Umständen einen westlichen Arzt aufsuchen würden«, sagte Abdul und zuckte die Achseln. »Hussein bildet da eine Ausnahme. Es steht nichts im Koran, das den Moslems verbieten würde, sich in ärztliche Behandlung zu begeben. Aber nach dem Islam ist das Ergebnis von Allah vorherbestimmt. Der Arzt spielt eine zweitrangige Rolle.«

»*Maktub* (So steht es geschrieben)«, sprach Nizar nach, und das bedurfte keiner Übersetzung.

»Die westlichen Ärzte haben nichts gegen eine Hilfe von oben, aber wir verlassen uns nicht darauf«, sagte Philip.

»Das ist der Unterschied zwischen uns«, sagte Nizar. »Wir leben und sterben nach Gottes Willen.«

Obwohl es sich für mich nicht schickte, mit Hussein, meinem Gastgeber, über dessen Frauen zu sprechen, konnte ich es mir nicht verkneifen, nach ihnen zu fragen. Doch dieses eine Mal weigerte sich mein Dolmetscher, die Frage zu übersetzen.

»Sie haben mehr Einfluß, als Sie glauben«, sagte Abdul auf englisch, um meine Taktlosigkeit zu überspielen. »Vor allen Dingen sind die Araberinnen sehr fruchtbar. Eine Araberin ist nicht zufrieden, wenn sie nicht schwanger ist. Infolgedessen ist die Geburtenrate sehr hoch. Eine Beduinenfrau kann fünfzehn Kinder haben, von denen vier oder fünf überleben. Da sie Söhne zur Welt bringen muß, um nicht geschieden zu werden, ist sie vielleicht die ersten fünfzehn Ehejahre ständig schwanger. Die Frauen in ihrer Stammesfamilie helfen ihr bei der Entbindung. Eine Hebamme im eigentlichen Sinn gibt es nicht. Die Kindersterblichkeit wird in manchen Gebieten auf siebzig Prozent geschätzt, und die Sterberate der Frauen bei der Geburt ist entsprechend hoch. Mangelnde Hygiene und seit tausend

Jahren betriebene Kurpfuscherei sind schuld daran. Aber das zuständige Ministerium hat einen öffentlichen Gesundheitsdienst für Schwangeren- und Kinderfürsorge eingerichtet, und die saudische Gesellschaft des Roten Halbmonds, ähnlich eurem Roten Kreuz, stellt Erste-Hilfe-Leistungen und mobile Krankenhäuser zur Verfügung. Man sieht die Lösung in der Ausbildung der Frau. Nur die modernen, westlich ausgerichteten Frauen wenden empfängnisverhütende Mittel an, und auch das hängt von der Bildungsstufe der Frauen ab.«

Während wir uns in englischer Sprache unterhielten, plauderten die Stammesmitglieder miteinander oder kümmerten sich um das Lamm, das noch immer über dem Feuer brutzelte. Gleich darauf erschienen die älteren Knaben mit riesigen Tabletts, auf denen sich Lamm auf Reis türmte, garniert mit gehackten Tomaten, Gurken, Zwiebeln und Zitronenscheiben. Es roch stark nach Gelbwurz und Zimt.

Die Beduinen zerdrückten den Reis und das Lamm zu einem Brei und steckten ihn mit den Fingern in den Mund. »Nur die rechte Hand wird zum Essen verwendet«, erklärte uns Abdul. Philip und ich folgten ihrem Beispiel. Das Essen schmeckte gut, obwohl das Lamm zäh war. Und ich empfand es als irritierend, zu sehen, wie die Kinder uns hungrig beim Essen zusahen. Hussein suchte appetitliche Fleischstücke aus, legte sie mit den Fingern auf unsere Teller und nötigte uns, mehr zu essen. Als wir satt waren, nahmen die Kinder gierig die Tabletts und aßen alles ratzekahl auf, was übrig war. Ich ließ es mir nicht nehmen, ihnen dabei zuzusehen, wie sie die Tabletts mit den Resten zu den Frauen in den Lastwagen zurückbrachten. Man konnte nur die Hände der Frauen sehen, die nach den Tabletts griffen. Ich hätte ihnen gerne für ihren Beitrag zu unserem Festmahl gedankt, aber das war unmöglich.

18.
Der arme,
reichste Mann
der Welt

Ich saß gerade in meinem Büro im Krankenhaus, da läutete das Telefon. Es war John Barrow, der Stellvertretende Direktor und Berater der Königsfamilie.

»Seymour, schon wieder eine Krise«, begann er. »Frank Taylor hat mich gebeten, Sie anzurufen.«

»Was ist es denn diesmal?« fragte ich. Wenn Barrow damit zu tun hatte, so hieß das, daß der Patient ein Mitglied der Königsfamilie war und daß es sich wahrscheinlich um ein relativ geringfügiges Problem handelte. Ich hatte inzwischen schon gemerkt, daß jedes leise Husten eines saudischen Prinzen als Krise galt.

»Es handelt sich um einen sehr wichtigen Patienten«, versicherte mir Barrow. »Wir haben einen Termin vereinbart, ihn heute nachmittag in seinem Palast zu untersuchen.«

»Warum kann er nicht ins Krankenhaus kommen?« fragte ich. »Laut Vorschrift dürfen unsere Ärzte außerhalb des Krankenhauses keine Patienten untersuchen.«

»Der König selbst hat darum gebeten. Der Name des Patienten ist Prinz Ibrahim Mugrin el-Kabir. Sagt Ihnen das etwas?«

»Er ist eben ein Mitglied der Königsfamilie«, sagte ich achselzuckend.

»Er ist eines der *ursprünglichen* Mitglieder der Königsfamilie, die König Abdul-Aziz dabei behilflich waren, den Nedschd zu erobern«, versuchte mich Barrow zu beeindrucken. »El-Kabir heißt *Der Große*. Wie die Sache steht, ist der Prinz einer der politisch einflußreichsten Männer des Königreichs und wahrscheinlich einer der reichsten. Wenn ich Ihnen sage, wieviel Geld er hat, würden Sie es mir nicht glauben.«

»Versuchen Sie es doch. Ich habe eine ziemlich lebhafte Phantasie.«

»Also gut. Harad gehört ihm.«

»Was meinen Sie damit?«

»Die Stadt Harad gehört ihm. Als junger Mann hat er Seite an Seite mit dem König gekämpft, der ihm später die Stadt Harad zum Geschenk machte.«

»Sie haben recht. Das kann ich mir nicht vorstellen.«

Barrow lachte leise in sich hinein. »Ich komme um zwei Uhr vorbei und hole Sie ab.«

Am Nachmittag kam er mit einem krankenhauseigenen Wagen und fuhr mit mir in Richtung Mekkastraße zum Palast von Prinz Ibrahim. Als Bindeglied zwischen der Königsfamilie und dem Krankenhaus war Barrow zu einer festen Einrichtung geworden, und obgleich er sich manchmal beim Umgang mit der Königsfamilie etwas unterwürfig benahm, war er in erster Linie doch an den einzelnen Menschen dieser Dynastie interessiert. Er diente dem Krankenhaus als Kontaktmann zur Öffentlichkeit und war der offizielle Empfangschef. Barrow war schon ziemlich lange in Saudi-Arabien und sprach genug Arabisch, um sich zurechtzufinden.

Nach einigen Kilometern begannen wir, über den Patienten zu sprechen. Barrow wußte fast nichts über seinen Gesundheitszustand. Desto mehr war ihm aber über die politische und finanzielle Situation des Prinzen bekannt. »Der Prinz ist unermeßlich reich«, erzählte er mir. »Er ist mindestens seine dreißig bis fünfunddreißig Milliarden Dollar wert, aber das ist eine reine Schätzung. Seine Besitztümer sind so ausgedehnt, daß keiner wirklich genau weiß, wie reich er ist, und man wird es wahrscheinlich bis zu seinem Tod nicht wissen, wenn dann alles für seinen Nachlaß zusammengezählt wird.«

Ich forderte Barrow auf, mir den Werdegang des Prinzen in großen Zügen darzustellen. Während der langen und harten Kriege zwischen 1901 und 1926, die es dem Haus Saud schließlich ermöglichten, ganz Arabien zu erobern und zu vereinigen, hatte sich Prinz Ibrahim König Ibn Saud angeschlossen. Obgleich er im Schatten der überragenden Führerpersönlichkeit des Königs gestanden hatte, war Ibrahim ein tapferer Kämpfer gewesen und wurde zu einer Schlüsselfigur des kleinen inneren Kreises, der die Familie Saud und die saudiarabische Politik beherrschte. Er war sogar ein Mitglied der Versammlung, die Khalid zum König gewählt hatte.

Bei der Eroberung des Nedschd und des östlichen Landesteils hatte sich Ibrahim ausgezeichnet. Nachdem die Herrschaft über Saudi-Arabien erlangt worden war, belohnte ihn der dankbare König Saud mit einem Gebiet um die Oase Al Hasa, zu dem die Stadt Harad gehörte. Obwohl dieses Gebiet damals nicht viel wert war, stellte es sich etwa zwanzig Jahre später heraus, daß es im Zentrum reicher Erdöl- und Erdgaslager lag, und es machte Prinz Ibrahim zu einem schwerreichen Mann.

Ein großer Teil seines Reichtums jedoch entstammte seinen eigenen Anstrengungen, Harad auszubauen. In früheren Zeiten war die Stadt kaum mehr als eine Oase für Hirten und Beduinen gewesen, und ein Großteil davon war unbewohnte Wüste. In den folgenden fünfzig Jahren verwandelte Ibrahim das Gebiet in die Kornkammer Saudi-Arabiens. In der Anfangsphase der Urbarmachung von Harad leistete er bahnbrechende Arbeit. Artesische Brunnen wurden gegraben und ein ausgedehntes Bewässerungsnetz geschaffen. Elektrischer Strom wurde eingeleitet, und der Ackerbau wurde auf Maschinen umgestellt. »Heute«, sagte Barrow, »ist Harad ein reiches landwirtschaftliches Zentrum, das von Pächtern bewirtschaftet wird. Der Prinz besitzt immer noch einen Großteil des Landes, und Sie wissen ja, wie sehr in den letzten fünf Jahren Grundbesitz an Wert gestiegen ist. Er ist in wahrhaft astronomische Höhen geklettert!«

Wenige Minuten später waren wir in nächster Nähe von Prinz Ibrahims Palast. Ich war überrascht von dem eigenartig uncharakteristischen Eindruck, den seine Umgebung machte. Im Gegensatz zu den grünen, sorgfältig getrimmten Rasenflächen, die häufig die palastartigen Gebäude ankündigen, war der Palast von einer Ansammlung schäbiger, verfallener Häuser aus Lehmziegeln umgeben; überall lag Abfall. Es gab keine Straßen, die zu diesen Hütten oder davon wegführten, nur ungepflasterte Wege, die sich über den harten, steinigen Erdboden schlängelten. Die Leute, die ich sah, machten einen ärmlichen Eindruck. Es war wohl kaum die Art von Umgebung, die man in seiner Vorstellung mit dem vielleicht reichsten Mann Arabiens in Verbindung brachte. – Später erfuhr ich, daß einige der Menschen in den schmutzigen Lehmhütten ehemalige Sklaven Prinz Ibrahims waren, die den Palast 1962 (als die Sklaverei in Saudi-Arabien abgeschafft wurde) verlassen hatten. Die Armut, die den Palast umgab, diente den zahlreichen Ex-sklaven zur Mahnung, die sich entschlossen hatten, beim Prinzen zu bleiben, und die auf dem Palastgelände in relativ sorgenfreien Verhältnissen wohnten, zufrieden mit ihrem Los, trotz ihres kargen Lohns. Der alte Prinz war offenbar kein mildtätiger Mann.

Der Palast selbst war von einer hohen, eindrucksvollen Steinmauer umgeben. Als wir darauf zufuhren, stießen zwei Diener in Wachtpostenuniformen das reichverzierte schmiedeeiserne Tor auf, und Barrow fuhr langsam auf das Grundstück. Der Palast war sehr alt, und seine Gesamtausmaße waren gewaltig, so groß wie die größten Burgen in Europa. Auf dem Palastgelände lagen gesonderte Unterkünfte für die Diener, ein Flügel für die vier Ehefrauen des Königs, kleine Villen für seinen Sekretär und seinen Arzt sowie eine private Moschee, wo der tief religiöse Prinz seine Gebete verrichtete. Zwar waren die Abmessungen des Grundstücks beeindruckend – sein Zustand war es jedoch eher weniger. In Saudi-Arabien verfallen die Gebäude schnell, und der Palast war nicht gut instand gehalten worden. Im Mörtel waren Risse, und an verschiedenen Stellen begannen die Ecken der Gebäude abzubröckeln. Die sorgfältig angelegten Blumengärten, die den Palast umgaben, waren vernachlässigt und ungepflegt und schienen einer anderen Epoche anzugehören. Alles in allem machte der Palast einen veralteten und baufälligen Eindruck und rief Erinnerungen an unsere großen, alten, verlassenen Herrensitze im Süden nach dem Bürgerkrieg wach. Irgendwie kam mir *Vom Winde verweht* in den Sinn!

Die Diener begrüßten Barrow, der nicht zum ersten Mal hier war. Einer von ihnen führte uns in den Palast, während ein zweiter unseren Wagen in die Garage fuhr. Das Innere des Palastes zeigte die typisch saudische Bauweise: mit hohen Dekken, um die Räume kühl zu halten. Die Wände waren im islamischen Grün gehalten, so wie man es überall finden konnte, aber die Farbe war stark verblaßt und betonte noch die düstere, verfallene Atmosphäre dieses Ortes. Wegen des religiösen Verbots von Schmuck und Verzierung waren die Wände kahl. Die Möbel in einem überladenen französischen Stil waren pompös, wuchtig und reizlos zugleich. Das ganze Ambiente des Palastes schien öd und leer.

Gleich darauf trat Prinz Ibrahims Sekretär zu uns, der ein fließendes Englisch mit einem klaren britischen Akzent sprach. Er machte auf mich den Eindruck eines der tüchtigsten Saudis, denen ich je begegnet war. Später erfuhr ich, daß er eher ein Geschäftsführer als ein Sekretär war und daß seine Aufgabe in der Aufsicht über alle Besitztümer und Geschäftsangelegenheiten des Prinzen bestand. Wenige Minuten später kam auch Dr. Ghandour. Er wohnte auf dem Palastgelände und war der für den Haushalt des Prinzen zuständige Arzt – für die Ehefrauen, die Kinder und die Diener, alles in allem etwa fünfhundert Personen.

Sowohl Dr. Ghandour als auch dem Sekretär war am Prinzen eine Veränderung aufgefallen. Nicht nur, daß er vergeßlicher wurde, er schien auch unfähig, sich auszudrücken. Diese

Sprechschwierigkeiten traten erst seit kurzer Zeit auf und beunruhigten den Prinzen und seine Familie sehr. Offenbar wußte er, was er sagen wollte, konnte es aber weder sagen noch schreiben. Er war immer noch fähig, herumzugehen und alle notwendigen Tätigkeiten auszuführen, aber er war gezwungen, sich durch Gesten verständlich zu machen, und seine Redeweise war nahezu unverständlich. Dr. Ghandour fügte hinzu, daß der Blutdruck des Königs höher als gewöhnlich sei. Der Prinz weigerte sich, sich zu einer Untersuchung ins Krankenhaus zu begeben, und da er der engste Berater des Königs im Hinblick auf familiäre und politische Angelegenheiten der Saudi-Dynastie war, ordnete der König an, daß das Krankenhaus sich zum Prinzen zu begeben habe.

Ich hatte die Krankengeschichte des Prinzen aus dem Krankenhaus mitgebracht. Vor sechs Monaten war er von einem Urologen untersucht worden. Das einzige, worüber dieser neunzigjährige Patient geklagt hatte, war »verminderte sexuelle Leistungsfähigkeit«. Nach diesem Bericht hatte der Prinz seit etwa fünf Jahren – seit seinem fünfundachtzigsten Lebensjahr – kein Kind mehr gezeugt, und er wollte, daß etwas dagegen unternommen wurde.

Während wir den Gesundheitszustand des Prinzen besprachen, kam ein kleiner älterer Mann mit Brille ins Zimmer. Wir alle standen auf: Es war Prinz Ibrahim. Der Prinz war in die typische weiße *thobe* der Saudis gekleidet, über der er ein dazu in seltsamem Widerspruch stehendes englisches Tweedsakko trug. Er war kleiner, als ich erwartet hatte, denn die meisten Männer der Königsfamilie sind gut einsachtzig groß, und der Prinz war höchstens eins siebenundsechzig. Später kam ich zu dem Schluß, daß er wahrscheinlich am »Syndrom der Kurzgewachsenen« litt, einer Reihe von aggressiven, eigensinnigen Charakterzügen, die man mit Leuten in Verbindung bringt, die ihre mangelnde Körpergröße als störend empfinden. Es überraschte mich nicht, daß der Prinz Gefallen an John Barrow gefunden hatte: John war noch kleiner als er.

Dr. Ghandour stellte mich Seiner Königlichen Hoheit vor. Der Prinz ließ sich in einem hohen Lehnstuhl nieder, und gleich darauf erschien ein Diener mit einer Kanne Kardamom-kaffee, wonach sogleich der übliche Tee serviert wurde. Der Prinz saß schweigend da und starrte in seine Kaffeetasse, als ob ihm unsere Anwesenheit gleichgültig wäre. Zögernd stellte ihm Barrow eine Frage über seine Gesundheit, aber der Prinz tat sie mit einem Achselzucken und einem Wink seiner Hand ab. Er versuchte zu sprechen, aber seine Worte waren unzu-sammenhängend. Daraufhin schwiegen alle betreten; wir saßen wortlos da und tranken unseren Tee.

Schließlich wandte ich mich an den Sekretär und sagte, daß ich ihn gern untersuchen würde. Der Sekretär teilte dies dem Prinzen unterwürfig mit. Dieser nickte, stand dann auf und ging zur Tür hinaus, während der Sekretär mir mit einer Hand-bewegung zu folgen gebot.

Wir gingen den langen Gang hinunter bis zu einem alten, reichverzierten, vergoldeten Aufzug. Der Prinz war offenbar stolz auf diese ganz neumodische Einrichtung in seinem ural-ten Palast. Er blickte mich an, um zu sehen, ob ich wohl beein-druckt war. Der Aufzug erinnerte mich ein wenig an den käfig-artigen goldenen Aufzug eines Hotels in London. »Prachtvoller Aufzug«, murmelte ich. Barrow übersetzte es mit einem über-fließenden Lächeln. Der Prinz sah erfreut aus.

Im ersten Stock gingen wir einen zweiten finsteren, langen Gang entlang und betraten schließlich ein riesiges, mit wunder-schönen chinesischen Teppichen ausgelegtes Zimmer. Hier übersetzte der Sekretär meine Anordnungen, daß der Prinz sich entkleiden solle, und zog sich dann diskret in ein Neben-zimmer zurück. Während der Prinz sich seines Tweedsakkos und seiner *thobe* entledigte, schlenderte ich im Zimmer herum und sah mir die sehr alten Möbel genauer an, von denen man-che mit Goldeinlegearbeiten verziert waren. Der Raum sah mehr nach einem Museum als nach einem Schlafzimmer aus – bis auf das riesige, reichverzierte Bett, das den kurzgewachsenen alten Mann, der darauf lag, erbärmlich klein und kraftlos aussehen ließ.

Unter Zuhilfenahme von Dr. Ghandour als Dolmetscher untersuchte ich den Prinzen, wobei ich mir in Anbetracht seines Alters, seines hohen Blutdrucks und seiner Sprechschwierigkeiten der sehr realen Möglichkeit eines drohenden Schlaganfalls bewußt war. Der Prinz ließ die Untersuchung widerwillig über sich ergehen. Nachdem ich damit zu Ende war, rief ich den Sekretär und besprach meine Diagnose mit ihm und mit Dr. Ghandour: Die Sprechunfähigkeit des Prinzen war wahrscheinlich eine Form von expressiver Aphasie, die durch eine Verletzung oder einen leichten Schlaganfall im Sprechzentrum des Gehirns verursacht worden war. Der Patient verstand geschriebene oder gesprochene Wörter und wußte, was er sagen wollte, konnte aber die Wörter selbst nicht hervorbringen.

»Es ist keine Konstitutionsschwäche festzustellen, und seine Reflexe sind normal«, sagte ich abschließend. »Ich bezweifle, daß er einen schweren Schlaganfall hatte, aber er ist unzweifelhaft ein Kandidat dafür.«

»Was empfehlen Sie?« fragte der Sekretär.

»Ihn ins Krankenhaus einzuliefern«, sagte ich geradeheraus. »Er müßte sich einer ganzen Reihe von gründlichen Untersuchungen – einschließlich eines Gehirnröntgens – unterziehen, damit die Ursache für seine Sprechschwierigkeiten festgestellt werden kann.«

Der Sekretär zuckte betreten die Achseln, womit er zu verstehen gab, daß dies eine Entscheidung war, die beim Prinzen lag. Auf mein Drängen hin bat er den Prinzen, nochmals einen Krankenhausaufenthalt in Erwägung zu ziehen. Der halsstarrige Prinz schüttelte den Kopf und verwarf den Vorschlag mit energischen Gesten und unwirschem Gebrumm.

»Wenn er darauf besteht, das Krankenhaus zu vermeiden, dann muß er seine Aktivitäten einschränken und sehr viel Ruhe haben«, riet ich. »Was hat er in nächster Zeit vor?«

»Für heute abend ist eine Ratsversammlung beim König angesetzt«, antwortete der Sekretär, »und für morgen eine Ministersitzung. Am frühen Nachmittag findet dann ein *majlis* statt und später eine Sitzung mit Regierungsfunktionären.«

Ich sah ihn an und schüttelte den Kopf. »Das schafft er nie«, sagte ich. »Sagen Sie ihm, daß, wenn er nicht leiser tritt, sein Körper ihn dazu zwingen wird, leiser zu treten.«

Der Sekretär sagte nichts.

Im Freien angelangt, zeigt uns der Prinz seine Gärten und deutete stumm auf bestimmte Blumen und Bäume, die seinem Sekretär zufolge speziell für den Prinzen eingeführt worden waren. Am Ende des Weges reichte uns der Prinz die Hand und ging dann weg, um in seiner Privatmoschee an der Ostseite des Palastgeländes zu beten. Während wir zu unserem Wagen zurückgingen, sagte ich zu seinem Sekretär, daß ich ihm einen Diätplan und einige Medikamente senden würde, die helfen sollten, den Blutdruck des Prinzen zu senken.

Ich verließ den Palast mit dem Gefühl der Enttäuschung, das jeder Arzt empfindet, wenn ein Patient sich weigert, einem vernünftigen ärztlichen Rat Folge zu leisten. Ich war mir sicher, daß der Prinz das Krankenhaus nur allzubald aufsuchen würde, aber dann würde es sich um eine echte »Krise« handeln. Und, was noch schlimmer war, ich hatte das Gefühl, daß sein nächster Besuch im Krankenhaus wegen seines hohen Alters wahrscheinlich auch sein letzter sein würde.

Während ich fünf Tage später meine Visite machte, erhielt ich den dringenden Anruf, den ich erwartet und befürchtet hatte: Prinz Ibrahim war zu Hause zusammengebrochen, offensichtlich aufgrund eines schweren Schlaganfalls. Er hatte seine Sprechfähigkeit völlig verloren, und die rechte Körperhälfte war gelähmt. Unglaublicherweise weigerte sich der Prinz immer noch, ins Krankenhaus zu gehen, und nur auf das Beharren des Königs erklärte er sich zu einem kurzen Besuch für Labortests und Röntgenuntersuchungen bereit.

Prinz Ibrahim traf an jenem Abend um neun Uhr in einem

speziellen Rettungswagen ein, in Begleitung von Dr. Ghandour und drei schwarzen Limousinen, in denen sich sein Begleitpersonal befand. Der Prinz war erregt und unwirsch und gab mit wütendem Geknurre und heftigem Gestikulieren zu verstehen, daß er gegen seinen Willen dazu gezwungen worden war und daß er sofort wieder in den Palast zurückkehren wolle. Sein Erregungszustand war so heftig, daß ich es für nötig befand, ihm eine Beruhigungsspritze verabreichen zu lassen. Dann wurde der Prinz zur Röntgenabteilung und ins Labor gebracht, wo ein Gehirnröntgen enthüllte, daß eines der wichtigen Blutgefäße im Gehirn blockiert war.

Es war sonnenklar, daß er das Krankenhaus nicht verlassen konnte. Ich hielt Rücksprache mit dem Neurologen und dem Neurochirurgen und veranlaßte seine Einweisung ins Krankenhaus. Ein Teil des zweiten Stockwerks wurde für den Prinzen reserviert und rasch in eine Suite umgewandelt, die dem mutmaßlich reichsten Mann der Welt Genüge tat. Man brachte Möbel, die die Vorliebe des Prinzen für französisches Dekor widerspiegelten, und auf dem Gang wurden Polstersessel für seine Besucher aufgestellt. Jeden Tag trafen frische Blumen in Mengen ein, die die an Prinzessin Sultana gesandten noch übertrafen. Als dem Prinzen Besuche erlaubt wurden, wurde die Besucherzahl bald so groß, daß der Korridor vor seinem Zimmer wie ein bekanntes Schaustück in einem Museum abgesperrt werden mußte.

Zu den täglichen Besuchern des Prinzen zählten auch König Khalid und Prinz Fahd. Für gewöhnlich trafen sie vor den Mittagsgebeten ein, statteten Prinz Ibrahim einen ganz kurzen Besuch ab und setzten sich dann hin, um sich mit den Mitgliedern seiner Familie zu unterhalten, von denen die meisten Vettern waren. Als sich die Genesung wochenlang dahinzog, wechselten sie sich jeden zweiten Tag ab, aber einer von ihnen kam täglich zu Besuch. Zwei oder mehrere der dreiundzwanzig Söhne des Prinzen waren ständig bei ihrem Vater anwesend. Merkwürdigerweise besuchten den Prinzen niemals irgendwelche Frauen, nicht einmal seine Ehefrauen. Als ich mich danach erkundigte, sagten die Söhne einfach, daß es den Frauen nicht gestattet sei, ihn zu besuchen.

Da die Besucherhorde immer größer wurde, versuchte ich, sowohl ihre Zahl als auch die Besuchszeit einzuschränken, in der Hoffnung, dem Prinzen damit Erleichterung zu verschaffen. Dieses Bemühen war allerdings völlig fruchtlos, denn zu den Besuchern gehörten die bedeutendsten Männer des Königreichs. Auf taktvolle Weise, aber mit Nachdruck ließen mich die Mitglieder der Königsfamilie wissen, daß dies *ihr* Krankenhaus war und daß sie niemand davon abhalten würde, dem Prinzen ihre Aufwartung zu machen. Sie erklärten sich jedoch immerhin dazu bereit, ihre Besuche kurz zu halten und innerhalb bestimmter Stunden zu kommen. Im Grunde hatte ich das Gefühl, daß sie in erster Linie deshalb kamen, um einander zu treffen und ihre Familienloyalität demonstrativ zu bekunden. Da der Prinz nicht sprechen konnte, verbrachten sie meist nicht mehr als fünf Minuten bei ihm.

Wegen seiner ehrlichen Sorgen um die Gesundheit des Prinzen ersuchte uns der König, einige fachärztliche Berater von auswärts hinzuzuziehen, um ganz sicherzugehen, daß alles Menschenmögliche getan wurde. Unser Neurologe, ein Engländer, entschied sich für den berühmtesten Kollegen aus London, der mit einem Privatjet eingeflogen wurde. Er überprüfte die Röntgen- und Laborbefunde, untersuchte den Prinzen sehr gründlich und pflichtete dann meiner Diagnose und Behandlungsmethode bei. Ich wählte einen Spezialisten für Schlaganfälle vom Allgemeinen Krankenhaus in Boston, Massachusetts, und man besorgte ihm über die saudiarabische Botschaft in Washington ein Einreisevisum. Der Spezialist, einer meiner Freunde, traf nach einem langen, strapaziösen Flug ein, schlief zwei Tage lang und verwendete dann einen vollen Tag darauf, den Prinzen zu untersuchen und alle Unterlagen zu prüfen. Dann verbrachte er einen weiteren Tag damit, der Familie zu versichern, daß er mit der Diagnose und Behandlung einverstanden sei und daß man weiter nichts tun könne. Obgleich diese Konsultationen ungeheuer kostspielig waren, hatten sie sich gelohnt, weil sie der Königsfamilie ein Gefühl der Sicherheit und des Vertrauens für das neue Krankenhaus vermittelten. Zugleich war es für mich erfreulich, daß keine Rede davon war, den Prinzen zur Behandlung nach London zu fliegen. Ja, sie sagten mir hinterher sogar, daß ihnen der amerikanische Konsiliararzt lieber gewesen war, weil er viel mehr Zeit dafür aufgewendet hatte, sich mit der Familie zu unterhalten.

Die Wochen wurden langsam zu Monaten, und an Prinz Ibrahim zeigten sich Anzeichen der Besserung. Obwohl seine rechte Körperhälfte immer noch gelähmt war, begann er undeutlich zu sprechen und sich in beschränktem Umfang zu verständigen. Allmählich erholte er sich so weit, daß er mit mir während meiner täglichen Besuche »sprechen« konnte. Mit der Verbesserung seiner Sprechfähigkeit verschwand seine frühere Arroganz; der jähzornige alte Mann schien durch diese Erfahrung milder geworden zu sein. Manchmal versuchte er meine Fragen in unverständlichem Arabisch zu beantworten. Wenn sich dies als zu schwierig erwies, dann lächelte er nur und drückte meine Hand.

Mit der Besserung seines Gesundheitszustandes wurde der Prinz unruhig und wollte nach Hause. Mit dem Rollstuhl und mit dem Wagen unternahm er kleinere Fahrten außerhalb des Krankenhauses, stets in Begleitung von zweien seiner Söhne und einem Krankenpfleger. Aber irgendwie schaffte er es nie bis zurück zum Palast. Durch die gesundheitlichen Fortschritte des Prinzen gestaltete sich die Krankenwache der Familie schwieriger, denn durch seine größere Beweglichkeit schien sich die Möglichkeit zu verstärken, daß er schließlich doch noch ein Testament verfaßte. Ein Sohn nach dem anderen begann unter Betonung der strengen Vertraulichkeit unserer Unterredung an mich heranzutreten und sich zu erkundigen, ob ihr Vater »geistig zurechnungsfähig« sei. Ich versicherte ihnen, daß er zu diesem Zeitpunkt wahrscheinlich zurechnungsfähig sei, eine Antwort, die ihre Besorgnis in keiner Weise dämpfte. Später erfuhr ich, daß sie dem Neurologen aus den USA die gleichen Fragen gestellt hatten.

Nachdem schließlich sechs Monate verstrichen waren, äußerte ich der Familie gegenüber die Ansicht, daß der Prinz wahrscheinlich glücklicher wäre, wenn man ihn aus dem Krankenhaus entließ und nach Hause schickte. Die Krankenschwestern konnten mitkommen, und die Labortests konnte man jeden Tag mit der Limousine ins Krankenhaus bringen lassen. Außerdem bestand seine Behandlung im Krankenhaus nun hauptsächlich in Physiotherapie und dem oral verabreichten Antikoagulans. Diese Behandlung konnte man ihm zu Hause genauso leicht zukommen lassen wie bei uns. Die Söhne zeigten sich jedoch entsetzt über meinen Vorschlag und blieben unerschütterlich bei ihrem Entschluß, den Vater im Krankenhaus zu behalten. Damit bezweckten sie eindeutig, den alten Prinzen unter ständiger Überwachung zu halten.

Die Situation bereitete mir Sorgen, und ich begann, bei den obersten Beamten des Krankenhauses diskret Erkundigungen einzuziehen, ob ich die Befugnis hätte, den Prinzen auf eigene Verantwortung zu entlassen. Ihre Antworten waren etwas zögernd und unbestimmt: Ja, ich hätte diese Befugnis, aber andererseits hätte ich sie doch wieder nicht. Wie alles übrige in Saudi-Arabien richtete sich die Krankenhauspolitik oft nach den Wünschen der Königsfamilie. Die Verwaltung entschied, daß der Prinz – da sich nicht bestreiten ließ, daß er immer noch die Betreuung brauchte, die ihm im Krankenhaus zur Verfügung stand – nicht gegen den ausdrücklichen Wunsch der Familie entlassen werden konnte, egal, wie lange es dauerte.

Ein Jahr war nun schon vergangen, und der Prinz war immer noch im Krankenhaus. Eines Tages fragte ich Ahmad, einen seiner Söhne, zu dem ich inzwischen gute Kontakte entwickelt hatte, ob die Familie fair zu seinem Vater sei.

»Sie wissen«, sagte ich, »daß die Saudis am liebsten zu

Hause sterben, die Beduinen genau wie die Leute aus der Königsfamilie. Ihr Vater wünscht sich sehnlichst, nach Hause zu gehen, und er ist ein sehr alter Mann. Er ist nun schon über ein Jahr hier. Wollen Sie, daß er im Krankenhaus stirbt, fern von seinem Palast?«

Ahmad versuchte, die verwickelten Familienverhältnisse darzulegen und den Grund dafür, daß sie den Prinzen im Krankenhaus behalten wollten: »Die Ehefrauen würden ihn zum Wahnsinn treiben, wenn er nach Hause ginge. Sie würden sich darum zanken, wer nun welche Besitztümer bekommen würde, und sie würden ihn keinen Augenblick in Frieden lassen. Die jüngste Ehefrau ist erst fünfunddreißig, und sie wäre am anspruchvollsten von allen. Es ist eine schwierige Situation. Wir tun das alles nur zu seinem Besten.«

Es schien mir aber durchaus auch im Interesse der Söhne zu liegen, den Prinzen von seinen Frauen und von allen anderen fernzuhalten, die an ihren Vater finanzielle Forderungen stellen könnten! Ich konnte mir deshalb die Bemerkung nicht verkneifen, daß die oberflächlich zur Schau getragene Einheit in Anbetracht des Argwohns, der der Grund für die Krankenwache der Familie zu sein schien, etwas unecht wirkte. Ich hatte erwartet, daß Ahmad dieses bestreiten würde; statt dessen aber schüttelte er traurig den Kopf.

»Ja, es stimmt, daß in der Familie Mißtrauen und kleinliche Eifersüchteleien vorkommen. Mein Vater hat versucht, uns Gegenteiliges zu lehren, aber das gelang ihm nicht ganz.« Ahmad zuckte die Achseln. »Es gibt Dinge, die selbst ein großer Mann nicht in einem einzigen Leben vollbringen kann.«

Prinz Ibrahim blieb fast vierzehn Monate im König-Faisal-Krankenhaus. Und obwohl man zahlreiche Ausflüge mit ihm unternahm, kehrte er nie mehr nach Hause zurück.

An einem sonnigen Novembermorgen erlitt er einen weiteren schweren Gehirnschlag und verstarb schnell und friedlich im Krankenhaus, das ihm zur zweiten Heimat geworden war, im Krankenhaus, das er gehaßt und gefürchtet hatte. Die Familie war zugegen, aber natürlich nur die männlichen Angehörigen.

Prinz Ibrahims Tod, so hatte ich gedacht, würde Anlaß geben zu nationaler Trauer und großen Feierlichkeiten, um einen Mann seines Formats, der so viel zur Gründung des Staates beigetragen hatte, die gebührende Ehre zu erweisen. Aber das hätte sich nach arabischer Tradition nicht geschickt: Der Tod ist nur ein Durchgangsstadium. Ist ein Mensch einmal tot, dann ist sein Körper kaum noch von Bedeutung. Das Begräbnis erfolgte rasch und war schlicht und einfach. Es gab keine Gruft und kein Grabmal. In nichts unterschied sich das Grab dieses Prinzen von dem des einfachsten Beduinen. Nur unbehauene Steine kennzeichneten Kopf- und Fußende seines Grabes, das bald vom verwehten Sand unkenntlich gemacht sein würde.

19.
Das Dilemma
der Frauen

Der Nachtdienst im Krankenhaus ist eine lästige Aufgabe, die gewöhnlich den jüngeren Ärzten zugeschoben wird, aber in unserem Krankenhaus waren alle dazu verpflichtet. Die Funkgeräte waren noch nicht eingetroffen, und in dringenden Fällen war das Telefon die einzige Möglichkeit, einen Arzt zu erreichen. Das stellte ein Problem dar, weil die nachtdiensthabenden Ärzte über ganz Riad verstreut waren und manche Wohnhäuser nur ein Telefon für alle Bewohner hatten. Es verstrich daher oft ziemlich viel Zeit zwischen dem Eintreffen eines Patienten in der Notambulanz und dem Erscheinen des Arztes. Deshalb wurde ein Dienstplan erstellt, nach dem mindestens ein Arzt zwischen sieben Uhr abends und sieben Uhr morgens im Krankenhaus erreichbar sein mußte.

Anfangs hatte ein Arzt alle sieben oder acht Tage Nachtdienst. Später, nach dem Eintreffen der Funkgeräte, konnten die Ärzte, die im Gerrin Village oder in den Villen auf dem Krankenhausgelände wohnten, zu Hause bleiben, hatten jedoch Bereitschaftsdienst. Alle anderen, die außerhalb dieses Gebäudekomplexes wohnten, schliefen im Krankenhaus. Mit der Vergrößerung der Abteilungen und dem Ausbau des Programms für Assistenzärzte und im Haus wohnhafte Ärzte hatte man nur noch ein- bis dreimal im Monat Nachtdienst.

Im Grunde betrachtete ich die Nachtwachen im Krankenhaus als eine Ruhepause, während welcher ich über vieles nachsinnen konnte: über das, was ich erlebt hatte, und das, was noch kommen würde. Ich genoß die tiefe Stille, die Harmonie der Menschen, die tief und fest schliefen, ja, auch den Geruch der Desinfektionsmittel, die schwach erleuchteten Korridore, den Anblick der über ihre Tabellen gebeugten Krankenschwestern und der Krankenwärter, die still und leise die Vorräte überprüften.

Ein Krankenhaus ist ein lebendiger Organismus, und es ist etwas Besonderes an einem Krankenhaus in der Nacht. Es pulsiert ruhig und friedlich und ruht sich vom hektischen Getriebe tagsüber aus, während es sich schon für den nächsten Morgen vorbereitet. Wenn man sich die Mühe macht, unter die Oberfläche zu blicken, dann beherbergt ein Krankenhaus Wärme und Liebe. Es ist die Bühne, auf der sich die ganze menschliche Tragödie abspielt: die Freude über die Geburt, der Schmerz über den Tod, die Herausforderung durch die Schmerzen, das Leiden und das Gefühl der Erfüllung. Es gibt keinen Lohn, der einen so befriedigt wie das Heilen der Kranken. Die Medizin ist ein Gewebe aus Kunst, Wissenschaft, Aufopferung, Engagement und Glauben. Und der Arzt ist ihr Hohepriester.

Ein Zimmer in der Medizinischen Abteilung war für den Diensthabenden reserviert. Spät nachts zog ich manchmal die Vorhänge auseinander und blickte hinaus auf die Wüste vor meinem Fenster. Manchmal, bei Vollmond, glitzerte der Sand weiß wie Schnee, und die Sterne schienen zum Greifen nah.

Abgesehen davon, daß mir diese Art von »Dienst« Zeit zum Nachdenken gestattete, gab er mir auch Gelegenheit, meine Korrespondenz zu erledigen. Wenn ich Briefe nach Hause schrieb, machte es mir Freude, von einem Land mit der niedrigsten Verbrechensrate der Welt zu berichten – ein krasser Gegensatz zu dem Chaos, das ich bei meinem Weggang aus den Vereinigten Staaten hinter mir gelassen hatte. Ich erzählte darin immer eine Geschichte, in der es um eine sehr schöne krokodillederne Brieftasche ging, die ich vor kurzem am Flughafen von Dschidda verloren hatte. Sie enthielt meinen Reisepaß, mehrere Kreditkarten und hundertfünfzig Dollar Bargeld. Nach meiner Ankunft in Riad suchte ich Moussa in der Reiseabteilung auf.

»Ich bin untröstlich«, sagte ich, während er erschrocken von all den Schriftstücken auf seinem Schreibtisch aufsah. »Ich muß meine Brieftasche verloren haben, während ich durch den Zoll ging und auf mein Gepäck wartete. Auf dem Flughafen herrschte wegen der *hadsch* ein schreckliches Gedränge. Läßt sich da irgend etwas machen – soll ich vielleicht eine Belohnung aussetzen?«

»Keine Sorge«, sagte Moussa und griff zum Telefon. »Eine Belohnung ist nicht nötig. Ich werde den Zoll in Dschidda anrufen und sie um Rückerstattung Ihrer Brieftasche bitten. Es wird möglicherweise ein paar Tage dauern«, sagte er entschuldigend.

»Sie machen wohl Witze«, sagte ich. »Tausende und Abertausende von Pilgern haben sich dort gedrängt. Es war das totale Chaos, und Sie sagen mir, meine Brieftasche wird in wenigen Tagen zurückgegeben.«

Moussa und ich waren alte Freunde. »Das ist das Problem mit euch Ungläubigen«, sagte er lächelnd. »Euer Glaube ist nicht stark genug. Sie sollten Moslem werden! Natürlich wird die Brieftasche wieder auftauchen.« Ich schüttelte ungläubig den Kopf.

Etwa zehn Tage später rief Moussa mich an. »Sie können sich hier etwas abholen«, sagte er. In seinem Büro überreichte er mir die schon abgeschriebene Brieftasche. Ich traute meinen Augen kaum. Nichts fehlte, nicht einmal die nagelneuen Zehn- und Zwanzigdollarnoten.

»Sehen Sie, so ist eben Saudi-Arabien«, sagte er. »Wären wir hier in Ägypten, dann würde man Ihnen Ihre Brieftasche, Ihr Gepäck und das Hemd vom Leibe stehlen.«

Als ich so gegen neun Uhr eben einen Brief nach Hause beendet hatte, rief die Krankenschwester aus dem Untersuchungszimmer an und bat mich, mir eine Patientin anzusehen, die über Schmerzen im rechten unteren Quadranten des Unterleibs klagte. »Vielleicht ist es eine Blinddarmentzündung«, sagte sie.

Die Patientin war eine ägyptische Krankenschwester namens Nassara. Sie hatte eine lange Krankengeschichte wiederholter Schmerzanfälle in der rechten Seite des Abdomens aufzuweisen, die sonderbarerweise immer dann auftraten, wenn sie ihren Nachtdienst antreten sollte. Bisher waren ihre Blutproben immer normal gewesen; nie hatte sie Fieber, und jedesmal war sie wieder gesund, wenn sie die ganze Nacht im Untersuchungszimmer durchgeschlafen hatte.

Ich untersuchte sie und fand nichts Außergewöhnliches. Die Labortests waren wie immer normal, und sie hatte kein Fieber. Ich fragte sie, ob sie für den Nachtdienst eingeteilt sei.

Sie bejahte dies und zog ein Formular aus der Tasche, das ich unterschreiben sollte und das ihr Fernbleiben vom Nachtdienst entschuldigte. Ich ging aus dem Zimmer und kam mit der Krankenschwester zurück, die ein glänzendes Instrument aus Metall, ein sogenanntes Sigmoidoskop, in der Hand hielt. Nassara erkannte das Instrument sofort. Bevor ich das Formular unterschrieb, so erklärte ich ihr, wolle ich eine Untersuchung durchführen, zu der gehörte, daß ich das dreißig Zentimeter lange, starre Instrument ins Rektum und den unteren Dickdarm einführte.

»Die Röntgenaufnahmen sind bisher immer normal gewesen«, sagte ich und schwenkte das gefährlich aussehende Instrument drohend in der Luft. »Diese Untersuchung soll dazu dienen, die Ursache Ihrer Schmerzen zu lokalisieren, die immer kurz vor Ihrem Nachtdienst aufzutreten scheinen.«

Sie sah das Instrument und dann mich an. »Die Schmerzen sind weg«, sagte Nassara und nahm mir das Formular aus der Hand.

Nachdem sie sich angekleidet hatte, setzte ich mich zu ihr und erklärte ihr, daß sie jedesmal, wenn sie dem Nachtdienst fernblieb, den anderen Schwestern dadurch Mehrarbeit aufbürdete. Und abgesehen davon sei sie, so sagte ich, sich selbst gegenüber nicht fair, da sie eines Tages tatsächlich an Blinddarmentzündung erkranken könnte und niemand ihr Glauben schenken würde.

Nassara begann zu weinen und erzählte mir, wie unglücklich sie in Saudi-Arabien sei. Sie sagte, sie habe das Gefühl, eine Gefangene zu sein. Mohammedanische Krankenschwestern hätten viel weniger Bewegungsfreiheit als amerikanische oder englische. Sie fühle sich diskriminiert, weil die ägyptischen Krankenschwestern in gesonderten und schlechteren Quartieren untergebracht waren und nicht mit den Schwestern aus dem Westen ins Erholungszentrum gehen durften. Und weil es mohammedanischen Frauen verboten ist, mit Männern zusammen zu schwimmen, durften sie nicht den Swimmingpool benützen, und sie durften auch nicht mit Männern ausgehen, die keine Moslems waren.

»Für die Schwestern aus dem Westen ist das Leben schon schlimm genug, aber für uns ist es unerträglich«, sagte sie. »Ich vermisse meine Familie und meine Freunde, und ich weiß nicht, ob ich es die ganzen zwei Jahre hier aushalten werde.«

»Warum sind Sie denn hierhergekommen?« fragte ich.

»Wegen des Geldes«, gab sie freimütig, immer noch weinend, zu: »Meine Familie ist sehr arm, und sie sind finanziell von mir abhängig.«

»Es muß etwas geschehen«, sagte ich, »um allen Schwestern gleiche Rechte und Möglichkeiten zu sichern. Wahrscheinlich sind die saudischen Beamten schuld an Ihrer mißlichen Lage. Sie wollen die mohammedanischen Frauen vor ausländischen Einflüssen bewahren, und, wie Sie wissen, sind sie besonders dann auf die Einengung und Isolierung ihrer Frauen bedacht, wenn Männer aus dem Westen in der Nähe sind.«

Dann machte ich den Vorschlag, sie und die anderen ägyptischen Krankenschwestern sollten einen Beschwerdebrief verfassen, den ich dann in ihrem Namen dem Ärztebeirat vorlegen würde. Ich versprach, die Angelegenheit mit dem Schwesternbüro und dem Direktor für medizinische Angelegenheiten zu besprechen.

Sie bedankte sich und ging, einen Hoffnungsschimmer im Blick.

Es war Mitternacht. Ich schlief tief und fest, da läutete das Telefon. Es war die für Noteinweisungen zuständige Krankenschwester. Sie sagte mir, daß in etwa einer Stunde eine Patientin auf dem Flughafen eintreffen würde: ein Mitglied der Königsfamilie, das per Flugzeug mit ihrem Arzt aus Dschidda kam. Mehr wußte sie nicht. Die Krankenschwester hatte der Transportabteilung bereits Anweisung gegeben, einen Krankenwagen zum Flughafen zu schicken.

Der Wagen verspätete sich um zehn Minuten, aber der saudische Fahrer holte die verlorene Zeit auf, indem er hundertdreißig Stundenkilometer fuhr und die nächtliche Stille mit seiner Sirene zerriß. Ich saß auf dem Beifahrersitz und sah genau, daß er jede Sekunde genoß, besonders wenn er auf zwei Rädern um die Ecke bog.

»*Shwayy, shwayy* (langsam)«, flehte ich und schloß die Augen. Meine Reaktion ermunterte ihn dazu, nur noch schneller zu fahren. »Alle Rettungsfahrer sind gleich«, sagte ich zu den beiden Sanitätern, die im Fond saßen. »Als ich noch Assistenzarzt war, fuhr der Rettungsfahrer ebenfalls wie ein Wahnsinniger, egal, ob es sich um einen dringenden Fall handelte oder nicht.«

Wie durch ein Wunder kamen wir unversehrt auf dem Flughafen an. Nachdem wir einige Erkundigungen eingezogen hatten, fuhren wir zur Ladezone. Dort erblickten wir ein großes, getarntes Militärflugzeug mit der Aufschrift »Königlich-Saudiarabische Luftwaffe«.

Jim, einer der beiden mich begleitenden Sanitäter, erkannte den Typ sofort. »Es ist eine Lockheed Hercules HC-130«, sagte er, »die zum Transport von Frachtgut eingesetzt wird.«

Wir betraten den riesigen Bauch des Flugzeugs. Im Licht einer einzigen kleinen Glühbirne sahen wir zwei schattenhafte, schwarzverschleierte Gestalten in schwarzen Gewändern, die wie *Ghouls* aussahen und sich um eine nicht näher erkennbare schwarze Gestalt kümmerten, die auf dem Boden des Flugzeugs lag. Ein Mann, dessen Gesichtszüge wir kaum ausmachen konnten, kam nach vorn und stellte sich vor. Es war der ägyptische Arzt, bei dem Prinzessin Lulwa in Behandlung war, eine von König Sauds vielen Exehefrauen, die er schon vor Jahren verstoßen hatte. Sie war nun schon zweiundachtzig, wie er uns sagte, und litt an Diabetes und Lungenentzündung. Der Arzt gab mir eine handgeschriebene Zusammenfassung ihrer Krankheitsgeschichte.

Im Halbdunkel konnte ich die Prinzessin kaum sehen, weil sie dicht verschleiert und völlig in Schwarz gehüllt war. Der Arzt machte einen Versuch, mich ihr vorzustellen, aber sie reagierte nicht darauf. Jim und sein Gehilfe legten sie auf die Tragbahre und trugen sie zum Krankenwagen. Der Arzt dankte uns nochmals, verabschiedete sich und sagte, daß er am folgenden Morgen nach Dschidda zurückkehren würde.

Als wir im Krankenhaus eintrafen, wehrte sich Lulwa mit aller Kraft dagegen, ihr Gesicht zu enthüllen, und verweigerte eine Untersuchung. Ihre Begleiterinnen, die im Krankenwagen mitgefahren waren, waren genauso verschüchtert wie sie. Lulwa war noch nie in einem Krankenhaus gewesen und brachte ihre entsetzliche Angst dadurch zum Ausdruck, daß sie nach jedem schlug, der sich ihr näherte. Als sie die Krankenschwester biß, die versuchte, ihre Temperatur zu messen, beschloß ich, es auf eine andere Weise zu versuchen.

Ich bat Nassara, die ich etwas früher an diesem Abend auf »Blinddarmentzündung« hin untersucht hatte, für mich zu dolmetschen. Dann setzten Nassara und ich uns zu Lulwa und versuchten, ihr zu erklären, daß sie schwer krank sei und daß wir sie nicht gesund machen könnten, wenn sie uns nicht dabei half. Ich versprach ihr, daß kein Mann außer mir sie untersuchen würde und daß sie den Schleier nie ablegen müsse – auch dann nicht, wenn die Krankenschwester ihr die Temperatur maß. Ich setzte ihr auseinander, wie wichtig die Blutproben und Röntgenaufnahmen seien, und versprach, ihr sofort Medizin zu geben, wenn sie ihren Widerstand einstellen würde.

Dann stand ich auf, beugte mich über sie und sagte: »Wenn Sie unsere Anweisungen nicht befolgen, dann werden Sie vielleicht sterben, und das wollen wir nicht.« Dann wiederholte ich: »Wir wollen nicht, daß Sie sterben« und fügte noch hinzu: »Wir wollen Sie wieder gesund machen. Haben Sie irgendwelche Fragen?«

»Ja«, sagte sie, wobei ihre Stimme gedämpft durch den dichten Schleier drang. »Wann kann ich wieder nach Hause?«

»Wenn Sie wieder gesund sind«, sagte ich, »vielleicht in zwei oder drei Wochen.«

Widerwillig gestatte sie mir, sie zu untersuchen, aber nur mit völlig verschleiertem Gesicht. Ich entnahm ihrem Arm Blut zur Bestimmung des Blutzuckerspiegels und sagte ihr, daß eine Laborantin dies nun eine Zeitlang jeden Tag tun würde, bis wir ihre Diabetes und ihre Lungenentzündung unter Kontrolle hatten. Dann begann ich mit einer intravenösen Flüssigkeitsinfusion, da sie stark dehydriert war.

Allmählich erholte sich die Prinzessin. Sie sprach auf das intravenös verabreichte Penicillin und auf die Insulininjektionen an, und nachdem die chemische Zusammensetzung ihres Körpers und ihr Flüssigkeitshaushalt wieder im Gleichgewicht waren, normalisierte sich auch die Funktion der Niere wieder. Ich besuchte sie ein- bis zweimal täglich. Ganz offensichtlich konnte sie weder lesen noch schreiben und hatte keine Ahnung, was in der Welt vorging. Daß ein Mann für eine so alte Frau Interesse zeigte, überstieg ihr Fassungsvermögen.

Langsam begann die Prinzessin, zu mir Vertrauen zu fassen, und führte während ihrer Genesungszeit einfache Gespräche mit mir. Dann, eines schönen Tages, erwies sie mir eine äußerst große Ehre. Aus freien Stücken legte sie den Schleier ab und schenkte mir ihr schönstes Lächeln. Sie hatte fast keine

Zähne mehr, nur die zwei oberen Eckzähne. Auf den ersten Blick schien Lulwa häßlich, aber ihr Lächeln ließ sie beinahe schön aussehen. Jedesmal, wenn ich nachher ihr Zimmer betrat, legte sie geschwind ihren Schleier ab und lächelte breit. Das wurde zu einem vertraulichen Ritual, das ihr unbändiges Vergnügen bereitete.

Nachdem Sie das Krankenhaus verlassen hatte, blieb sie noch mehrere Monate bei ihrer Familie in Riad. Jedesmal, wenn sie zur Nachbehandlung in die Ambulanz kam, wiederholten wir unter viel Gelächter das Ritual mit dem Schleier. War ich nicht in der Ambulanz, dann weigerte sie sich, mit irgendeinem anderen Arzt zu sprechen, und wartete geduldig auf meine Rückkehr. Sie hatte zu *einem* Mann Vertrauen gefaßt – aber nicht zu allen.

In einer anderen Nacht wurde ich ins Untersuchungszimmer gerufen, um mir eine junge Frau anzusehen, die versucht hatte, sich mit einer Überdosis Schlaftabletten das Leben zu nehmen. Die Patientin, schon blau angelaufen, lag in tiefster Ohnmacht kalt und steif da. Ihr Blutdruck war kaum meßbar und ihr Puls schnell und schwach. Ihr Vater sagte, sie habe in letzter Zeit oft an Depressionen gelitten. Er zeigte mir das leere Medikamentenfläschchen, das er neben ihrem Bett gefunden hatte. Zum Glück hatte sie keine tödliche Dosis des Medikaments genommen, und mit Hilfe von Stimulanzien und stützenden Infusionen erholte sie sich allmählich wieder.

Sie hieß Samira, war zweiundzwanzig Jahre alt, Tochter eines wohlhabenden saudischen Händlers und sehr attraktiv. Während ihrer Genesung im Krankenhaus erzählte sie mir, daß sie drei Jahre an der Universität von Kalifornien studiert und die Absicht gehabt hatte, Lehrerin zu werden. Sie wollte gerade nach Südkalifornien zurückkehren, um ihre Ausbildung abzuschließen, als ein königlicher Erlaß veröffentlicht wurde, der es allen saudischen Frauen untersagte, zu Ausbildungszwecken ins Ausland zu reisen, auch dann nicht, wenn sie von ihren

engsten Familienangehörigen oder von ihrem Ehemann begleitet wurden.

»Warum haben sie das getan?« fragte ich.

»Die geistlichen Führer – die *Ulema* – üben derzeit einen
sehr starken Druck aus und erlegen den Frauen noch mehr Be-
schränkungen auf«, erklärte sie. »Es ist der übliche Kampf zwischen der Modernisierung und der islamischen Tradition. König Khalid ist nicht so fortschrittlich wie König Faisal.«

»Konnten Sie denn Ihre Ausbildung nicht an der Universität
Riad beenden, wo immerhin ein Drittel der sechzehntausend
Studenten Frauen sind?« fragte ich.

»Nein – weil die Frauen in diesem Land«, sagte sie, »im Rahmen der islamischen Tradition und des althergebrachten Mo-
ralkodex ausgebildet werden. Die geistlichen Führer haben das
Sagen. Ein Großteil der Zeit wird darauf verwendet, die Frauen
im Koran zu unterweisen; es gibt nur Lehrerinnen, und die
Studentinnen haben überhaupt keinen Kontakt zu Männern
oder zur Außenwelt.«

Ich machte sie darauf aufmerksam, daß die Frauen in den
letzten zwanzig Jahren einen großen Schritt nach vorn getan
hätten. Nun besuchten bereits fünfhunderttausend Mädchen
die Grundschulen und höheren Schulen, es gab eine Universität für Frauen in Riad, und eine zweite in Dschidda würde bald
eröffnet.

Ich rückte mit dem Stuhl näher an sie heran. »Was war der
wahre Grund, weshalb Sie diese Tabletten genommen haben,
Samira?« fragte ich leise.

Sie brach in Tränen aus. Sie hatte sich verliebt, sagte sie – in
einen Amerikaner. Beide wußten, daß ihre Lage aussichtslos
war. Ihre Familie würde niemals mit ihm einverstanden sein.
Samira sagte, daß ihr ihre Familie aber durchaus sehr nahe-
stand und daß sie ihr keine Schande bereiten wollte. Außerdem
hatte die Regierung vor kurzem den Beschluß gefaßt, daß solche Ehen ungesetzlich waren.

»Und jetzt werde ich ihn nie wiedersehen«, schluchzte sie.

»Sie sind eine sehr attraktive Frau«, sagte ich, »Vielleicht werden Sie jemand anderen kennenlernen.«

Sie schüttelte den Kopf. Ihre Familie hatte bereits einen Vetter ausgesucht, den sie heiraten sollte, aber sie hatte sich gegen diese Heirat entschieden, weil sie den Mann nicht kannte und ›sich weigerte, einen Fremden zu heiraten‹. – »Außerdem war er sehr schüchtern«, fügte sie hinzu, »und ich hatte nie Gelegenheit, mich mit ihm zu unterhalten.«

»Und was ist mit dem Telefon?« fragte ich. »Wie man hört, wird in Saudi-Arabien hauptsächlich über das Telefon geworben.«

»Bei uns hat das früher nicht funktioniert«, sagte Samira, »aber viele saudische Frauen rufen heutzutage Männer an, die nicht zur Familie gehören. Wissen Sie, es ist verboten, direkt mit solchen Männern zu sprechen, aber man macht es eben über das Telefon. Manchmal rufen sie Männer einfach aufs Geratewohl an, Männer, die sie nie zuvor gesehen haben. Sie haben nichts als eine Telefonnummer.«

»Sie sehen ja«, sagte ich und versuchte, optimistisch zu klingen, »die jüngere Generation ist schon etwas liberaler. Sie haben das Recht, den Mann abzulehnen, der für Sie ausgewählt wurde. Und die geistlichen Führer haben vor kurzem entschieden, daß ein Mann von jetzt an das Gesicht seiner zukünftigen Ehefrau schon vor der Heirat sehen darf. Das ist zweifellos ein großer Fortschritt.«

»Für die Frau könnte sich das als katastrophal herausstellen«, sagte Samira mit einem Lächeln.

»Mir scheint, es geht Ihnen schon besser«, sagte ich, indem ich mich zum Gehen erhob. »Ihr Sinn für Humor stellt sich wieder ein. Bis morgen.«

Am nächsten Tag hatte Samira zwei Besucherinnen: ihre Schwester Wasisa, die ich schon kennengelernt hatte, und Basama, eine Cousine. Als ich an Samiras Tür klopfte, griffen beide Frauen nach ihren Schleiern, legten sie dann aber während unserer Unterhaltung beiseite.

Wasisa war sechs Jahre älter als Samira; sie war verheiratet und hatte vier Kinder. Sie konnte lesen und schreiben, hatte einen Schulabschluß, der in etwa unserer mittleren Reife entspricht, und war ihrer Einstellung nach eher konventionell. Ihr Ehemann besaß ein Geschäft. Sie und Samira schienen nur wenig gemeinsam zu haben.

Basama war ein paar Jahre älter als Samira und war bei der Regierung als Sozialarbeiterin angestellt. Sie hatte an der Universität Riad studiert und war verheiratet, hatte jedoch keine Kinder. Sie arbeitete in einem Amt, das sich um Waisen und uneheliche Kinder kümmerte. Kam ein uneheliches Kind in einem Krankenhaus zur Welt, erzählte sie mir, so wurde die Polizei verständigt, und die Mutter wurde öffentlich ausgepeitscht, wie das islamische Gesetz es gebot. Infolgedessen wurden die Neugeborenen oft in den Moscheen ausgesetzt.

Ich sagte zu Basama, ich hätte bisher noch nie eine saudische Frau kennengelernt, die arbeitete, weil unser Krankenhaus keine saudischen Krankenschwestern, medizinisch-technische Assistentinnen oder Sekretärinnen anstellt, obschon wir Mohammedanerinnen aus Ägypten und dem Libanon mit diesen Aufgaben betrauten.

Basama setzte mir auseinander, daß saudische Frauen als Sozialarbeiterinnen, Lehrerinnen, Ärztinnen und Krankenschwestern tätig sind, aber nur in Institutionen, die ausschließlich von Frauen und für Frauen betrieben werden. »Beispielsweise haben wir«, sagte sie, »in Dschidda eine Bank nur für Frauen, und sogar der Pförtner ist eine Frau. Wird jedoch eine Boutique oder ein Restaurant, das von Frauen geführt wird, gelegentlich auch von Männern besucht, so kann dieser Betrieb von Mitgliedern der ›Gesellschaft zum Schutz der Tugend und zur Bekämpfung des Lasters‹ geschlossen werden.« Sie schüttelte traurig den Kopf, während sie den Schleier neben sich glattstrich.

»Zu euren Arbeitskräften zählen fast zwei Millionen Ausländer«, sagte ich. »Wenn mehr Frauen arbeiten würden, wäre

Saudi-Arabien weniger auf ausländische Arbeitskräfte angewiesen. Glauben Sie, daß das je der Fall sein wird?«

»Nicht in absehbarer Zukunft«, sagte Basama. »Die Männer wollen nicht, daß wir arbeiten. Sie sagen, daß Frauen, die arbeiten, ihre Ehemänner und Kinder vernachlässigen und das Familiengefüge schwächen.« Sie stand auf und begann, in Samiras kleinem Krankenzimmer auf- und abzugehen. »Mein Ehemann sagt, daß gebildete Frauen zu streitlustig sind und sich nicht genug um die Hausarbeit kümmern. In Wirklichkeit hat er Angst davor, daß wir gelernt haben, uns unsere eigenen Gedanken zu machen. Im Lauf der Zeit werden mehr Frauen eine höhere Bildung genießen, und sie werden so wie ich denken, aber das wird noch lange dauern.« Sie hielt inne, und man sah ihr an, daß sie sich zu Hause schon oft mit solchen Argumenten herumgeschlagen hatte.

»Sehen wir doch den Tatsachen ins Auge«, sagte Samira mit blitzenden Augen, »in diesem Land haben die Frauen nur sehr wenig Rechte. Weniger als zehn Prozent der Frauen arbeiten, und eine Frau kann nur mit schriftlicher Genehmigung ihres Ehemannes oder eines männlichen Familienangehörigen ein Geschäft eröffnen. Nach dem Gesetz ist eine saudische Frau nur ein halber Mensch. Sie erbt nur die Hälfte von dem, was ein Mann erbt; bei Gericht wiegt die Zeugenaussage eines Mannes die von zwei Frauen auf; ja, selbst das Blutgeld, das für den Unfalltod einer Frau bezahlt wird, beträgt nur die Hälfte der Summe, die man für einen Mann bezahlt.«

Basama hatte zu Füßen von Samiras Bett Platz genommen, wie um sich mit ihrer jungen Cousine solidarisch zu erklären. Wasisa war noch weiter in ihren Sessel zurückgesunken und sah aus, als würde sie es vorziehen, ihren Schleier zu tragen. Samira fuhr fort: »Der Schleier schützt unseren Körper, doch er kann unseren Geist nicht einschränken. Der springende Punkt bei der Frage der Gleichberechtigung der Geschlechter ist nicht der Schleier, sondern das, was sich dahinter verbirgt. Das Interesse der saudischen Frauen meiner Generation an der Gleichberechtigung wird immer größer. Wir befinden uns mitten in einer kulturellen Revolution, und wir sind in der Zwickmühle zwischen dem Erbe unserer Vergangenheit und der modernen Welt außerhalb unseres Landes.« Als sie von dieser modernen Welt sprach, wurde ihr Gesicht weich, und ich glaubte, sie würde zu weinen anfangen. Aber sie war zu wütend, um zu weinen.

Wasisa, die unser Gespräch aufmerksam verfolgt hatte, meldete sich nun zornig zu Wort, wobei ihre Hände sich mit dem Saum ihres Schleiers zu schaffen machten. »Die Frage nach der Gleichberechtigung von Mann und Frau ist sinnlos. Es ist dasselbe, wie wenn man über die Gleichheit von Rosen und Jasmin diskutiert. Jede der beiden Blumen hat ihren eigenen Duft, ihre eigene Farbe und ihre charakteristischen Merkmale. Männer und Frauen sind nicht gleich.« Basama versuchte sie zu unterbrechen, aber Wasisa – als die älteste der drei Frauen – gebot mit der Hand Schweigen. »Die Frauen sind den Männern nicht ebenbürtig, genauso wie die Männer den Frauen nicht ebenbürtig sind. Aber das ist kein Problem, weil sie nicht miteinander rivalisieren. Gemäß dem Islam ergänzen sie einander. Der Mann ist für den Unterhalt seiner Familie verantwortlich, selbst wenn seine Frau reich ist. In der herkömmlichen islamischen Gesellschaft braucht sich eine Frau ihren Lebensunterhalt nicht selbst zu verdienen. Wenn ihr Ehemann sie verläßt, hat sie ihren sicheren Platz innerhalb des weiteren Familienkreises. Der Mann erhält oft nicht nur seine Frau, sondern nötigenfalls auch Angehörige ihrer Familie. Warum sollte sie also arbeiten?«

Sie breitete die Hände aus, als ob sich eine Antwort erübrigte. Es war faszinierend zu hören, wie diese Frauen debattierten, und erinnerte mich daran, daß Sultana vor langer Zeit ähnliche Ansichten geäußert hatte.

»Ich will nicht *nur* Hausfrau sein«, sagte Basana zu Wasisa, und dann, zu mir gewandt: »Ich will mehr vom Leben haben!«

»Was ist daran so schlimm, eine Hausfrau zu sein und für seine Familie zu sorgen?« konterte Wasisa. »Ich bin für mein

Heim und für meine Kinder verantwortlich; Politik und Kriegführung sind mir gleichgültig. Das sind Dinge, die uns Frauen nichts angehen sollten. Die einzige Verpflichtung, die ich habe, ist die Verpflichtung gegenüber meinem Heim, meinen Kindern und meiner Familie. Das ist meine Welt.« Sie richtete sich auf, wie um zu gehen, und Basama schüttelte nur den Kopf.

»Und umgekehrt verehren die saudischen Männer ihre Mütter sehr«, sagte ich zu Wasisa in einem Versuch, die erhitzten Gemüter zu besänftigen. »Viele haben mit erzählt, daß sie keinen Tag verstreichen lassen, ohne mit ihren Müttern zu sprechen. Besonders die Mitglieder des Königshauses scheinen in dieser Hinsicht sehr aufmerksam zu sein.«

»Wie die meisten saudischen Ehen«, sagte Wasisa, »wurde auch meine von den Eltern arrangiert, und es ist eine glückliche Ehe. Ich habe es nicht nötig, mich zu verkaufen und öffentlich zur Schau zu stellen, um zu einem Ehemann zu kommen. Ich war nicht auf Bars für Singles, auf einen Computer-Partnerschaftsservice, auf angestrengte Flirts oder Ehen auf Probe angewiesen. Ich mußte mich nicht darum sorgen, einen Ehemann zu finden oder den günstigen Augenblick dadurch zu verpassen, daß ich mich nicht auf einmalige Abenteuer oder auf ein Zusammenleben ohne Heirat einließ. Für mich ist das System der Partnerwahl im Westen barbarisch. Eine Ehe, die sich auf die Gefühle des Augenblicks gründet, ist von vornherein zum Scheitern verurteilt.«

Ich war von Wasisas Argumentationsweise beeindruckt, obwohl sie ganz offensichtlich voreingenommen war. Unterdessen dachte Samira an ihren Freund, der wahrscheinlich auch ihr Liebhaber war und den sie in Amerika zurückgelassen hatte. Sie schloß die Augen, während Wasisa weitersprach.

»Unsere Familien nehmen sich reichlich Zeit für diese Entscheidung. Die saudische Frau kann zu Hause sitzen und darauf warten, daß die Heirat von ihren Eltern arrangiert wird, die in solchen Angelegenheiten mehr Erfahrung haben. Solche Heiraten werden oft glücklich.«

»Dessen bin ich mir nicht so sicher«, sagte Basama leise. »Meine Ehe wurde auch von den Eltern arrangiert und ist, von meiner Warte aus gesehen, nicht sehr glücklich, aber ich mache das Beste daraus. Das Leben, das du da schilderst, hört sich so an, als ob es für die Frau sehr langweilig wäre. Sie kann nichts tun, als sich zu Hause das Fernsehprogramm oder einen Video-film anzusehen, wenn sie sich ein Videogerät leisten kann – oder sich gelegentlich mit anderen Frauen aus der Familie zu treffen, wenn ihr Ehemann oder Sohn Chauffeur spielt. Es ist ein inhaltsloses Dasein.«

Ich war tief bewegt von der Ehrlichkeit, mit der Basama ihren Cousinen und mir, einem Außenstehenden, ihre Ehe schilderte. Obwohl nur wenige Jahre sie und Samira von Wasisa trennten, waren sie in ihrer Einstellung eine ganze Generation voneinander entfernt. Ein paar Augenblicke schwiegen wir, und dann versuchte ich, die trübe Stimmung etwas aufzuheitern, indem ich ein Erlebnis zum besten gab, das ich gehabt hatte.

»Ich werde Ihnen erzählen, wie langweilig es den Frauen in diesem Land werden kann«, sagte ich. Dann berichtete ich ih-nen von einem Dezembernachmittag kurz nach meiner An-kunft in Riad. Die Telefonistin teilte mir um fünf Uhr nachmit-tags mit, Prinzessin Fatima habe angerufen und gebeten, ob ich zum Hotel Intercontinental kommen und ihre starken Kopf-schmerzen behandeln könnte. Ihr Hotel lag auf dem Weg zu meinem, und so nahm ich meine schwarze Ärztetasche, die al-les enthielt, was ich für solche Zwecke benötigte, und fuhr mit dem Krankenhausbus zu ihr. Damals wußte ich noch nicht, daß Hausbesuche gegen die Krankenhausvorschriften verstoßen.

Bei meinem Eintreffen fand ich zwei schöne, junge, etwa dreißigjährige Frauen vor, die elegante, farbenprächtige lange Kleider trugen. Die Frau mit den »starken Kopfschmerzen« lag malerisch hingestreckt auf einem Diwan, in eine Zeitschrift vertieft. Die andere Frau war ihre Schwester. Beide lebten in der Ostprovinz und waren mit zwei sehr bekannten saudischen

Prinzen verheiratet. Sie erzählten mir, daß sie auf Besuch bei ihrer Familie in Riad waren. Keine von beiden trug einen Schleier.

Ich maß Prinzessin Fatima, der jungen Frau auf dem Diwan, den Blutdruck, sah mir ihre Augen an und überprüfte die Reflexe. Alles war normal. Dann trat ihre Schwester auf mich zu, sagte, sie habe auch Kopfschmerzen, und bat mich, ihren Blutdruck zu messen. Wieder war alles normal, und die Schwestern stießen pathetische Seufzer aus. Wenige Minuten später klopfte es, und eine Cousine tauchte auf, tief verschleiert und mit einer schwarzen *abeyya* über ihrem langen, schönen Kleid. Sie war älter und etwas korpulent. Ihr Ehemann, gleichfalls ein Prinz, zählte zu meinen Patienten. Als ich dabei war, meine Instrumente wieder in meiner Tasche zu verstauen, legte sie ihren Schleier ab und gesellte sich zur Gruppe. Sie behauptete gleichfalls, Kopfschmerzen zu haben, und wollte gern wissen, ob ich nicht auch ihren Blutdruck messen könnte. Als sie mir den Arm entgegenstreckte, funkelten ihre Ringe im schwachen Licht.

Plötzlich dämmerte mir, daß diese Kopfschmerzen nichts als ein Trick war. Diese jungen Frauen langweilten sich und wollten sich einfach nur mit einem neuen Gesicht unterhalten, zum Beispiel mit einem amerikanischen Arzt, bei dem keine Gefahr bestand, daß man die islamischen Vorschriften brach. Nachdem ich ihnen versichert hatte, daß kein Grund zur Besorgnis bestand, luden sie mich ein, zum Tee zu bleiben, und hatten schon nach den Dienern gerufen, bevor ich absagen konnte.

Während wir Tee tranken, fragten sie mich noch einmal, was die Ursache für ihre Kopfschmerzen sei. Ich blickte mich um, sah die verschwenderische Ausstattung ihrer Suiten, die schönen Kleider, die achtlos hingeworfen auf dem Bett lagen, die Juwelen auf dem Tisch und die neuesten Modezeitschriften, die auf dem Boden lagen.

»Langeweile«, sagte ich unumwunden. »Ihr Damen habt nichts zu tun.«

»Was sollen wir denn tun?« fragte Prinzessin Fatima hilflos.

»Im Krankenhaus brauchen wir Dolmetscher«, sagte ich.

»Warum melden Sie sich nicht freiwillig dafür?«

»Wann ist Dienstbeginn?« fragte Fatima mit großen Augen.

»Um acht Uhr«, sagte ich.

»Aber wir stehen nie vor Mittag auf«, erwiderte Fatimas Schwester vom Diwan her.

Ich wußte sehr wohl, daß man ihnen nicht erlauben würde, im Krankenhaus zu arbeiten, wo Männer zugegen waren. Der Platz der Frau war in ihrem Heim – so wie Wasisa gesagt hatte. Eine Frau ist ihrem Ehemann und ihrer Familie verpflichtet, nicht sich selbst.

Nachdem ich meine Geschichte beendet hatte, sagte Basama »Kopfschmerzen!« Wir alle lächelten. Bald darauf warfen sie und Wasisa sich den Schleier über und verabschiedeten sich von meiner Patientin. Samira hatte recht: Das Problem der Frau war nicht der Schleier, sondern die Lebensweise, die sich dahinter verbarg.

20.
Sterben und Tod
im Islam

Der Mensch besitzt einen angeborenen Überlebensinstinkt. Dieser Instinkt ist unabdingbar für die Erhaltung der Art und findet sich im gesamten Tierreich. Obgleich der Mensch in jüngster Zeit diesen Instinkt intellektualisiert hat, indem er zwischen Tod und Leben wählen kann, ist der Arzt um jeden Preis der Erhaltung menschlichen Lebens verpflichtet, egal, wie gefährdet dieses ist. Er tut dies ganz instinktiv und doch mit Vorbedacht, Voraussicht und Fachkenntnis. Er ist der kämpfende Widerpart des Todes. Im Lauf seines Berufslebens begegnet der Arzt ihm viele Male, und allmählich betrachtet er ihn als einen altvertrauten Feind.

Ich war ein vierundzwanzigjähriger Assistenzarzt, als mein erster Patient starb. Ich hatte nie zuvor jemanden sterben sehen. Mein Patient war ein wunderhübscher sechsjähriger Knabe mit blauen Augen und blonden Locken. Er hatte eine Lungenentzündung, verkompliziert durch eine Blutvergiftung. Sein Arzt, der ein ausgezeichneter Kinderarzt war, und ich hatten ihn die ganze Nacht mit einem speziellen Serum behandelt, das sich als wirkungslos erwies. Penicillin war damals noch nicht erhältlich.

In meinem Schmerz und meiner Enttäuschung kam ich zu dem Schluß, daß Gott vielleicht mit alledem nichts zu schaffen hat. Später sollte ich erfahren, daß eine solche Vorstellung den Lehren des Islam vollkommen fremd ist.

Schnell verging die Zeit in Saudi-Arabien. Mein guter Freund Philip Westbrook hatte das Krankenhaus verlassen und war nach London zurückgekehrt, und ich wurde sein Nachfolger. Philip und ich hatten viel miteinander erlebt, und sein Weggehen hinterließ mir ein Gefühl der Leere. Wenn Menschen, die einander nie zuvor begegnet sind, die jedoch gemeinsame Interessen haben, in einer ihnen fremden Umgebung, in der sie voneinander abhängig sind, unvermittelt aufeinandertreffen, so führt dies leicht zu einer lebenslangen Freundschaft.

Das Krankenhaus war nun ständig bis auf das letzte Bett besetzt, außer während der Feiertage. Die Ärzte wetteiferten miteinander darum, ihre Patienten einzuweisen. Die häufigsten Probleme waren parasitäre und infektiöse Erkrankungen, Tuberkulose, Krebs und Diabetes. Amöben- und Bazillenruhr waren wegen der schlechten sanitären Einrichtungen, der vielen Fliegen und der Verwendung von menschlichen Exkrementen als Dünger weit verbreitet. Dieselben Faktoren trugen zum häufigen Vorkommen von Virushepatitis bei, einer schweren Leberinfektion, die oft zu Zirrhose und Krebs führt. Typhus und Maltafieber, die durch verseuchtes Wasser oder verseuchte Nahrung verursacht werden, kamen nicht so häufig wie erwartet vor.

Eine große Anzahl von Patienten in der Ambulanz war leicht zuckerkrank. Wahrscheinlich waren Verwandtenheiraten der Grund für das häufige Vorkommen dieser Krankheit. Mit Geschlechtskrankheiten hatten wir nur sehr selten zu tun. Viele Krebspatienten kamen wegen unserer sehr modernen Behandlungsmethoden aus allen Teilen des Königreichs. Speiseröhren-, Leber-, Blut- und Dünndarmkrebs waren besonders häufig.

Wir alle waren beeindruckt davon, daß hoher Blutdruck, Erkrankungen der Herzkranzgefäße und Magengeschwüre unter der saudischen Bevölkerung nur sehr selten vorkamen. Ob das mit dem Fehlen von Streß und ihrem salzlosen Essen zusammenhängt, ist nicht bekannt. Bei den Ägyptern, Libanesen und

Palästinensern, die etwa gleich viel Salz zu sich nehmen und ähnlichem Streß ausgesetzt sind wie die Menschen im Westen, schienen diese Krankheiten genauso häufig aufzutreten wie dort. Ich fragte mich, welche Auswirkungen die »Zivilisation« in zehn Jahren auf die Saudis haben würde.

Beim Essen im Speisesaal wurde ich einmal aufgefordert, mich zu sechs saudischen Ärzten, die gerade zu Gast bei uns waren, zu setzen. Sie trugen alle die gleiche Kleidung – die traditionelle *thobe* und *ghutra*. Beim Nachtisch versetzte ich sie dadurch in Erstaunen, daß ich auf zwei der Ärzte deutete und sagte: »Sie können keine geborenen Saudiaraber sein.«

Sie waren verblüfft und mußten eingestehen, daß sie tatsächlich Ägypter waren, die im Alter von etwa fünfunddreißig Jahren saudiarabische Staatsbürger geworden waren. »Wie haben Sie das erraten?« fragte der eine von ihnen.

»Weil Sie die einzigen waren, die ihr Essen mit Salz gewürzt haben«, sagte ich, »Sie beide und ich.«

In Saudi-Arabien wird Krankheit herkömmlicherweise als eine Offenbarung von Gottes Willen angesehen, der unabwendbar ist. So gesehen hat es keinen Sinn, sich gegen etwas zu wehren, was von Gott bereits vorbestimmt ist.

Ein Beispiel für diese vollkommene Unterwerfung unter das Schicksal bot mir eine fünfzigjährige saudische Prinzessin, die mit ihrem ägyptischen Arzt und mehreren Dienern aus Dschidda in unser Krankenhaus gekommen war. Sie hatte eine schwere Gelbsucht, hohes Fieber und starke Schmerzen. Die Untersuchungen ergaben, daß sie Gallensteine hatte, von denen einige die Gallengänge blockierten, was wiederum schwere Koliken und die Gelbsucht verursacht hatte. Ihr Gesundheitszustand wurde noch verschlimmert durch eine schwere Gallenblaseninfektion, und die Bakterien waren in ihren Blutstrom eingedrungen und hatten zu einer Sepsis geführt. Kurz nach ihrer Ankunft erlitt sie einen Schock und wäre fast gestorben. Ich behandelte sie intravenös mit einem speziellen Antibiotikum namens Gentamicin, das genau für ihre Form von Infektion geeignet war, und innerhalb von mehreren Wochen erholte sie sich wieder. Dann erklärte ich ihr, daß es unbedingt notwendig war, ihre infizierte Gallenblase zu entfernen, weil die Gelbsucht und die Koliken sonst wahrscheinlich wieder auftreten würden und eine nochmalige Blutvergiftung zum Tode führen konnte.

»Der Mensch denkt, Gott lenkt«, sagte sie auf arabisch. »Ich will nach Hause. *Tawakkalna Al Allah* (Auf Gott vertrauen wir).«

Drei Monate später rief mich der ägyptische Arzt an einem Sonntagabend aus Dschidda an. »Die Prinzessin ist schwer krank«, sagte er. »Ihre Familie möchte, daß Sie hierherkommen. Sie ist zu krank, um zu reisen. Es ist sehr dringend.«

»Ich nehme das nächste Flugzeug«, sagte ich.

Am nächsten Tag kam ich kurz nach zwölf Uhr mittags in Dschidda an. Der Arzt der Prinzessin holte mich am Flughafen ab. »Die Prinzessin ist heute früh gestorben«, sagte er. »Es kam sehr plötzlich. Ihre Familie ist ziemlich durcheinander, vor allem die Frauen.«

Und das war eine Untertreibung! Als wir vor der Villa der Prinzessin vorfuhren, hörte ich schrille Schmerzensschreie. Etwa zwanzig gramgebeugte Frauen, von Kopf bis Fuß in Weiß, der Trauerfarbe, gekleidet, befanden sich in einem großen Zimmer. Auch Kopf und Gesicht waren mit weißen Tüchern und Schleiern verhüllt. Einige der Frauen weinten, andere schrien und schlugen sich an die Brust, während sie im Zimmer herumtobten. Mehrere wurden von spastischen Zuckungen geschüttelt, deren Ursache wahrscheinlich Hyperventilation (übermäßiges Atmen) aufgrund von Schmerz oder Hysterie war. Eine Hindu-Ärztin in einem Sari ging von einer zur anderen, steckte ihnen Löffel in den Mund, um zu verhindern, daß sie ihre Zunge verschluckten und erstickten. Einigen verabreichte sie Beruhigungsspritzen, um ihre Krampfanfälle wieder unter Kontrolle zu bekommen. Zwei von ihnen brachen zusammen und wurden von Dienern aus dem Zimmer getragen.

Ein hochgewachsener Prinz, ein bedeutendes Regierungsmitglied, befand sich unter ihnen, bewegte die Arme unter seinem weißen Umhang auf und ab wie ein riesiger Vogel und versuchte, die Ruhe wieder herzustellen. »*Ahda ahda* (Ruhig, ruhig).« Einige Diener rauften sich gleichfalls die Haare und schlugen sich an den Kopf, um ihrem Schmerz Ausdruck zu verleihen. Später sagte man mir, daß die Achtung für eine trauernde Frau um so größer ist, je mehr Gram und Gefühlserregung man ausdrückt. Teilweise war dieses Schauspiel echt, teilweise aber schien es mir simuliert oder hysterisch. Ich wünschte nur, sie hätten schon früher ihre Anteilnahme darauf verwandt, die Prinzessin zu einer Operation zu überreden, die ihr wahrscheinlich das Leben gerettet hätte.

Sonderbarerweise sind diese Schmerzensäußerungen im Gebiet von Hejaz entlang der Küste des Roten Meeres, wo Mekka, Medina und Dschidda liegen, weit verbreitet, jedoch im Nedschd, dem Herzen des Landes, in dem auch Riad liegt, verboten. Im Nedschd ziehen sich die Frauen lediglich zurück, aber in Hejaz muß die trauernde Familie ihr Haus den Freunden offenhalten, die kommen, um ihr Beileid auszudrücken und mit dem Weinen und Trauern wieder von vorn beginnen. In einem tristen und kahlen Zimmer, das nur mit Teppichen ausgestattet ist, werden Erfrischungen angeboten. Ein berufsmäßiger Vorleser kann aus dem Koran vortragen. Wie ich beim Tod von Prinz Ibrahim sah, verstößt es jedoch gegen die strengen Lehren der Wahhabiten, um die Toten zu trauern oder seinem Kummer äußeren Ausdruck zu verleihen. Warum das Gebiet von Hejaz in dieser Hinsicht eine Ausnahme bildet, weiß keiner. Allerorts werden die Toten gewaschen, in ein weißes Leichenhemd gehüllt und möglichst schnell begraben. Grabmäler und Grabsteine sind überall verboten.

Sattam und die Prinzessin waren gute Beispiele für die vollkommene Ergebung des Saudi in sein Schicksal und für die bereitwillige Hinnahme von allem, was ihm widerfährt, unter der Annahme, daß es von Allah vorherbestimmt und unabwendbar ist. Diese passive, fatalistische Einstellung zur Krankheit wird allerdings nicht von allen Mohammedanern geteilt. Genau wie bei allen anderen Religionen gibt es auch hier verschiedene Abstufungen und Grade, was den Glauben betrifft. Die Libanesen und Palästinenser und die gebildeteren und kultivierteren Saudis haben zur modernen Medizin mehr Zutrauen als in der Vergangenheit, insbesondere da medizinische Einrichtungen immer leichter zugänglich werden und ihre Wirksamkeit erwiesen ist.

So reagiert der weniger orthodoxe Saudi anders auf seine Krankheit. Er kämpft um sein Leben, obwohl er weiterhin unbeirrbar an Allah glaubt. Ein solches Beispiel war eine Patientin namens Radifa, eine fünfunddreißigjährige Saudi mit drei kleinen Kindern. Ihr Ehemann war ein Palästinenser, der in einer Bank in Riad arbeitete. Sie war Saudiaraberin von Geburt.

Radifa hatte sich im Krankenhaus wegen einer bösartigen Dünndarmgeschwulst einer Operation unterziehen müssen, eine in diesem Teil der Welt häufig auftretende Form von Krebs. Danach war sie nicht fähig, auf normale Weise Nahrung zu sich zu nehmen, da ein großer Teil ihres Dünndarms entfernt worden war. Als ich sie zum ersten Mal sah, wog sie fünfunddreißig Kilogramm und sah aus wie ein Skelett. Ihr Chirurg bat mich, sie zu untersuchen. Er war der Ansicht, daß sie trotz des erfolgreichen Verlaufs ihrer Operation aufgrund ihrer Unterernährung nicht mehr lange zu leben hatte, obwohl ihr Appetit leidlich war.

Radifa und ihr Ehemann waren verzweifelt. »Sie müssen mir helfen«, sagte sie. »Ich habe einen Ehemann und drei kleine Kinder, die mich brauchen. Ich verliere jeden Tag an Gewicht, obwohl ich normal esse.«

Ich nannte ihr eine spezielle Ergänzung zur Nahrung, ein Pulver, das nach seiner Auflösung in Wasser leicht vom Körper absorbiert werden kann. »Es ist genau das Richtige für Sie«, sagte ich. »Wenn Sie täglich sechs Gläser von dieser Mischung trinken, dann müßten Sie an Gewicht zunehmen. Das Trinken wird Ihnen aber etwas Selbstdisziplin abverlangen, da es nicht sehr gut schmeckt.«

»Wann können wir damit anfangen?« fragte sie.

Ich rief den Apotheker an. Er wußte genau Bescheid über das Medikament, hatte es jedoch nicht vorrätig. Ich setzte ihm Radifas Schwierigkeiten auseinander und bat ihn, in den Vereinigten Staaten anzurufen und es mit der *Saudia Airlines* nach Riad einfliegen zu lassen.

Binnen einer Woche traf das Pulver in versiegelten Metallbehältern ein. Radifa war so begierig darauf, mit der Behandlung zu beginnen, daß sie anfangs zuviel von der Mischung nahm und sich erbrechen mußte. Aber sobald sich ihre Diät eingespielt hatte, war es ihr möglich, zusätzlich zu ihrem Essen noch fünfzehnhundert Kalorien zu absorbieren. Innerhalb von vier Monaten nahm sie zehn Kilogramm zu. Alle zwei Wochen kam sie mit ihrem Ehemann zur Nachbehandlung in die Ambulanz. Bei einem dieser Besuche brachte sie zwei ihrer Kinder mit, damit ich sie kennenlernte, und weinte vor Freude. Ihr Ehemann versuchte, mir zu danken, während er seine Frau beruhigte, aber auch er konnte sich der Tränen nicht erwehren.

»Es war die Medizin, die Ihnen geholfen hat«, sagte ich. »Mir brauchen Sie nicht zu danken.«

Als sie wegfuhren, winkten mir alle vier zum Abschied zu, und ich dachte mir, daß Radifa Gott auch für ihre positive Einstellung danken konnte. Zweifellos hatte diese ihr geholfen, weiterzuleben.

Wie die meisten Moslems wollen auch die Saudis zu Hause sterben. Marwan Al Hamad, ein achtundsechzigjähriger Beduine aus der Ostprovinz, war groß und hager, hatte scharfe Gesichtszüge und dunkelbraune, durchdringende Augen. Auf den ersten Blick schien mir seine Haut von der Sonne gebräunt zu sein, aber die Linien in seinen Handflächen war stark pigmentiert, und das »Weiße« seiner Augen, die Sklera, sah gelbbraun aus. Ein zweiter Blick sagte alles: Marwan hatte eine schwere

Gelbsucht. Er saß gelassen in einem bequemen Sessel im Krankenzimmer, und zwei Männer saßen ihm gegenüber. Alle drei trugen weiße *thoben,* was Marwans gelbe Haut nur noch betonte. Ihre Bärte waren gepflegt und pechschwarz, doch Marwan war schon etwas ergraut. Die Haut von allen drei Männern war zerknittert und wettergegerbt. Sie hatten sich ernsthaft, doch ruhig miteinander unterhalten, wobei sie einander beim Sprechen tief in die Augen sahen.

Als die Krankenschwester, die als Dolmeterschin fungierte, und ich das Zimmer betraten, standen sie auf. Marwan stellte mich seinem Sohn und seinem Bruder vor. Sie waren die Familienältesten, erklärte er, und waren gekommen, um mit mir über seine Krankheit zu sprechen.

»Was haben die Tests und Untersuchungen ergeben?« fragte der Bruder.

Ich sagte ihnen, was ich Marwan bereits mitgeteilt hatte, nämlich daß er an Leberkrebs litt, der bereits auf andere Körperteile übergegriffen hatte. Das war die Ursache für seine Gelbsucht und seine Schmerzen, und es stand sehr ernst um ihn. Eine Operation konnte vielleicht die Gelbsucht etwas eindämmen, aber nicht die Krankheit selbst heilen. Der Krebs konnte auch nicht operativ entfernt werden.

»Kann ein Medikament ihm helfen?« fragte der Sohn, der aufmerksam zugehört hatte, wobei er mir unverwandt in die Augen blickte.

»Eine Behandlung mit chemischen Präparaten oder mit Bestrahlungen kann vielleicht das Weiterwuchern des Krebses verlangsamen, ihm aber nicht Einhalt gebieten«, sagte ich zu ihm. »Sie kann sein Leben allenfalls etwas verlängern.«

»Um wieviel?« fragte sein Bruder.

»Vielleicht um Monate«, antwortete ich. »Das kann ich wirklich nicht genau sagen.«

»Wird die Behandlung sehr unangenehm für ihn sein?« fragte der Bruder.

»Ja, das ist durchaus wahrscheinlich«, mußte ich zugeben.

»Und wie lange werde ich ohne die Behandlung noch leben?«
griff Marwan von seinem Stuhl aus in das Frage- und Antwort-
spiel ein.

»Das weiß ich wirklich nicht«, antwortete ich, indem ich
mich ihm zuwandte. »Vielleicht sechs Monate, vielleicht länger.
Das läßt sich nicht mit Gewißheit sagen.«

»*Allah karim* (Gott ist barmherzig)«, sagte Marwan ruhig.

Ich sah, wie die drei Männer einander anblickten und nickten, und begriff, daß das Gespräch zu Ende war. Ich war beeindruckt von der würdevollen Art und Weise, mit der sie so
schwierige Fragen gestellt hatten. Ich stand auf und schüttelte
allen dreien die Hand. Als ich Marwans Hand drückte, sagte er
schlicht und mit Würde: »*Shukran* (Danke). Ich möchte zu
Hause sterben. Es ist Gottes Wille. Von Gott kommen wir, und
zu Gott kehren wir zurück.«

Das war das letzte Mal, daß ich Marwan sah. Wie es der Islam gebot, beugte er sich dem Willen Gottes und hatte den Se-
gen und das Verständnis seines Bruders und seines Sohnes.

Marwan blickte dem Tod mit Standhaftigkeit und Würde
entgegen. Er war in Allahs Hand und sah dem Paradies erwartungsvoll entgegen. Sein Glaube an das Schicksal, der *qisma* genannt wird und uns als *Kismet* bekannt ist, verlieh ihm angesichts des Unabwendbaren Ruhe und Gleichmut. Es war
wahrscheinlich ein weiser Entschluß, zu Hause zu sterben. Für
seine Krankheit gab es keine wirksame Behandlung. Hätte nur
die geringste Aussicht auf Heilung bestanden, dann hätte ich
versucht, Marwan dazu zu überreden, im Krankenhaus zu bleiben, aber bestenfalls hätte er dann ein paar Monate länger gelebt und sehr gelitten. Die Behandlung ist oft schlimmer als die
Krankheit. In vielen Fällen heiligt der Zweck eben nicht die
Mittel.

Wenn Marwan stirbt, wird er seitlich liegend begraben werden, das Gesicht nach Mekka. Seine Augen werden nicht so
wie im Westen geschlossen sein. Marwan kann dem Paradies
entgegensehen, wo immer Frühling herrscht, wo es sommers

wie winters Weideland im Überfluß gibt und wo das Wasser reichlich fließt. Es gibt weder Krankheit noch Hunger. Nahrung ist in Hülle und Fülle vorhanden. Das Vergnügen dauert ewig, und ein Mann kann sich der Liebesdienste vieler *Huris* erfreuen, der ewig jungen, wunderschönen und jungfräulichen Mädchen. Alle Angehörigen eines Stammes leben gemeinsam mit ihren Freunden und Verwandten auf grünem Weideland. Niemand altert. Alle leben ewig. Wenn eine Frau Kinder hatte, die in dieser Welt gestorben sind, wird sie sie im Paradies wiedersehen, und sie werden so alt sein, wie sie es wären, wenn sie noch lebten. Die Kinder werden ihre Eltern wie am Ende einer langen Reise willkommen heißen und begrüßen. Sonne, Mond und Sterne scheinen immer. Allah bleibt mit den Bewohnern des Paradieses in enger Verbindung und gestattet ihnen manchmal, ihre Lieben, die noch auf Erden wandeln, in ihren Träumen zu besuchen.

Die Hölle ist genau das Gegenteil. Ständig herrscht sengend heißer Sommer. Es gibt weder grünes Gras noch Wasserquellen, und die Kamele und Schafe haben nicht genug Weideland. Nahrung ist knapp. Die Bewohner müssen sich ewig damit abrackern, für ihre durstige Familie und für die Herden Wasser aus Brunnen zu schöpfen, die tiefer sind als alle Brunnen dieser Welt. Für alle Zeiten werden sie Leibeigene sein, Sklaven eines ehrlosen, »niedrigen« Stammes.

Ich war überzeugt davon, daß Marwan ins Paradies eingehen würde.

Ich versuche, mich bei meinen Patienten gefühlsmäßig nicht zu sehr zu engagieren, damit ich völlig objektiv bleiben kann, während ich sie behandle. Nicht immer gelingt mir das. Es gelang mir etwa nicht im Fall von Dr. Ghandour, einem fünfundsiebzigjährigen Arzt, den ich in Prinz Ibrahims Palast kennengelernt hatte, kurz nachdem dieser einen leichten Schlaganfall erlitten hatte. Dr. Ghandour war jahrelang Professor an einer Medizinischen Fakultät in Ägypten gewesen und dann nach

Saudi-Arabien gekommen, um als Arzt in die Dienste des legendären Prinzen Ibrahim zu treten. Dieser große, bärtige Arzt in saudischem Gewand, der Englisch, Französisch und Arabisch sprach, beeindruckte mich durch sein kultiviertes Benehmen und seinen funkelnden Geist. Während des langen Krankenhausaufenthalts von Prinz Ibrahim sah ich ihn häufig, und wir wurden gute Freunde.

Ich war entsetzt, als Dr. Ghandour ein Jahr später zu husten begann und man bei ihm unheilbaren Lungenkrebs feststellte. Eine untersuchte Gewebeprobe deutete darauf hin, daß es sich um die Art von Krebs handelte, die auf Bestrahlungen nicht anspricht. Der Krebsspezialist versuchte es mit Röntgenbestrahlungen, sagte jedoch, daß sie wahrscheinlich wirkungslos bleiben würden und daß eine Chemotherapie zwecklos sei.

Ich besuchte ihn zweimal täglich im Krankenhaus, und jeden Nachmittag um fünf Uhr traf ich mich mit ihm und seiner Familie zum Tee. Seine Frau, die zwanzig Jahre jünger war als er, war Ägypterin. Sie hatten einander in Kairo kennengelernt, während sie unter seiner Anleitung an der Universität an ihrer Dissertation arbeitete. Wie ich erfuhr, wurde Dr. Ghandour in Marseille in Frankreich geboren und ging dort zur Schule; er entstammte einer alten und reichen mohammedanischen Familie. Inzwischen hatte er fünfundzwanzig Jahre lang in Riad gelebt und die saudische Staatsbürgerschaft erworben. Ihr Lebensstil jedoch war europäisch. Als Saudi trug er *thobe* und *ghutra* und seine Frau den Schleier, aber sie lebten kein getrenntes Leben. Frau Ghandour erzählte mir, daß ihre saudischen Freundinnen, darunter auch die Ehefrauen des Prinzen, sie um die enge Beziehung zu ihrem Ehemann beneideten.

»Sie tun mir sehr leid«, sagte sie. »Sie sind sehr einsam.«

»Der Grund liegt darin, daß ihre Ehemänner ihre Ehefrauen nicht so gut behandeln wie ich die meine«, sagte Dr. Ghandour.

»Du hast schließlich auch nur eine«, sagte Frau Ghandour. »Das darfst du nicht vergessen.« Wir alle lachten.

Dr. Ghandour und seine Frau schwelgten gern in Erinnerungen an die »alten Zeiten« in Riad. Sie meinten, daß sich in den letzten fünfundzwanzig Jahren wahrscheinlich mehr verändert hatte als in den zweihundert Jahren, seit die Wahhabiten die Herrschaft ausübten.

»Die Abschaffung der Sklaverei im Jahre 1962 hatte einen ungeheuren Einfluß auf das Leben in Saudi-Arabien«, sagte Dr. Ghandour, »und die Entdeckung des Öls hat dieses Land von Grund auf verändert.«

»Hatten Sie denn je Sklaven?« fragte ich sie.

Frau Ghandour erzählte, daß sie und ihr Ehemann einmal auf den Sklavenmarkt gegangen waren, um eine Dienerin zu kaufen. »Aber ich weigerte mich. Ich wollte eine Sklavin, die mir zu Diensten stand, nicht meinem Ehemann.« Eine Sklavin, die nicht besonders jung und schön war, hatte einen Wert von sechstausend US-Dollar, eine junge und schöne war jedoch sehr teuer – ungefähr zehntausend US-Dollar. Die jungen dienten hauptsächlich als Konkubinen. »Das Leben war damals einfacher und glücklicher«, sagte sie und schüttelte traurig den Kopf. »Die Ehefrauen wußten, daß ihre Ehemänner mit den Konkubinen schliefen, und hatten die Sache einigermaßen unter Kontrolle. Heutzutage bezahlen die Männer für ihren Sex, wo sie ihn nur bekommen können, in Riad oder anderswo. Die Frauen haben keinerlei Einfluß mehr. Die meisten meiner Freunde sind Saudis, und die Frauen sind wegen ihrer Ehemänner mit dem Leben nicht zufrieden.«

Die Ghandours hatten zwei Söhne, die für gewöhnlich mit uns Tee tranken. Der eine war neunzehn und studierte an der Universität von Riad. Der andere, Dalal, war ein Unternehmer, der häufig Reisen nach Dschidda unternahm und seinem Vater nach jeder Rückkehr erzählte, wieviel Geld er verdient hatte. Dalal war zweiundzwanzig Jahre alt, sehr reif und weltklug für sein Alter. Er setzte mir auseinander, daß die Sklaverei in Saudi-Arabien nie so wie in den Vereinigten Staaten ein rassisches Problem dargestellt habe. Die Sklaven waren alle Moslems aus dem Mittleren Osten, die oft von ihren eigenen, notleidenden Familien in die Sklaverei verkauft worden waren. Manchmal entführten Sklavenhändler zehnjährige Mädchen, zogen sie auf, brachten ihnen das Dienen bei und verkauften sie dann mit Riesenprofit, wenn sie dreizehn oder vierzehn Jahre alt waren. »Es war einfach ein Geschäft«, sagte Dalal. »Die Sklaven kamen von überall her – aus Syrien, dem Sudan, Jemen, Äthiopien, dem Iran, Afghanistan oder dem Irak. Es war überhaupt keine Schande für die Saudis, sie zu heiraten, wenn sie ihnen Söhne schenkten. Selbst die Angehörigen der Königsfamilie heirateten sie. Sie sehen also, es war ein wirtschaftliches Problem und kein rassisches oder soziales.«

Während dieser nachmittäglichen Teestunden taten wir unser Bestes, um Dr. Ghandour durch unsere Gespräche von den Gedanken an seinen nahenden Tod abzulenken. Wir bemühten uns, uns fröhlich zu geben, aber es war gezwungen. Dr. Ghandour begann, Blut zu husten. Er lag im Sterben, und er wußte es. Alles, was ich tun konnte, war, es ihm so angenehm wie möglich zu machen und auf das Unabwendbare zu warten. Wir setzten die Bestrahlungen fort, in erster Linie, um Dr. Ghandour einen Funken Hoffnung zu lassen.

Eines Abends rief er mich zu Hause an und sagte, er wolle mich unter vier Augen sprechen. Als ich eintraf, hustete er heftig. Ich rief einen Therapeuten an, der mit ihm inhalierte, und bald ließ sein Husten nach.

»Ich möchte nach Paris«, sagte er, das Gesicht schmerzverzerrt und weiß. »Ich habe dort einen Freund, der Krebsspezialist ist. Er wendet eine neue Behandlung an, die mir vielleicht noch helfen kann.«

»Das freut mich für Sie«, sagte ich, weil es mein erster Impuls war, es zu glauben. »Solange ich atme, hoffe ich« ist eine abgedroschene Redensart, aber sie stimmt. Vielleicht gab es in Frankreich tatsächlich eine neue Behandlungsmethode. Vor kurzem hatte ich von einer radioaktiven Isotopie gelesen, die sich in Krebsgewebe verdichtet.

»Aber ich gehe nur, wenn Sie mitkommen. Es wäre für mich zu gefährlich, allein zu reisen. Wenn ich huste, kommt Blut.«

Ich sagte ihm, daß ich am nächsten Morgen Dr. Compton bitten würde, mich für ein paar Tage loszueisen.

»Ich danke Ihnen«, seufzte er erleichtert. »Ich habe gewußt, daß ich auf Sie zählen kann.«

Um Mitternacht flogen wir von Riad ab. Bevor wir das Krankenhaus verließen, hatte ich Dr. Ghandour ein leichtes Beruhigungsmittel verabreicht. Sowohl Dalal als auch mir fiel auf, daß er während des Flugs weniger hustete als in allen Nächten davor, obwohl das Beruhigungsmittel und die anderen Medikamente dieselben waren. Er schlief nur sehr wenig und blieb wach, während der Pilot seine Kommentare über den Flug abgab und die Stewardeß ihre Anweisungen erteilte. Wir blieben an seiner Seite, um ihm nahe zu sein, wenn er sprechen wollte. Er sagte, er sei glücklich darüber, »nach Hause zu fahren«. Es war das erste Mal seit vierzig Jahren.

Dalal saß über seinen Vater gebeugt, wischte ihm liebevoll den Schweiß von der Stirn und kümmerte sich um ihn, wie ein Vater sich um sein Kind kümmert. Er fütterte ihn, brachte ihm Obstsaft, hielt ihm die Urinflasche und wusch ihm nachher die Hände. Die ganze Nacht über fragte er immer wieder ängstlich besorgt auf französisch: »*Ça va? Ça va?*« Schließlich, gegen Ende unserer langen Reise, als sein Vater eingeschlafen war, setzte sich Dalal neben mich.

»Ich liebe meinen Vater«, weinte er. »Er fährt nach Hause, um dort zu sterben.«

Ich versuchte, ihn durch Fragen abzulenken und so zu beruhigen. »Sprechen Sie immer Französisch mit Ihrem Vater?«

»Wenn die Familie unter sich ist, immer«, sagte er. »Wissen Sie, er hat eine unglückliche Ehe in Marseille hinter sich. Deshalb ging er aus Frankreich weg und nach Kairo, wo er einige Jahre darauf meine Mutter kennenlernte. Mit ihr ist er immer sehr glücklich gewesen. Der Prinz, für den er in Riad arbeitete, hat meinen Vater sehr um sein glückliches Eheleben beneidet.

Der Prinz hatte viele Ehefrauen und Konkubinen, aber er beneidete meinen Vater, der nur eine Frau hatte.«

»Ich hoffe, Sie merken sich das, Dalal«, sagte ich, »wenn Sie nach Riad zurückkehren und ihr Leben dort wieder weiterführen.«

»Die meisten Männer in meinem Alter haben heute nur noch eine Ehefrau. Nur die sehr Reichen können sich mehrere leisten.«

Am nächsten Morgen landeten wir in Paris. Frau Ghandour, die vorausgeflogen war, wartete bereits mit einem Krankenwagen, und wir fuhren direkt zum Krankenhaus. Es war eine kleine private Krebsklinik. Der Direktor, der Dr. Ghandours Freund war, begrüßte uns herzlich am Eingang. Aus irgendeinem Grund hatte ich sofort das Gefühl, daß dieses Krankenhaus bei der Krebsheilung keine Wunder vollbringen konnte. Es sah mehr wie das Heilige-Geist-Krankenhaus aus, wo man in Boston früher die Todgeweihten hinbrachte. Nachdem Dr. Ghandour in seinem Zimmer untergebracht war, das sehr alt, aber untadelig sauber war, ging ich zum Büro des Direktors, um ihm Dr. Ghandours Röntgenaufnahmen und Krankengeschichten zu zeigen. Nachdem er sie sich genau angesehen hatte, sagte er mir, daß er nicht mehr tun konnte, als die Röntgenbehandlung fortzusetzen.

»Entre nous«, sagte er, »letztlich ist Dr. Ghandour deshalb hierhergekommen, um in der Nähe seiner Heimat Marseille zu sein. Ich bin glücklich, ihm dies bieten zu können.«

»Er sieht jetzt schon besser aus«, sagte ich und dankte ihm für seine Aufrichtigkeit.

Als ich wieder in Dr. Ghandours Zimmer war, saß er gerade beim Essen. Er hustete, sah jedoch überglücklich aus. »Es ist schön, wieder daheim zu sein.« Dann sah er liebevoll seine Frau und seine zwei Söhne an und seufzte. »Ich bin ein glücklicher Mann.«

Die nächsten Tage vergingen fast genauso wie die vorhergehenden – mit ruhigen Gesprächen und mit Teetrinken. Schließlich war es Zeit für mich, nach Riad zurückzukehren, und ich ging zu Dr. Ghandours Zimmer, um mich zu verabschieden. Seine Frau und seine Söhne waren bei ihm. Nachdem wir ein wenig über Belanglosigkeiten geplaudert hatten, stand ich auf, um zu gehen. Bevor wir einander umarmten, trafen sich unsere Blicke kurz und in stillem Einverständnis. Als ich mich umwandte, küßte er mich auf die Wange, und die Tränen traten ihm in die Augen. Ich wußte, ich würde ihn nie wiedersehen. Er wußte es auch.

21.
Palastgeschichten

Einen Monat später kamen Dalal und ein zweiter junger Mann in mein Büro.

»Als wir in Paris waren«, sagte Dalal, »hat mein Vater viel von Ihnen gesprochen. Er wußte, daß Sie eines Tages ein Buch über unser Land schreiben würden, und hat mich gebeten, Ihnen auf jede mögliche Art und Weise dabei behilflich zu sein. Er hat Sie wirklich sehr gern gehabt. Hier bin ich also mit meinem Freund Jamil. Wir sind gekommen, um Ihnen alles zu erzählen.«

Er machte mich mit Jamil bekannt, einem großen, schlanken, gutaussehenden Mann mit funkelnden braunen Augen, einem schwarzen Schnurrbart und blendendweißen Zähnen.

»Jamil und ich sind zusammen aufgewachsen«, sagte Dalal. »Fast unser ganzes Leben lang haben wir direkt auf dem Palastgelände im Schatten des Palastes gewohnt.« Jamils Vater war Personalchef Prinz Ibrahims und für die riesigen Ländereien im Nedschd und in der Gegend um Harad zuständig.

»Wissen Sie«, erklärte Dalal, »der Prinz wollte sowohl seinen Arzt als auch den Verwalter seiner Ländereien in unmittelbarer Nähe haben.«

»Erzählen Sie mir erst«, unterbrach ich Dalal, »von Ihrem Vater. Das letzte Mal, als ich ihn sah, war er in dem Pariser Krankenhaus.«

Dalal erzählte mir, daß sein Vater das Krankenhaus nach wenigen Wochen verlassen und sich in sein Elternhaus in Marseille begeben hatte, wo er starb. Er wurde im Familiengrab beigesetzt. »Er wollte nur nach Hause, um zu sterben«, sagte Dalal leise. »Er war ein wunderbarer Mensch. Unsere Familie ist Ihnen sehr dankbar für alles, was Sie für ihn getan haben.«

»Ich wünsche, ich hätte mehr für ihn tun können«, sagte ich. »Er stand mir sehr nahe. Sein Tod muß für Ihre Mutter ein schwerer Schlag gewesen sein. Wird sie sich finanziell über Wasser halten können? Ihr Vater hat Prinz Ibrahim und seine Familie zwanzig Jahre lang ärztlich betreut. Ich hoffe, der Prinz hat ihn in seinem Testament berücksichtigt.«

Dalal sagte mir, daß Prinz Ibrahim sein gesamtes, auf zweiunddreißig Milliarden Dollar geschätztes Erbe seiner engeren Familie hinterlassen hatte. Es gab keine anderen Erben und auch keine Stiftungen an Wohlfahrtsinstitute.

»Mein Vater hatte weder eine Pension noch eine Altersrente«, sagte Dalal, »aber der König hat für alles gesorgt. Er hat die Krankenhausrechnungen in Riad, die Flugkarten nach Paris und alle Krankenhauskosten, in Frankreich bezahlt. Und er hat meiner Mutter für den Rest ihres Lebens monatlich eine großzügige Summe zur Verfügung gestellt. Auch mein Bruder und ich werden bis zu unserem sechsundzwanzigsten Lebensjahr eine gleich große Summe erhalten. Wir sind dem König für das alles sehr verbunden.

Schalten Sie jetzt ihr Tonbandgerät wieder ein«, sagte Dalal und rückte sich einen Stuhl zurecht, »und wir werden uns so unterhalten wie damals, als wir im Zimmer meines Vaters im Krankenhaus miteinander Tee tranken.« Damals hatte ich unsere Gespräche auf Band aufgenommen.

Ich bot Jamil einen Stuhl an und schaltete dann das Tonbandgerät ein.

Dalal hielt einen Augenblick inne, als wollte er zu einer vorbereiteten Rede ansetzen. »Manche von uns sind der Ansicht«, sagte er, »daß die Befreiung der Sklaven und der Konkubinen vor fünfzehn Jahren den Beginn einer sexuellen Revolution in diesem Land darstellt. Und zwar für beide Geschlechter«, fügte er bedeutungsvoll hinzu. »Früher hatte ein Mann genau wie in den Tagen des Propheten Mohammed seine Ehefrauen und seine Konkubinen, und alle sexuellen Aktivitäten spielten sich zu Hause ab, wie das islamische Gesetz es gebot. Es gab damals keine Huren. Jetzt gibt es viele Huren.«

»Das Verhältnis zwischen Männern und Frauen liegt heute sehr im argen. Alle Welt beklagt sich darüber, aber am meisten die Frauen«, sagte er abschließend. »Vorher, als wir noch Konkubinen hatten, war es besser. Damals verlief das Leben noch mehr nach der islamischen Tradition.«

»Die Sklaverei wurde doch erst vor wenig mehr als einem Jahrzehnt abgeschafft«, sagte ich. »Ich kann nicht glauben, daß Sie in der heutigen Zeit die Sklaverei befürworten.«

»Es war eine andere Art von Sklaverei«, erklärte Dalal. »Sehen Sie, wir schliefen mit unseren Konkubinen. Sie nahmen kein Geld dafür. Sie waren keine Huren. Sie konnten Kinder haben, und manchmal heirateten die Männer sie oder ließen sie frei. Den Ehefrauen war dieses System lieber, weil sie so noch eine gewisse Kontrolle ausüben konnten. Jetzt gibt es viele Huren und ›freie Huren‹ in diesem Land. Die Männer sind ständig hinter ihnen her, und die Frauen sind deshalb sehr unglücklich.«

Ich empfand Dalals wiederholte Verwendung des Wortes »Hure« als anstößig. »Was ist eine ›freie Hure‹?« fragte ich.

»Das ist eine unmoralische oder ›lockere Frau‹, mit der man Sex haben kann, die aber nichts dafür verlangt«, erklärte Jamil. »Die ›richtigen Huren‹ sind die, die Geld oder teure Geschenke annehmen. In diesem Land gibt es beide Arten.«

Dalal stand auf. Er schien erregt und hatte offenbar beschlossen, ein tiefes und unheilvolles Geheimnis zu verraten, eines, das ihm schon oft qualvolle Gedanken bereitet hatte. »Ich muß Ihnen gestehen«, sagte er, »daß es viele Frauen gibt, die hinter Jamil und mir her sind. Manche von ihnen sind Prinzessinnen.«

»Wir haben beide dieses Problem«, fügte Jamil hinzu. »Es sind ›freie Huren‹ oder ›lockere Frauen‹, die uns nur zu ihrem Vergnügen nachlaufen. Sie tun es nicht für Geld und nicht aus Liebe, nur wegen Sex. Viele davon sind sehr reich.«

»Ich werde dieses Tonband wohl besser abschalten«, sagte ich. »Ihr befindet euch beide auf gefährlichem Boden. Es könnte euch den Kopf kosten.«

»Nein, nein, lassen Sie es laufen«, sagte Dalal, »wir werden keine Namen nennen.«

»Sind das junge Mädchen?« fragte ich.

»Aber nein«, sagte Jamil, »sie sind verheiratet oder geschieden. Manche haben Kinder, die älter sind als wir. Sie sind einfach unglücklich in ihrer Ehe und wollen dasselbe tun, was ihre Ehemänner machen. Es sind keine Jungfrauen darunter.«

»Wie treten sie mit euch in Verbindung?« fragte ich.

»Per Telefon oder über einen vertrauenswürdigen Boten oder Chauffeur, jedenfalls jemanden, der nicht lesen kann«, sagte er.

Dann erzählten sie mir, daß die meisten dieser Frauen »moderne saudische Frauen« waren, die im Westen studiert hatten und es schwierig fanden, die Eskapaden ihrer Ehemänner zu tolerieren. Da eine Scheidung oft schwierig war, hielten sie sich dadurch schadlos, daß sie mit jüngeren Männern Affären hatten.

»Wenn eine Frau beim Ehebruch ertappt wird, kann sie hingerichtet werden, da sie Schande über die Familie gebracht hat«, sagte ich. »Gehen diese Frauen nicht ein ungeheures Risiko ein?«

»Nicht, wenn sie geschickt vorgehen«, erwiderte Jamil. »Vier Zeugen müssen den Geschlechtsakt mitangesehen haben, damit eine Frau des Ehebruchs beschuldigt werden kann, und daß das sehr schwierig ist, liegt wohl auf der Hand.

Vor kurzem«, fügte Jamil hinzu, »haben sie eine von Prinz Ibrahims Ehefrauen im Palast mit ihrem Liebhaber erwischt. Sie verabreichten ihm eine Tracht Prügel, brachten ihn aber nicht um, weil er einem bekannten Stamm angehörte. Außerdem wies seine Familie warnend darauf hin, daß es ›Auge um Auge, Zahn um Zahn‹ heißt. Der alte Prinz wagte nicht, den Liebhaber seiner Frau zu töten, weil er fürchtete, daß eines seiner eigenen Kinder dann dem gleichen Schicksal zum Opfer fallen würde. Sowohl der Mann als auch die Frau leugneten den Ehebruch, obwohl der Mann im Palastschlafzimmer erwischt wurde. Die Ehefrau wurde nicht bestraft, weil es keine Zeugen gab. Vier Zeugen müssen *während* des Geschlechtsaktes zugegen sein, nicht nachher. Indizien zählen nicht.«

»Das islamische Gesetz ist sehr streng, was das Erbringen von Beweisen betrifft«, erklärte Dalal. »Wenn eine Anschuldigung sich als nicht gerechtfertigt erweist, werden die Zeugen selber mit achtzig Stockstreichen bestraft.«

»Hört sich an wie eines unserer zehn Gebote«, sagte ich. »Du sollst nicht falsches Zeugnis reden.«

Aus irgendeinem unerfindlichen Grund kehrte Dalal immer wieder auf das Thema der Sklaverei und der Konkubinen zurück. Sein Vater, so sagte er, war der Ansicht gewesen, daß die vor kurzem erfolgte Abschaffung der Sklaverei und des Konkubinenwesens in Saudi-Arabien sowohl eine moralische als auch eine sexuelle Umwälzung mit sich gebracht hatte.

»Als die Sklaverei noch legal war, hatte Prinz Ibrahim neben seinen vier Ehefrauen noch etwa dreißig Konkubinen«, sagte er. »Hatten die Konkubinen Kinder, so war der Prinz gesetzlich dazu verpflichtet, sie anzuerkennen. Der Sohn wurde ein Prinz und die Tochter eine Prinzessin. Und die Mutter durfte nicht verkauft werden.«

Nach seiner Auskunft zog Prinz Ibrahim Ausländerinnen vor. Seine jüngste Frau war Perserin. Der Prinz hatte sie für zweihundert Goldstücke gekauft und später, nachdem sie ihm Söhne geschenkt hatte, geheiratet. »Sie war seine Lieblingsfrau«, sagte er. »Zwei der vier Ehefrauen, die den Tod Prinz Ibrahims überlebten, waren vorher Konkubinen gewesen. Jede von ihnen hat zirka eine Milliarde Dollar geerbt.«

»Das sind tausend Millionen Dollar!« Ich rang nach Luft. »Wissen Sie das genau?«

»Ich weiß es genau«, sagte Dalal.

»Als Prinz Ibrahim ein junger Mann war«, bemerkte Jamil, »wurden einige Sklavinnen von seiner Familie aufgezogen und ihm, sobald sie volljährig waren – für gewöhnlich zwischen vierzehn und fünfzehn –, als Konkubinen zum Geschenk gemacht.«

»Was haben sie im Palast gemacht«, fragte ich, »abgesehen vom Nächstliegenden?«

»Sie bedienten den Prinzen, servierten ihm das Frühstück und bügelten seine Kleidung«, sagte Jamil. »Sie hatten kaum etwas zu tun, außer ihm im Bett Vergnügen zu bereiten. Alle, die im Palast lebten, hatten ein angenehmes Leben.«

»Es ist doch wohl kein angenehmes Leben für ein junges Mädchen, wenn es seiner Familie geraubt und als Konkubine verkauft wird!« rief ich aus, doch er nahm keine Notiz davon.

»Ich erinnere mich noch gut daran, daß ich als Junge die schönen jungen Konkubinen in den Gärten herumstehen sah und daß sie aussahen wie zarte Blumen. Sie kamen aus der ganzen islamischen Welt und waren von unterschiedlicher Hautfarbe: schwarzhäutige Mädchen aus Äthiopien, olivenfarbene und braune Schönheiten aus Ägypten und dem Iran und hellhäutige Frauen aus Marokko und Syrien. Prinz Ibrahim war Herr des Palastes. Jedermann achtete und fürchtete ihn. Die Männer aus dem Dorf blieben stehen und grüßten ihn, wenn er auf der Straße an ihnen vorüberging.

Er war von kleinem Wuchs, aber von großem Format«, sagte er abschließend. »Jeder, der zur Gebetszeit nicht zugegen war, wurde bestraft oder aus dem Palast gewiesen. Die Tore wurden um zehn Uhr verschlossen. Wenn einer seiner Söhne abends zu spät nach Hause kam, bekam er eine Tracht Prügel.«

Nun führte Dalal das Gespräch fort: »Der Prinz hielt verzweifelt an den alten Sitten fest«, sagte er. »Vor zwei Jahren noch wohnten fünfhundert Leute auf dem Palastgelände, wenn man alle Ehefrauen und Kinder der Diener mitrechnet. Er versorgte sie alle mit Nahrung und Kleidung und gab ihnen auch ein kleines Entgelt. Sein Tisch stand jedermann offen. Die Leute aus dem Dorf kamen mit ihren Tellern und Eimern, um Essen zu holen. Jeder konnte am gedeckten Tisch des Prinzen Platz nehmen. Nur ungern sah er einen halbleeren Tisch zu den Mahlzeiten.«

»Hat er je mit der Familie gespeist?« fragte ich.

»Nein, er hat nie mit seinen Ehefrauen und Kindern gegessen«, sagte Dalal. »Entweder speiste er mit dem König im Königspalast oder mit Regierungsministern und Würdenträgern bei sich zu Hause. Das Frühstück nahm er für gewöhnlich allein zu sich.« Wie Dalal sagte, bestand der Prinz aber darauf, daß alle seine Ehefrauen und Kinder die Mahlzeiten gemeinsam einnahmen, damit sich ein Familiensinn entwickeln konnte.

»Er war in fast fanatischer Weise religiös. ein Fundamentalist und Verfechter der strengen Lebensweise der Wahhabiten«, sagte Dalal. »Er wollte auch nicht reisen, da er fürchtete, ausländische Ideologien könnten seinen Glauben und die Loyalität seinem Land gegenüber beeinträchtigen. Er war einer vom alten Schlag, und sein kürzlicher Tod bedeutete das Ende einer Ära der saudiarabischen Geschichte.«

»Das erinnert mich ein wenig an die Zeit nach dem Bürgerkrieg in unserem Land, als die großen Plantagen verfielen und die Sklaven befreit wurden«, sagte ich.

»Viele der Sklaven zogen es allerdings vor, beim Prinzen zu bleiben«, betonte Dalal, »insbesondere die Männer. Sie hatten als Sklaven ein angenehmes Leben, aber die Frauen liefen fast alle weg.«

»Vielleicht waren die Konkubinen doch nicht der Ansicht, daß sie ein so angenehmes Leben hatten, wo sie doch nichts zu tun hatten, außer dem Prinzen im Bett Vergnügen zu bereiten«, bemerkte ich und fragte mich dabei, ob ihm klar war, was er eben zugegeben hatte. Aber er zuckte nur die Achseln.

»Da wir gerade von den Frauen reden«, sagte ich, »einige von Prinz Ibrahims Frauen waren viel jünger als der Prinz. Sie haben mir von diesem einen Liebhaber erzählt. Gab es noch andere?«

Eine Pause entstand – eine peinlich lange Pause.

»Ich bin der Liebhaber der jüngsten Ehefrau«, sagte Jamil ruhig, »der persischen Sklavin, die er für zweihundert Goldstücke gekauft hat. Sie heißt Filwa.«

Nachdem ich am folgenden Tag meine Morgenvisite im Krankenhaus beendet hatte, ging ich in die Ambulanz. Dort warteten Jamil und Filwa bereits in Begleitung ihrer Zofe auf mich. Filwa war dicht verschleiert, und der Duft eines exotischen Parfüms umgab sie. Jamil war sehr aufmerksam und machte mich sogleich mit ihr bekannt. Sobald wir das Untersuchungszimmer betreten hatten, legte Filwa in der Haltung einer Königin ihren Schleier und ihre schwarze *abbeyya* ab, die sie Jamil reichte. Er faltete beide sorgfältig zusammen und legte sie über einen Stuhl. Sie trug ein elegantes, knöchellanges buntes Seidenkleid und schicke schwarze Lackschuhe.

Filwa war groß und gut gewachsen. Ihre Haare waren mit Henna rotbraun gefärbt, passend zu ihren braunen Augen. Ihre Haut war ungewöhnlich hell, fast bleich. Sie verwendete einen roten Lippenstift in der Farbe ihres Nagellacks. Ihr Parfüm machte mich fast schwindlig. Diese *femme fatale,* so dachte ich, hat es weit gebracht: von der Konkubine zur »Prinzenmutter« und Milliardärin, und das im Alter von fünfunddreißig Jahren!

Jamil diente als Dolmetscher. Filwas Hauptbeschwerden waren Müdigkeit und Schlaflosigkeit. Sie sagte, sie fühle sich seit dem Tode ihres Mannes nicht wohl. Von Prinz Ibrahim sprach sie voll Ehrfurcht. »Aber ich habe ein schweres Leben gehabt«, sagte sie. »Schon mit zehn Jahren wurde ich meiner Familie in Persien weggenommen, und mit fünfzehn kam ich in den Palast.«

Jamil erklärte mir, daß Prinz Ibrahims Palast nach seinem

Tod verkauft worden war und daß Filwa immer noch mit ihren Kindern und Dienern unweit davon in ihrem eigenen Palast wohnte. »Es ist ein alter Palast«, sagte er, »und natürlich viel kleiner als der, der verkauft wurde.« Prinz Ibrahim hatte ihn Filwa, seiner jüngsten und liebsten Frau, zum Geschenk gemacht.

»Alle anderen Ehefrauen sind weggezogen und leben nun in neuen Villen, die ihnen gehören«, fügte er hinzu. »Sie haben eine Familie und Söhne, die sich um sie kümmern. Filwas Söhne dagegen sind noch ziemlich jung. Sie haben ja keine Vorstellung davon, wie sehr die Saudis ihre Mütter achten und wie rührend sie für sie sorgen. Wenn eine Ehefrau es an Respekt für die Mutter ihres Ehemannes fehlen läßt, dann kann es vorkommen, daß er sie auf der Stelle verstößt.«

Die Krankenschwester betrat das Zimmer. Es war Zeit für die Untersuchung. Jamil und ich gingen hinaus. Die Zofe blieb bei Filwa, um ihrer Herrin beim Auskleiden zu helfen.

Draußen fragte ich Jamil, ob Filwa nochmals heiraten könne. »Ja«, sagte er, »aber oft tun sie es nicht wegen ihrer Kinder. Manche von ihnen nehmen sich statt dessen einen Liebhaber.«

»Ich glaube, Filwa wird da eine Ausnahme sein«, sagte ich. »Wahrscheinlich wird sie wieder heiraten.«

»Vielleicht«, sagte Jamil leise.

Wenige Minuten später verabschiedete ich mich von Jamil und ging zurück ins Untersuchungszimmer. Mit Hilfe der Krankenschwester, die mir auch als Dolmetscherin diente, erhielt ich eine einigermaßen verläßliche Krankengeschichte und begann dann mit der Untersuchung. Abgesehen von ihrer Blässe fand ich nichts Ungewöhnliches. Ich teilte Filwa mit, daß sie möglicherweise an einer leichten Anämie litt und daß ich die üblichen Labortests und Röntgenaufnahmen anordnen würde. Nachdem ich ihr versichert hatte, daß alles in Ordnung war, bat ich sie, sich die Befunde in zwei Wochen zu holen.

Zwei Wochen später kamen sie erneut in die Ambulanz. Neben Jamil, Filwa und ihrer Zofe war diesmal auch Dalal gekommen. Ich teilte ihnen mit, daß alle Tests – einschließlich der Röntgenaufnahmen – normal waren, bis auf eine leichte Anämie, die bei Frauen ihres Alters sehr häufig auftrat und ohne Schwierigkeiten behandelt werden konnte. »Ansonsten«, versicherte ich ihnen, »erfreut sich Filwa bester Gesundheit.«

Es entstand eine lange Pause. Endlich ergriff Dalal das Wort und sagte, daß Filwa nach Europa gehen, ihr die Regierung jedoch kein Visum geben wollte. Er hatte einen Freund gebeten, sich für sie bei der Königsfamilie zu verwenden, aber der König blieb hart. Filwa durfte das Land nicht verlassen.

»Befürchtet man denn, daß sie einen Teil der Milliarde außer Landes schaffen könnte?« fragte ich.

»Nein«, sagte Dalal, »ein Großteil davon ist in Land und Immobilien festgelegt. Ich glaube, daß eher moralische und religiöse Überlegungen im Spiel sind. Eine Frau kann das Land nicht verlassen, außer sie hat einen männlichen Begleiter, der ein enges Familienmitglied ist. Und Filwa hat niemanden.«

»Außerdem«, sagte Jamil, »trägt die Königsfamilie eine gewisse Verantwortung für sie, weil ihre Söhne Prinzen sind. Sie zahlen Filwa viertausend Rial im Monat (etwa dreitausend Mark).«

Das nennt man ›Eulen nach Athen tragen‹, dachte ich. Mit Filwas Einkommen von der Krone könnte ich leicht achtzig hungernde Kinder in Lateinamerika einen Monat lang ernähren.

Dalal brachte mich auf den Boden der Tatsachen zurück. »Wäre es möglich, daß Sie Filwa zu ärztlicher Behandlung nach England schicken?« fragte er ganz unverfroren. Er wußte, daß ich ihn sehr mochte und ihm gerne einen Gefallen erweisen würde.

»Ich weiß nicht, wie ich das zuwege bringen soll, ohne ihre Befunde zu fälschen«, erwiderte ich.

Plötzlich wurde mir klar, daß Filwa versuchte, sich Jamils, Dalals und meiner zu bedienen, um aus Saudi-Arabien hinauszukommen. Ihre gesundheitlichen Beschwerden waren nur ein

Vorwand. »Jamil«, sagte ich, »sagen Sie Filwa, daß ich sie für eine sehr einfallsreiche Frau halte, aber daß ich ihr nicht helfen kann. Sie hat ein schweres Leben gehabt, und ich kann verstehen, wie einsam sie sich jetzt fühlen muß, aber sie ist ein unverwüstlicher Mensch, und ich bewundere sie für ihren Lebensmut.«

Nachdem Jamil Filwa mitgeteilt hatte, was ich gesagt hatte, sah sie mich mit ihren großen brauen, schwarzumränderten Augen an und lächelte. Wir verstanden einander.

22.
Flug in die
Zukunft

Der Zeitpunkt meiner Abreise aus Saudi-Arabien rückte immer näher. Mein ursprünglicher Vertrag war verlängert worden, aber inzwischen waren fast drei Jahre vergangen. Die Pionierzeit war vorüber. Das Krankenhaus und die Ambulanzen waren voll in Betrieb und setzten Maßstäbe, denen andere folgen konnten.

Zum Personal zählten neunzig Fachärzte, von denen die Hälfte Amerikaner oder Engländer waren. Die zweite Hälfte kam aus einundzwanzig verschiedenen Ländern. Nunmehr behandelten wir über hunderttausend Patienten im Jahr. Unser Schulungsprogramm für Assistenzärzte und junge Ärzte machte ausgezeichnete Fortschritte, und der Feldzug, den ich geführt hatte, um für sie eine ansehnliche Gehaltserhöhung herauszuschinden, war endlich von Erfolg gekrönt. Die Gehälter für Assistenzärzte waren auf zehntausend Dollar im ersten und fünfzehntausend Dollar im zweiten Jahr nach ihrem Abgang von der Universität angehoben worden. Weil vertragsgemäß auch freie Unterkunft mit inbegriffen war und weil sie im Krankenhaus auch ein Fortbildungsprogramm für Akademiker absolvieren konnten, waren die Nachwuchsärzte mit dieser Übereinkunft sehr zufrieden. Einige von ihnen würden eines Tages die Eignung als Fachärzte erwerben, die in Saudi-Arabien sehr rar waren.

Die Betriebskosten unseres Krankenhauses waren zunächst

extrem hoch gewesen. Das Gesamtbudget der »Krankenhausstadt« belief sich auf die Riesensumme von hundert Millionen Dollar pro Jahr, wovon vierzig Millionen auf die Gehälter und Wohnungen unserer zweitausend Angestellten entfielen. Aber die Investition hatte sich gelohnt: In den vergangenen drei Jahren war das Krankenhaus für die Betreuung von schwerkranken Patienten aus allen Teilen des Königreichs und für die Ausbildung und Schulung von Ärzten zu einer nationalen Einrichtung geworden. Es bestanden bereits Pläne zur Verdopplung der Anzahl der Betten im Krankenhaus und zur Errichtung eines Forschungszentrums. Es war das Ende einer Epoche und der Anfang einer neuen.

Kurz vor meiner Abreise aus Saudi-Arabien fand die feierliche Promotion der ersten Klasse von saudischen Ärzten an der Medizinischen Fakultät der Universität Riad statt. Es war ein historischer Augenblick. Die Feier wurde in der eleganten König-Faisal-Halle veranstaltet, wo auch die Sitzungen der OPEC (Organisation der Erdöl exportierenden Länder) abgehalten werden. Ihre vierzehnhundert reihenweise angeordneten Stühle waren mit beigem Wildleder gepolstert und die Wände mit Teppichstoff bedeckt. An jenem Tag, der einen Markstein in der Geschichte dieses Landes darstellte, waren nur dreihundert Gäste zugegen, was die ungeheure Größe des Saales nur noch unterstrich. Xerokopien der Promotionsrede wurden auf arabisch und englisch verteilt.

König Khalid saß in der Mitte des riesigen Podiums und sah aus, als fühle er sich äußerst unbehaglich. Zur einen Seite des Monarchen saßen die Absolventen und zur anderen der Gesundheitsminister, Sir Brian Windeyer von der Universität London, der Festredner, und eine Reihe von Pädagogen und Würdenträgern. Im Hintergrund der Tribüne hing ein großes saudiarabisches Wappen, eine Einlegearbeit aus Gold und Malachit, die sich leuchtend grün gegen den dunklen, die Tribüne abschließenden Vorhang abhob.

Der Dekan eröffnete die Feier mit den üblichen Worten, *Bis-*

millah ar-Rahman ar-Raheem (Im Namen Gottes, des Gnädigsten, des Barmherzigsten), und hielt dann eine kurze Ansprache. Es folgten weitere. Der Schlußredner, Sir Brian, hörte sich an, als hielte er eine Ansprache in einer der britischen Kolonien. Er überbrachte Glückwünsche der Königin, der Königinmutter, des Rektors der Universität London, des Premierministers und fast aller Parlamentsmitglieder, die ihm einfielen. Danach ging er dazu über, die Universität London für ihre vielen Leistungen in Khartum und in Afrika über den grünen Klee zu loben. Im Grunde sagte Sir Brian eigentlich gar nichts, aber das tat er etwa fünfzehn Minuten lang auf sehr eindrucksvolle Weise. Später sprach ich ihm für einen einzigen Satz in seiner Rede mein Lob aus: »Die jüngst erfolgte Aufnahme von weiblichen Medizinstudenten war ein Ereignis von echter Bedeutsamkeit.«

Ich muß zugeben, daß ich die Engländer bewundere. Offenbar geben sie niemals auf. Immer noch versuchen sie zu kolonisieren, wo und wann immer es möglich ist. Während meines Aufenthalts in Saudi-Arabien kam mir dies sehr stark zu Bewußtsein. Einige von ihnen sehen sogar in den Vereinigten Staaten noch immer eine ihrer Kolonien!

Nachdem die Ansprachen beendet waren, erhob sich der König auf ein Zeichen des Dekans. Er überreichte jedem einzelnen der siebzehn Promovenden sein Diplom und eine schwarze Ärztetasche. Ich war sehr enttäuscht darüber, daß der König es nicht für wert befand, ein Lächeln oder einen Glückwunsch an diese großartigen jungen Männer zu richten, diese saudiarabischen Wegbereiter, die hart und lange gearbeitet hatten und Sprachbarrieren und zahllose andere Hindernisse zu überwinden hatten.

Als die Feier vorüber war, gratulierte ich meinem Freund Abdul Talim, der vor kurzem seine Zeit als Assistenzarzt im Krankenhaus beendet hatte. Seit unserem Abenteuer in der Wüste waren wir gute Freunde. Die anderen Promovenden, von denen ich die meisten persönlich kannte, versammelten sich um mich, um mir die Hand zu schütteln. Sie sahen mich als einen ihrer Förderer an, da ich ihnen als Leiter der Medizinischen Abteilung dabei behilflich gewesen war, sich auf die Zeit als Assistenzärzte im hiesigen Krankenhaus und anderenorts vorzubereiten. Oft waren sie auch mit ihren persönlichen Problemen zu mir gekommen.

Ich erkundigte mich bei Abdul nach dem Inhalt der schwarzen Ärztetasche. »Sie ist randvoll mit Goldstücken«, sagte er und hielt sie mir lachend entgegen. Ich öffnete die Tasche. Sie war leer – bis auf ein spottbilliges Stethoskop!

Sie luden mich zu einer Party zur Feier ihrer Promotion ein. Sie fand in einer Wohnung statt, die einem der Absolventen gehörte. Zirka die Hälfte der Ärzte waren verheiratet und hatten ihre Ehefrauen mitgebracht. Keine von ihnen trug einen Schleier. Zu meiner Überraschung erfuhr ich, daß zwei der saudischen Ehefrauen in Deutschland ausgebildet worden waren und dort eine Universitätsausbildung an einer Medizinischen Fakultät abgeschlossen hatten. Sie arbeiteten in einem nahegelegenen Krankenhaus für Frauen.

Abdul erzählte mit, daß in seiner Abschlußklasse an der Universität Riad auch acht Frauen gewesen waren, daß es sich jedoch »für sie nicht schickte, in der Öffentlichkeit zu erscheinen«. Sie hatten nie in Verbindung zu ihren männlichen Studienkollegen gestanden und wurden von Ärztinnen aus Ägypten und Pakistan oder von Männern über Kabelfernsehen unterrichtet.

Der sadiki floß in Strömen, und der Abend wurde zu einer angeregten Männergesellschaft alten Stils und dauerte bis in die frühen Morgenstunden. Wir alle fühlten uns miteinander wohl, und jeder redete ganz offen. Wir unterhielten uns über die vielen Veränderungen, die sich während der Jahre, die ich in Saudi-Arabien verlebt hatte, vollzogen hatten. Ich erzählte ihnen, wie aufregend es gewesen war, mitanzusehen, wie hohe, moderne Gebäude aus dem Staub und Schutt dieser uralten Stadt gestampft wurden. Breite Boulevards und Überlandstraßen waren fast über Nacht an die Stelle der alten, ungepflasterten Straßen getreten. Das sich ununterbrochen verändernde Äußere von Riad war für mich eine ständige Quelle des Staunens gewesen. In manchen Teilen des Landes wurden ganz neue Städte gebaut, ein Häuserblock nach dem anderen.

»Früher«, sagte Abdul, »war dieses Gebiet eine riesige Palmenoase und wurde deshalb Riad genannt, was soviel heißt wie ›die Gärten‹. Um die Jahrhundertwende war es eine ummauerte Stadt aus Lehmziegelhäusern mit zehntausend Einwohnern. Heute beträgt die Anzahl der Bewohner über eine halbe Million. In den letzten drei Jahren hat sie sich um fünfundsiebzig Prozent erhöht.«

Er sagte, daß auch die Zahl der ausländischen Arbeitskräfte auf zwei Millionen angestiegen sei (bei nur knapp zehn Millionen Einheimischen!) und daß in letzter Zeit weitere Arbeiter aus Korea, den Philippinen und Pakistan importiert worden seien. 35 000 Amerikaner hielten sich im Land auf und weitere Tausende aus England, Belgien, Schweden und Westdeutschland.

Einer der Professoren bemerkte während unseres Gesprächs zu Recht, daß der Bildungsfortschritt auf allen Ebenen ganz erstaunlich gewesen war. Er sagte, daß nun eineinhalb Millionen Kinder öffentliche Schulen besuchten und daß mehr als vierzigtausend Studenten an den Universitäten immatrikuliert waren, dreimal soviel wie vor einem Jahrzehnt. Neue Grundschulen und höhere Schulen – viele davon aus Fertigteilen – schossen auch in den entlegensten Dörfern in die Höhe, und zeitweilig fand der Unterricht in Zelten statt.

Unser Gastgeber fügte hinzu, daß innerhalb von wenigen Jahren fast zweitausend Schulen im ganzen Land errichtet worden waren – ein echtes Sofortprogramm. Vor nicht allzu vielen Jahren noch konnten siebzig Prozent der Bevölkerung weder lesen noch schreiben, darunter viele Angehörige der »privilegierten Klasse«. Höhere Bildung für Frauen war undenkbar. Bei einer Gelegenheit hatte König Faisal gedroht, die Armee einzusetzen, um die Eröffnung einer Mädchenschule zu erzwingen, der sich die religiösen Führer heftig widersetzten. Jetzt besuchten eine halbe Million Mädchen Schulen innerhalb des Rahmens der islamischen Tradition. An der Universität Riad studierten etwa fünftausend Studentinnen, und eine neue Universität für zwölfhundert Frauen befand sich in Dschidda im Bau.

»Wir haben es weit gebracht«, sagte er voller Stolz. »Der zweite Fünfjahresplan der Regierung, mit dem man im Jahre 1975 begonnen hat, hat 144 Milliarden Dollar für Programme veranschlagt, die ›das Los des saudischen Volkes verbessern‹ sollen – und das allein für die Entwicklung in den Bereichen Gesundheit und Erziehung. Diese Summe wird nur noch von unserem Verteidigungsbudget übertroffen! Es besteht kein Zweifel daran, daß unsere Regierung jedem Staatsbürger die beste Ausbildung und gesundheitliche Versorgung bieten will, und zwar völlig unentgeltlich. Im Augenblick errichten wir gerade mehrere neue Medizinische Fakultäten, darunter eine eigene Fakultät zur Ausbildung von Ärztinnen. Das ist wirklich beeindruckend, wenn man bedenkt, daß es während der ganzen vorangegangenen Geschichte des Königreichs weniger als hundertfünfzig saudische Ärzte gegeben hat, und sie alle mußten im Ausland studieren, weil es hier keine entsprechenden Einrichtungen gab.«

»So wie ich«, rief Nadia aus, eine der saudischen Ehefrauen, die Ärztin war. »Ich habe in Westdeutschland studiert.« Dann sagte sie, daß die Stellung der Frau sich gebessert habe und daß eine wachsende Anzahl ins Ausland gegangen war, um dort zu studieren. Seit kurzem jedoch fürchteten die geistlichen Führer, der Einfluß des Westens und »neumodischer Ideen« könnte überhandnehmen. Sie drangen auf noch strengere Einschränkungen und setzten die Anzahl der weiblichen Saudis, die im Westen die Universität besuchten, empfindlich herab. Stipendien, die saudiarabischen Frauen ein Studium im Ausland ermöglichten, wurden gestrichen, und es wurde ihnen verboten, das Königreich ohne männliche Begleitung zu verlassen.

Als Teil dieser strengen puritanischen Maßnahmen hatte König Khalid bestimmt, daß Frauen, die sich nicht an die islamischen Kleidungsvorschriften hielten, bestraft werden sollten. Die Religionspolizei hatte sogar Frauen aus dem Westen Verweise erteilt, weil sie den strikten islamischen Kleiderkodex verletzt hatten. Außerdem wurde es Frauen aus dem Westen zusehends schwieriger gemacht, nach Saudi-Arabien einzureisen.

»Mit einer Hand erziehen sie uns, und mit der anderen versklaven sie uns«, schloß Nadia voll Bitterkeit.

Es war inzwischen zwei Uhr morgens geworden. Ich bedankte mich bei meinem Gastgeber für den anregenden Abend und schüttelte den frischgebackenen Doktoren nochmals die Hand. Während Abdul mich nach Hause fuhr, erinnerten wir uns an unser Erlebnis auf dem Richtplatz im letzten Jahr, und Abdul meinte, daß nun weniger Köpfe rollten und weniger Hände abgehackt wurden – außer es handelte sich um hartgesottene Verbrecher. Auf kleinere Diebstähle oder auf den Verkauf von Alkohol stand nun öffentliches Auspeitschen.

Ich hatte gesehen, wie ein armer Teufel von einem Jemeniten auf dem Hauptplatz wegen eines kleineren Diebstahls öffentlich ausgepeitscht wurde. Die Polizei legte ihm ein weißes Tuch über den nackten Rücken und steckte ihm einen Zipfel davon in den Mund, damit er darauf beißen und seine Schreie so unterdrücken konnte, während vierzig Peitschenhiebe auf den unteren Teil seines Rückens niedersausten. Seine schmerzverzerrten Grimassen sagten alles.

Mir schien auch, daß in den letzten Jahren die Regierungszensur weniger streng gehandhabt wurde. Was beispielsweise die Existenz Israels betraf, war die Zensur offenbar im Jahre 1976 aufgehoben worden, als die *International Herald Tribune* über den Überfall auf Entebbe berichtet hatte, bei dem über hundert von palästinensischen Terroristen in Uganda festgehaltene Geiseln befreit wurden. Zuvor waren alle Hinweise auf Israel von den saudischen Zensoren aus den Zeitungsausgaben getilgt worden. Nun wurden die Berichte zur Gänze abgedruckt. Später, im Jahre 1977, wurde über Sadats ersten Besuch in Israel in der *Arab News*, der englischsprachigen Tageszeitung Saudi-Arabiens, berichtet. Das stellte insofern einen Wendepunkt dar, als es eine Veränderung in der politischen Linie ankündigte, was die Pressefreiheit bei der außenpolitischen Berichterstattung betraf. Sonst aber blieb die Zensur unverändert aufrecht. Zum Beispiel wurden Fotos von Frauen wie bisher mit schwarzer Farbe ausgestrichen.

Beim Abschied wechselten Abdul und ich einen herzlichen Händedruck. Das war ein langer und ereignisreicher Tag in der Geschichte der Medizin des neuen Saudi-Arabien gewesen. Einige der jungen Männer und Frauen, mit denen ich diesen Abend verbracht hatte, würden eines Tages die Gesundheitsfürsorge ihres Landes übernehmen – und sie würden ihre Sache gut machen.

Die Zeit verging nur allzu schnell. Es freute mich, daß ich noch so lange hiersein würde, um den *Ramadan* mitzufeiern, meine Lieblingsfesttage, die nach dem Gregorianischen Kalender Ende August begannen. Der Ramadan ist der neunte Monat im islamischen Kalender und gilt für alle Moslems als der heilige Monat der Buße und Vergebung. Das Einhalten des Ramadanfestes stellt eine der fünf Säulen des Glaubens dar. Es ist ein bittersüßer Monat, in dem man den ganzen Tag fastet und die ganze Nacht feiert.

Bei den Saudis herrscht große Aufregung und Vorfreude, bis der Neumond gesichtet und zum Zeichen, daß der Ramadan beginnt, eine Kanone abgefeuert wird. Danach wird die Kanone jeden Tag in der Morgendämmerung und bei Sonnenuntergang abgefeuert. Während dieses neunundzwanzig Tage andauernden Festes darf man von Sonnenaufgang bis Sonnenuntergang weder feste noch flüssige Nahrung zu sich nehmen. Das Fasten muß ein absolutes sein. Wasser ist verboten, egal, wie heiß es ist.

Das Ramadanfasten erinnerte mich immer an Prinz Yusef, den ersten Patienten, den ich nach meiner Ankunft in Saudi-Arabien behandelt hatte. Obwohl ich ihm wiederholt auseinandergesetzt hatte, daß sich durch das Fasten sein Zustand verschlimmert hätte, lächelte er nur und nahm meine Bemerkungen lediglich als Geschwätz eines Ungläubigen hin. Der Koran erläßt den Kranken jedoch das Fasten und bestimmt, daß diejenigen, die wegen ihrer schwachen Gesundheit während des Ramadan nicht fasten können, dies zu einem anderen Zeitpunkt nachholen müssen.

An den Abenden geht es immer festlich zu. Nach dem Abfeuern der Kanone bei Sonnenuntergang unterbrechen die Saudis ihr Fasten mit Datteln und Kaffee, bevor sie zu Hause oder in der Moschee ihre Gebete verrichten. Später dann gibt es eine Mahlzeit, die man *futour* nennt und die einem Frühstück entspricht; sie beginnt mit Fruchtsaft oder Suppe, und darauf folgt ein kräftiges Mahl. Die Frauen backen Kuchen und bereiten zum Nachtisch Süßspeisen aus getrockneten Früchten, Nüssen und Sirup zu. Später bereiten sich die Saudis für das Fasten am Tage damit vor, daß sie um Mitternacht oder zwischen zwei und drei Uhr morgens noch eine Mahlzeit zu sich nehmen, die *suhour* genannt wird.

Oft besuchen die Familien einander und unterhalten sich bis in die frühen Morgenstunden, und manche Familien bleiben die ganze Nacht wach, vor allem am letzten Tag des Ramadan. Während der Fastenzeit brauchen die Diener nicht zu arbeiten. Das mohammedanische Personal in unserem Krankenhaus arbeitete dann nur die Hälfte der Zeit.

»Im Ramadan öffnen sich die Himmelstüren«, heißt ein arabisches Sprichwort, und es ist der geeignete Zeitpunkt, um die Armen mit Nahrung, Kleidung und Geld zu beschenken. Einer der Gründe für das Fasten ist es auch, sich in diejenigen hineinzuversetzen, die nur wenig zu essen und zu trinken haben, und auf diese Weise zu lernen, Mitleid zu empfinden.

Das Ende des Ramadan wird mit einem dreitägigen, besonderen Fest, dem *Eid al Fitr*, begangen, bei dem man ißt und trinkt und sich vergnügt. Das Eid ist ein offizieller Feiertag und der passende Zeitpunkt, einander Geschenke zu machen, insbesondere den Kindern, vergleichbar etwa unserem Weihnachtsfest.

Als Prinzessin Sultana erfuhr, daß ich Saudi-Arabien bald verlassen würde, rief sie mich an. »Sie müssen kommen und das Eid-Fest mit uns feiern«, sagte sie. »Mein Bruder Sultan wird Sie abholen.«

Sultan und Monsur kamen nach Sonnenuntergang und fuhren mich zum Familiensitz der Daouks, wo wir vor zwei Jahren Sultanas Hochzeit gefeiert hatten. Bei unserem Eintreffen war das Grundstück bereits voll mit Autos und Leuten. »Es sind lauter Familienangehörige«, erklärte Monsur, »Vettern und Cousinen, Tanten und Onkel und eine Menge Kinder.« Er führte mich zu Sultanas »Flitterwochenhäuschen«, wo ich nach der Hochzeit Fotos vom Brautpaar aufgenommen hatte.

Sultana war schön wie eh und je, vielleicht ein wenig fraulicher. Mahmoud hatte zugenommen und sah gesetzt aus. Beide begrüßten mich herzlich. Die jungen Eltern zeigten mir voller Stolz ihren kleinen Sohn.

Später erzählte mir Sultana, daß sie in den Flitterwochen »die ganze Welt« bereist hatten und daß sie auch nach Kalifornien geflogen waren, um ihre Mutter zu besuchen, die wieder geheiratet hatte.

»Ich habe zwei Fragen an Sie, Sultana«, sagte ich. »Sind Sie glücklich verheiratet, und haben Sie es je bereut, Ihre amerikanische Staatsbürgerschaft aufgegeben zu haben?«

»Wie Sie wissen«, sagte sie, »wurde meine Ehe von den Eltern beschlossen, und es ist eine gute geworden. Mahmoud behandelt mich rücksichtsvoll und gütig. Ich fühle mich in seiner riesigen Familie sicher und geborgen. Die Familie«, fügte sie hinzu, »ist wichtiger als jeder einzelne.«

»Und Ihre amerikanische Staatsbürgerschaft?« fragte ich hartnäckig weiter.

»Ich bin eine Prinzessin und gehöre einer alten und vornehmen saudischen Familie an«, erwiderte sie. »Ich bin gewillt, auf meine Freiheit und auf gewisse Rechte zu verzichten, während ich in Saudi-Arabien bin, aber ich habe vor, so oft wie möglich mit Mahmoud nach Amerika und Europa zu reisen. Und er hat mir versprochen, daß mein Sohn in Kalifornien die Universität besuchen wird.«

Das Familientreffen wurde immer größer. Um Mitternacht wurde *suhour* serviert, und einige Stunden später verabschiedete ich mich. Sultana und Mahmoud sagten, daß sie mich bei ihrem nächsten Besuch in den Vereinigten Staaten anrufen würden, »vielleicht nächstes Jahr«. Sultan und Monsur brachten mich nach Hause.

Als sich herumgesprochen hatte, daß ich Saudi-Arabien verließ, kam eine ganze Reihe ehemaliger Patienten, um mir Lebewohl zu sagen. Darunter war auch Prinz Yusef, der mit zweien seiner Söhne ins Krankenhaus kam. Er sagte mir, daß er von dem Porträt, das wir ihm geschenkt hatten, beeindruckt sei, daß er aber immer noch nicht ganz davon überzeugt war, daß meine Frau es gemalt hatte. Wieder sagte er mit einem schiefen Lächeln: »*Sie* haben es gemacht!«, in der Hoffnung, ich würde es zugeben – aber ich blieb standhaft.

»Frauen können vieles genausogut wie Männer und manches sogar besser«, sagte ich zu ihm.

»Nur Kinder kriegen«, antwortete der Prinz.

Beim Abschied blickte er mir in die Augen und überreichte mir wunderschöne Gebetsperlen aus Malachit, auf einer Goldkette aufgereiht. Das war eine bedeutsame Geste. Dieser Mann war einer der wenigen großen Prinzen der Gründerdynastie, die bereits der Vergangenheit angehörte. Er besaß eine unnachahmliche majestätische Würde. »Gott sei mit Ihnen«, sagte er im Weggehen.

Und schließlich war es soweit: Um elf Uhr fuhren wir am Tage unseres Abschieds zum Flughafen und sagten zum letzten Mal Lebewohl. Es war ein schwerer Augenblick. Wir trennten uns von Freunden, die wir liebgewonnen hatten. Manche davon würden wir nie wiedersehen.

Während Ruth und ich schließlich darauf warteten, daß unser Flug aufgerufen wurde, begann ich, die Jahre, die ich in Saudi-Arabien verbracht hatte, zu überdenken, Jahre, die mir einen tiefen Einblick gewährt hatten in eine Kultur, die durch Abschließung von der restlichen Welt über zehn Jahrhunderte lang bewahrt worden war. Ich konnte nicht umhin, mich zu fragen, ob die hektische Modernisierung das Ende für die überkommenen Werte bedeuten und schließlich die Unversehrtheit des sozialen Gefüges dieses Landes zerstören würde.

Die Saudis sind der Überzeugung, daß ihre Religion sie vor allen solchen Folgeerscheinungen schützen wird. Aber der Mensch kann nicht gleichzeitig Gott und dem Mammon dienen. Der enorme Reichtum hat bereits grenzenlose Geldgier und Korruption gezeugt. Psychosomatische Erkrankungen und Magengeschwüre, von denen vor wenigen Jahren noch kein Mensch je gehört hatte, waren nun weit verbreitet, zweifellos verursacht durch soziale Spannungen. Würde Saudi-Arabien demselben Zusammenbruch der Moral und demselben epidemischen Anwachsen des Verbrechens erliegen, die in unserer westlichen Kultur auf das fieberhafte Wachstum von Industrie und Technik gefolgt waren?

Zweifellos hatte die jüngste Entwicklung auf diesen Gebieten zu einer erstaunlichen Zahl von Widersprüchlichkeiten geführt. Theater, Kinos und moderne Formen der öffentlichen Unterhaltung sind nicht erlaubt, aber auf dem Schwarzmarkt blüht der Handel mit Pornofilmen für Videogeräte, die man sich zu Hause ansehen kann. Die Frauen sind dicht verschleiert, und ein Saudi, der zu Hause Pornofilme hortet, würde vor Scham in den Boden versinken, wenn seine Frau in der Öffentlichkeit auch nur einen Knöchel sehen ließe. Alkohol ist verboten, fließt jedoch reichlich in den Häusern der Reichen; der Preis für Scotch beträgt auf dem Schwarzmarkt etwa vierhundert Mark pro Liter. Manche Saudis trinken zwar zu Hause nicht, aber wenn sie ins Ausland reisen, frönen sie den Lastern Alkohol und Sex dafür über Gebühr.

Auf der einen Seite stehen die erzkonservativen puritanischen Wahhabiten, die darum kämpfen, die überkommenen sozialen und religiösen Werte zu bewahren und die strengen, fast vierzehnhundert Jahre alten islamischen Gesetze geltend zu machen. Auf der anderen Seite stehen die modernen, fortschrittlichen jungen Saudis, die ihre Kultur eher als sagenumwobene Folklore ansehen und es kaum erwarten können, mit den Traditionen zu brechen. Die Fronten stehen einander gegenüber. Die Regierung ist zwischen Fortschritt um jeden Preis und der Erhaltung der alten Lehren hin- und hergerissen.

Sobald mehr Frauen eine höhere Bildung haben, werden auch sie Emanzipation und Gleichheit fordern. Manche von ihnen befinden sich jetzt schon an der Schwelle zu einer sozialen Revolution. In den saudischen Zeitungen werden hitzige Debatten ausgetragen über die wahre Rolle der Frau. Viele verlangen nach ihren Rechten, während die geistlichen Führer nur noch stärker auf weitere Einschränkungen dringen, auf noch dichtere Schleier und noch längere Ärmel.

Da drei Viertel aller Saudis unter dreißig sind, ist es wahrscheinlich, daß letztlich das fortschrittliche Element den Sieg davontragen wird, aber ich erinnere mich an Prinz Khalids Warnung, daß die Fundamentalisten sich jeder abrupten Veränderung der islamischen Tradition heftig widersetzen werden und daß man ihren Einfluß nicht unterschätzen sollte. Er konnte damals noch nicht ahnen, daß noch im selben Jahr eine Schar mohammedanischer Eiferer die Große Moschee in Mekka mit Waffengewalt besetzen würde!

Oft hatte ich über die Stabilität der Monarchie gestaunt. »Unsere Wurzeln sind tausend Jahre tief«, hatte Prinz Khalil einmal zu mir gesagt. König Ibn Saud und seine Nachkommen haben durch Generationen hindurch die Könige, Kronprinzen, Gouverneure und Kabinettsminister gestellt, die das Land beherrschen. Die Königsfamilie läßt sich mit dem Aufsichtsrat einer riesigen Aktiengesellschaft vergleichen und entsendet ihre Elite in alle Teile des Landes.

Obgleich das Königreich dem Wohle des Volkes verpflichtet ist und jährlich Milliarden von Dollars für das Erziehungs- und Gesundheitswesen ausgibt, gelangen die Angehörigen der Mittelklasse, die seit kurzem eine höhere Bildung genießen, immer mehr zur Überzeugung, daß eine repräsentative Regierungsform und ein größeres Mitspracherecht in den Angelegenheiten des Königreichs wünschenswert wären.

Eindrucksvolle wirtschaftliche Macht ist ein zweischneidiges Schwert. Der plötzliche und außerordentliche Ölreichtum war für manche Mitglieder der Königsfamilie ein Nährboden für Korruption und hemmungslose Ausschweifungen. Kann die Monarchie den Versuchungen eines so enormen Reichtums auf Dauer widerstehen? Ich vermute, daß sie wahrscheinlich in abgewandelter Form weiterbestehen würde – vorausgesetzt, daß der Nutznießer letztlich die Gesellschaft war.

Kurz vor unserem Abflug eilte ein Mann mit einer braunen Papiertüte in der Hand auf mich zu. Es war Nizar, der Wachtposten, der Philip, Abdul und mich bei unserem Wüstenabenteuer vor langer Zeit begleitet hatte.

»Ich bin gekommen, um Ihnen Lebewohl zu sagen«, sagte er, »und um Ihnen ein paar frische Datteln von der Palme vor dem Krankenhaus zu bringen.«

»So haben wir uns kennengelernt«, erinnerte ich ihn, zutiefst bewegt von dieser Geste der Freundschaft. Mir fiel ein, wie er vor einigen Jahren mit einer Papiertüte in einer Hand wie ein Affe die Palme hinaufgeklettert war. »Wie haben Sie es geschafft, am Wachtposten beim Tor vorbeizugelangen?« fragte ich. Der Raum, in dem wir uns befanden, war den abfliegenden Passagieren vorbehalten.

»Meine Uniform hat geholfen«, sagte er und reichte mir die Tüte mit den Datteln.

Wir gaben einander die Hand. »Gott schütze Sie«, sagte er auf arabisch – und weg war er.

Bald darauf überflogen wir die Wüste, und ich erinnerte mich an meine Abenteuer mit den Beduinen, an ihre herzliche Gastfreundschaft und das erstaunlich vertraute Verhältnis, das zwischen uns bestanden hatte. Wieder schätzte ich mich glücklich, Arzt zu sein. Mein Beruf hatte mir sofort Zutritt zu einer fremden Kultur und zu den Gedanken und Gefühlen von Menschen aller sozialen Schichten verschafft. Niemand kann die soziale und wirtschaftliche Tünche schneller abkratzen als ein Arzt, und die ganze Menschheit steht nackt vor ihm. Die Sterblichkeit des Menschen, der große Gleichmacher, macht keinen Unterschied zwischen Prinz und Bettler, zwischen den Mächtigen und den Unterdrückten – sie alle müssen sich letztlich der menschlichen Vergänglichkeit unterwerfen.

Die Saudis waren mir ans Herz gewachsen – ihr Leben, ihre Gedanken und ihre Zukunftserwartungen. Ich hatte diese Menschen liebgewonnen und entsann mich dessen, was Hippokrates über den Arzt gesagt hat: »Wo Menschenliebe ist, ist auch Liebe zur Heilkunst.«

Schnell vergingen die Stunden. Als wir London anflogen, stand eine schattenhafte, schwarzverhüllte weibliche Gestalt, die im vorderen Teil des Flugzeugs gesessen hatte, auf und ging auf dem Weg zum Waschraum an uns vorüber. Wegen des dichten schwarzen Schleiers, der ihren Kopf und ihr Gesicht bedeckte, konnte man ihre Gesichtszüge nicht erkennen. Etwa fünfzehn Minuten später kam sie zurück, in ein elegantes beiges Kostüm gekleidet. Sie war eine große, auffallend schöne Frau, aber was mir am meisten an ihr gefiel, war ihr strahlendes Lächeln, das die Kabine zu erleuchten schien, als sie zu ihren saudischen Begleitern zurückging. Das erinnerte mich an die Analogie mit dem Schmetterling auf meinem ersten Flug nach

Saudi-Arabien. Sie verwandelte sich nun von der Puppe in einen Schmetterling – vielleicht ein Symbol dafür, daß sie nun der Freiheit der Außenwelt entgegenflog. Ich dachte an Sultana, die sich für die traditionellen Werte des Ostens entschieden hatte, im Wissen, daß auch sie, wenn sie wollte, ihren Kokon abstreifen konnte.

Die Morgensonne warf ihre Strahlen auf die Dächer von London, die von unzähligen Kaminen und stattlichen Kirchtürmen gekrönt waren. Die glitzernden Wasser der Themse beherrschten die üppige grüne Landschaft unter uns und wanden sich friedlich durch verschlafene Dörfer. In diesem Augenblick hatte das Grün der Gärten und des Laubwerks der Auwälder für mich etwas Verschwenderisches.

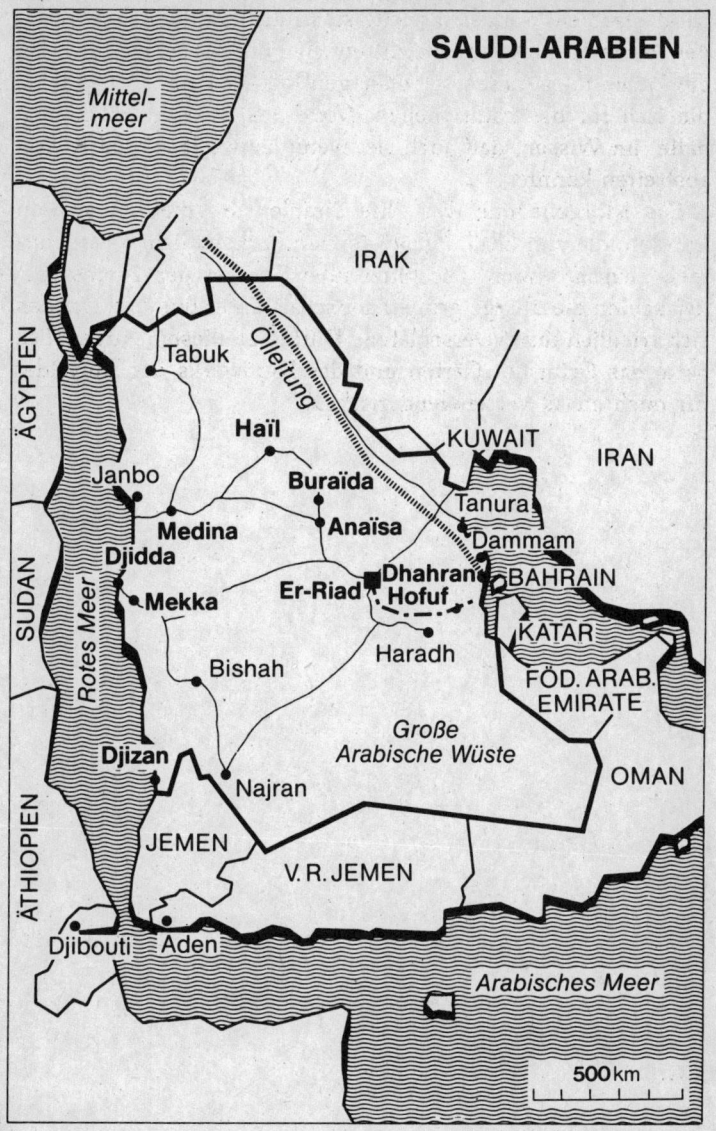

SAUDI-ARABIEN

Mittel-
meer

IRAK

ÄGYPTEN

Tabuk

Ölleitung

Haïl

KUWAIT

IRAN

Janbo

Buraïda

Tanura

Medina

Anaïsa

Dammam

Djidda

Er-Riad

Dhahran

BAHRAIN

Mekka

Hofuf

Rotes Meer

Bishah

Haradh

KATAR

SUDAN

FÖD. ARAB.
EMIRATE

Große
Arabische Wüste

OMAN

Djizan

Najran

ÄTHIOPIEN

JEMEN

V. R. JEMEN

Djibouti

Aden

Arabisches Meer

500 km

Personen- und Sachregister